창작과
이용을 위한
저작권

지은이 배대헌

학력 및 주요 경력

- 충남대학교 법과대학 졸업, 동 대학원 법학석사, 법학박사
- 계명대학교, 부산대학교 법학과 부교수
- Washington University in St. Louis 연구교수
- 변호사시험·사법시험·변리사시험 출제위원
- 국가정보화 관련 유공 표창(국무총리, 장관표창 등)
- Cameroon국(Africa) ICT정책 자문교수
- 경북대학교 법학전문대학원장
- 現 경북대학교 법학전문대학원 교수
- 現 한국저작권법학회장

주요 저서 및 논문

『특허권침해와 손해배상』(1997), 『전자서명·인터넷법』(2000), 『디지털 시대의 정보와 재산』(2009), 『저작권의 발명과 발전』(2013) 등 다수

IPRs, 정보보호, 개인정보 등의 연구논문 다수

경북대학교 학술총서 5

창작과 이용을 위한 저작권

찍은 날 2023년 2월 10일 | **펴낸 날** 2023년 2월 23일

지은이 배대헌 | **펴낸이** 홍원화 | **펴낸 곳** 경북대학교출판부

출판등록 1973년 10월 10일 ㉑97호 | **주소** 대구광역시 북구 대학로 80

전화 053-950-3830 | **팩스** 053-953-4692

이메일 press@knu.ac.kr | **홈페이지** http://knupress.com

ISBN 978-89-7180-603-6 93360

정가는 뒤표지에 있습니다. 파본은 바꾸어 드립니다.

이 저서는 〈2022년 경북대학교 연구학술총서 집필 및 출간지원사업〉의 재원으로 출간되었습니다.

창작과 이용을 위한 저작권

배 대 헌 지음

경북대학교출판부

머리말

어떤 것을 지어낸다는 말은 이전에 상상하였던 것을 현실에서 꾸려보는 일이다. 구체적으로 창작이란 새로운 것을 만들어 세상에 내어놓거나 이를 표현하는 일이다. 정보사회에서 드러내는 역동적인 생각이나 감정의 표현은 이전의 세상에서 보고 들을 수 없었다. 호기심을 불러오는 즐거움이 있지만, 정보사회에서 겪는 세상의 변화로 가슴이 벅차 혼란스럽기도 하다.

정보의 세상에서 모든 것이 급하게 바뀌고 있다고 말할지라도 인류의 역사는 지속적으로 바뀌었고 끊임없는 혼동과 변화 속에서 엉클어진 대상을 가지런히 정돈하는 과정을 밟아왔다. 새로운 기술이 소개되면 그 기술로부터 사회적 필요가 충족되고 이에 법제도가 뒷받침되면서 또 다른 세계를 열어나갔다. 저작권법이 처음 제정될 때부터 현행 저작권법에 이르는 과정도 이와 마찬가지였다. 법제사적 관점에서 그 의미를 되새길 때, 저작권법에서 창작자를 어떻게 보호하였는지를 살펴보면서, 한편으로는 저작물 이용의 폭이 얼마나 확대되었는지에 대하여 눈을 돌리게 된다.

'창작과 이용을 위한 저작권'이란 창작자의 권리를 보호하고 저작물 이용을 통하여 문화의 향상·발전을 꾀하고자 하는 저작권법 목적을 간단히 줄여서 표현한 것이다. 이는 저작권법의 본래 목적을 실현하자는 데 관심을 드러낸 것이다. 이 목적이 Anne 여왕 저작권법 이래로 역사적 발전과정에서 어떻게 얼마나 실현되었는지를 둘러보고, 특히 현행 저작권법이 제정된 이후 변화·발전에 대하여 관심을 갖고 이를 체계적으로 살펴보는 데 주안점을 두었다.

우리의 지난 시간을 뒤돌아볼 때, 창작활동과 창작자의 권리를 보호하는 데 노력을 기울였지만, 아직 만족하지 못하는 실정에 놓여 있다. 하지만, 창작자의 권리보호에 상대할 수 없을 만큼 저작물 이용 또는 저작물의 공유에 대한 사회적·학술적 관심이 뒤로 밀려 있다. 저작권 보호와 저작물 이용을 통하여 문화의 향상·발전을 꾀한다는 저작권법의 목적을 주의 깊게 살피지 못하였다. 정보사회에서 그 변화에 적응하려면 창작자의 권리보호와 저작물 이용의 뒷받침이 강구되어야 한다. 저작권 환경의 변혁에 따른 창작·이용이 한쪽에 기울지 않고 서로 맞대고 기대면서 발전할 수 있기를 기대한다.

지금까지 글을 읽고 생각을 드러내며 글을 쓰고 강의실에서 그 내용을 전달하면서 내 생각을 정돈하지 못한 데 아쉬움이 많았다. 생각을 정리할 때가 되어 지난 시간에 가졌던 생각과 표현을 읽고 고쳐보았다. 돌아볼 때, 여기까지 이끌어주신 주님의 은혜와 사랑의 의미를 새겨본다. 같은 안목으로 세상을 바라보고 함께 걸어온 아내 양바다에게 고마움을 전한다. 미래를 열어가는 재민 부부와 재윤에게 지난 세상의 이야기로 미래비전의 기초를 쌓기 바란다.

2023년 1월에 산격동에서

배대헌

Contents

제3장

저작물 공유와 거래규제의 기초가 된 Statute of Anne _55

제4장

아이디어·표현의 이분법과 합체의 원칙 _81

제6장

정보사회에서 새롭게 새기는 공정이용(fair use) 법리 _153
- Authors Guild v. Google 사건판결을 중심으로

1

창작·이용 그리고 저작권

세계 최초의 저작권법이라 불리는 영국 Anne 여왕 저작권법은 1710년에 제정되었다. 이 저작권법의 첫 출발과 이후 발전에 영향을 끼친 것은 과학기술이었다. 가장 눈에 띄는 기술이란 15세기 중반의 금속활자와 인쇄술이었는데 그 기술개발로부터 260년이 지난 후 저작권법이 제정되었다. 최초의 저작권법이 세상에 선보인 후 170여 년이 지난 19세기 후반에 축음기가 개발되었고 이를 이용한 음반이 제작되었다. 보고 듣는 대상을 수록한 매체의 변화뿐만 아니라, 이 시청각매체를 자유롭게 이용할 수 있었던 기술로부터 이전에 경험하지 못한 새로운 것들을 얻었다.

21세기로 눈을 돌리면 이전의 생활과 비교할 수 없을 만큼 인류의 문화생활에 커다란 변화를 가져왔다. 디지털 기술개발로부터 새로운 표현을 담은 창작물이 만들어지고 이를 이용할 수 있게 됨으로써 인류가 상상한 모든 것을 디지털 기술로 실현할 수 있게 되었다.

과학기술의 진보는 저작물의 창작과 이용을 이끌어냈으며, 창작의 세계에서 보호의 규범은 저작권을 강화시켜 왔다. 저작권을 통한 창작자 보호가 무엇보다 중요하다는 점에 따라 저작자 보호를 기반으로 한 저작권법을 운용하였고, 창작활동을 더욱 활성화하려는 데 관심을 모아왔다. 하지만, 실제 창작자 스스로 자기의 권리를 행사하기보다는 일반 이용자에게 이를 이용할 수 있도록 창작자·이용자 사이에서 중간매개자가 창작자로부터 넘겨받은 권리를 실제 행사하는 일이 아주 흔하였다. 이런 경우에 창작과 이용에 대한 관심은 뒤로 밀려나고, 중간매개자는 저작물 이용을 꾀하는 이해관계에 집중하게 된다.

저작물의 창작과 이용을 통한 문화의 향상·발전이라는 현행 저작권법의 목적이 우리 현실에서 구체화되어 실현되고 있는지 궁금해진다. 저작물의 창작자에게 저작권을 인정하여 보호할 뿐만 아니라, 그 보호되는 저작물이 널리 이용되어야 한다는 기초적 관계를 모두 수긍하지만, 창작과 이용이 어느 한쪽으로 기울어져 창작자 보호만을 강조하거나 이용의 확대만을 고집한다면 어떤 어려움이 생기게 될까? 우선, 창작자를 적극적으로 보호하면 창작활동에 활력을 주어 그 성과를 얻어낼 수 있지만, 저작물 이용을 엄격히 다루어 저작권침해가 양산되는 사정에 빠질 것이다. 이러한 이용환경은 종국에 창작을 가로막는다. 거꾸로 이용만 강조하여 이용자를 두텁게 두둔할 경우에 창작활동을 위축시켜 창작물을 세상에 내놓지 못하여 빚어지는 악순환으로 마찬가지의 어려움에 빠진다. 이러한 이야기는 Anne 여왕 저작권법이 제정·시행된 이래로 저작권과 관련한 근본적인 논의대상이다.

저작물 창작과 이용이라는 대립적 양자 관계 속에서 저작권을 정의하고 이를 확대 발전하였던 저작권법의 역사를 살펴보는 데 잠시 눈을 돌려보자. 영국의 Anne 여왕 저작권법은[1] 유럽 각국의 저작권법을 제정하는 데에 큰 영향을 끼쳤다. 그 저작권법이 제 자리를 잡는 데까지 겪은 혼란(경험)은 다른 나라에 새로운 법·제도를 채택하는데 뒤따르는 충격을 완화시키는 작용을 하였다. Mark Rose는 *Authors and Owners*[2]에서 그 법률의 제정 전후의 사정과 발전에 대하여 깊

1 "An Act for the Encouragement of Learning, by vesting the Copies of Printed Books in the Authors or purchasers of such Copies, during the Times therein mentioned"(저작자 또는 출판물의 매수인에게 일정기간 권리를 향유케 함으로써 교육 장려를 도모하는 법률)이 Statute of Anne의 정식명칭이다. 법률 명칭으로부터 이 법률이 당시의 계몽주의적 사조에 깊이 영향 받은 것임을 짐작할 수 있다.

2 Mark Rose는 Anne 여왕 저작권법 제정·시행과 관련하여 18세기 전후 영국의 사회·경제적 사정이 이 법률에 어떤 영향을 끼쳤는지 상세히 소개하고 있다.

이 있게 서술하고 있다. Anne 여왕 저작권법은 저작자의 창작활동을 적극적으로 독려하지 못하였고, 이들의 법적·경제적 지위를 두텁게 보호하지도 못하였다. 오히려 저작물을 이용하는데 필요한 지렛대의 역할이었다는 점에 주목하게 된다. Anne 여왕 저작권법은 시행 초기에 창작보다 중간매개자의 이용에 기울어져 작가에게 무력한 저작권법이었음을 알 수 있다.

이런 저작권법의 역사를 말할 때마다 우리는 세계 최초로 만든 금속활자와 그 인쇄본 『직지심체요절』(直指心體要節, 1377년)을 자랑스럽게 소개한다. 이는 15세기 유럽을 바꾸어 놓았던 구텐베르크의 금속활자가 세상에 선보인 것보다 70년 이상 앞섰다. 그런데 기술에 뒤진 유럽의 국가들이 우리보다 저작권 영역에서 앞서 발전한 것은 무엇 때문인가. 여러 설명이 필요하겠지만, 간단히 살펴보면 우리는 국가기관이 인쇄를 전적으로 담당하였지만, 저작물과 저작자를 보호하는 법·제도의 틀을 갖추지 못하였다.

우리와 다른 사정에 놓였던 유럽, 특히 독일에서는 독일어로 번역된 성경이 일반인에게 보급되었고 자녀교육 서적과 홍보 전단을 인쇄하여 일반인이 이를 쉽게 접할 수 있었다. 당시에 인쇄출판물은 유럽 사회에서 정보를 전달하는 매체가 되었다. 20세기 말 세계 각국에 정보전달 수단으로 자리 잡은 인터넷과 비교하면 쉽게 이해할 수 있다. 14세기 이래로 인쇄물을 정보전달 매체로 활용하지 못하였던 한국은 20세기 말 정보기술(IT)에 힘입어 600여 년 전 이루지 못하였던 그 일을 이루어내고 있다.

한국 저작권법 제정은, 영국 저작권법의 제정·시행과 비교하면, Anne 여왕 저작권법 제정 후 250년이 지난 뒤에 이루어졌다. 한국 저작권법은 1957년에 제정되었는데, 60여 년 전의 일이다. 한국의 저작권법 역사만을 한정하여 살펴보면 지난 짧은 시간이었지만, 이 기간은 말 그대로 격동의 연속이었다. 한국사회를 잠시 돌아볼 때, 일제의 수탈과 6.25 전란 후 폐허만 남았던 그 현장에서 저작권법 제정을 위한 논의가 1955년에 시작되었다. 1957년 제정된 저작권법은 가난한 농경사회에서 제 역할을 수행하지도, 일반인의 관심대상도 되지 못하였다. 문화창달은 형식적 구호에 그쳤고, 산업사회로 발전을 추구하면서도 타인의 저작물을 복제하는 일에 대하여 무겁게 받아들이지 못하여 저작권보호에 뒤처진 저작권 후진국이었다.

그런데 법률 제정 후 30년이 된 저작권법은 대내·외적 환경 변화에 대응하면서 완전히 다른 내용으로 거듭났다. 1986년 저작권법을 전면 개정하였고, 한국은 1990년대 중반부터 정보화 물결로 정보사회로의 변혁을 겪으며 문화적 여건이 급변하는 사정 하에 새로운 사회에서 요구하는 저작권법을 꾸려내는 노력을 기울여 왔다. 1986년 저작권법 개정을 포함하여 지금까지 총 36회 법률 개정이 있었고, 그 가운데 11회의 타법 개정에 따른 개정을 제외하면 내용 개정은 전부 25차례가 있었다. 이러한 개정의 횟수뿐만 아니라, 몇 가지 개정내용은 저작권법의 발전사에 커다란 의미를 부여하고 있다.

1957년 법률 제정 이후 1986년 전면 개정은 30년이 소요되었지만, 2022년까지 36년 동안 법률 개정을 통하여 그 변화가 얼마나 치열하였는지를 짐작할 수 있을 것이다. 법률의 전면 개정은 1986년, 2006년 및 2009년의 세 차례 있었다. 2009년 개정은 저작권법과 컴퓨터프로그램 보호법을 통합하는 내용이라는 점에 주목하게 된다. 이 개정은 뒤에서 자세히 살펴보겠지만, 저작권법의 목적이 달라지는 결과를 가져왔다. 그밖에 국내 여건뿐만 아니라, 국제적으로 논의되는 저작권보호의 영향을 받아 저작권법의 개정이 요구되면서 세계저작권협약(UCC)의 가입과 관련한 1986년 개정, WTO/TRIPs 및 베른협약 가입과 관련한 1994년-1995년 개정, 한·EU FTA와 한·미 FTA에 따른 2011년-2012년에 법률을 개정하게 되었다.

위와 같이 1986년 전면 개정 후 30여 년이 지난 현행 저작권법은 국제적 기준에 따를 뿐만 아니라, 스스로 문화의 향상·발전을 위하여 변화를 꾀하였던 결과물이다. 한국 저작권법의 지난 60여 년의 역사란 실제 30년간 법률개정에 집중되어 있다. 그 기간은 산업사회에서 정보사회로의 변혁을 겪으며 발전하였다. 아주 짧은 역사로부터 새로운 제도를 받아들이고 그 제도를 세우는데 안정되지 못하였던 아쉬운 점이 있었지만, 이는 짧은 기간 동안 국내외 여건 변화에 따른 불가피한 사정에서 빚어진 것이라고 말할 수 있다.

짧은 역사에서 얻는 지혜도 많았다. 긴 역사의 무게감 대신에 필요한 것을 정착시키는 데에 민첩하게 대응할 수 있었다는 점이다. 한국 저작권법은 지난 30년간 성과를 이루어낸 발전상을 드러내고 있지만, 저작권자 보호에 치중한 결과로 저작물의 공정한 이용이 바르게 자리 잡지 못한 문제를 안고 있다. 또한, 창작자 보호라는 저작권법 목적 역시 창작자 보호의 진정한 의미에서 여전히 중요하게 다루어야 할 대상이다. 이에 창작자 보호뿐만 아니라, 창작된 저작물을 이용하는 데 새로운 관심을 가져 문화발전을 꾀하고자 하는 본래의 취지를 이루어내는 데 요구되는 법리 궁구(窮究)와 실무에서의 확충이 절실히 요구된다. 그동안 창작자 위에 선 저작권자 보호에 치중하여 우리 저작권법의 이론·실무에서 뒤로 밀어났던 저작물 이용에 관한 새로운 관심을 쏟아야 한다.

종래 창작자 보호의 형식을 띠었지만 저작권자(창작자로부터 권리를 넘겨받은 권리자 등) 보호에 치중하였을 뿐 창작활동을 독려하지 못하였다는 비판을 피할 수 없다. 공정이용 법리가 저작권법 제35조의5에 편입됨으로써 정보사회에서 공중에 편익을 제공하는 사례에 그 적용 여부를 활발하게 논의하고, 관련한 법리 개발에 적극적일 것으로 기대하였다. 하지만, 큰 변화에 대한 기대를 담은 새로운 판결을 아직 만나지 못하고 있다. 실무에서 이 규정이 제대로 활용되지 못하는 우리의 현실에서 그 입법적 가치를 발현하는 데 요구되는 사항이 무엇인지 점검할 필요가 있다. 창작자 보호와 저작물 이용이 서로 대립하여 상호 이해관계가 충돌할 때 이를 문화의 향상·발전을 꾀하는 큰 틀에서 보는 안목과 그에 따른 실행이 요구된다.

창작과 이용을 위한 저작권

2

금속활자에서 인터넷으로 이어진 기술변화와 저작권법

Ⅰ. 저작권법의 역사 흝기

1450년대에 개발된 구텐베르크의 금속활자·인쇄방법이 세상에 소개된 이래로 각국 저작권법은 기술발전에 따라 저작권보호를 강화하거나 저작권보호범위가 확장되었던 내용을 저작권법에 규정하여 왔다. 과학기술의 발전으로 새로운 발명을 얻고 이를 특허권으로 보호한다는 점에 대하여 특별한 상상력을 동원할 필요가 없지만, 저작권의 경우에도 마찬가지라고 말하면 다소 의아해 생각할 수도 있다. 하지만, 과학기술이 사회를 선도하고 이를 통하여 얻어진 것을 보호하는 데에 규범적 방법을 동원한다고 보면 저작권법의 경우에도 그 논의는 다르지 않다. 세상에 새롭게 선보인 기술을 이용하여 얻어진 창작물이 저작권법의 보호범주에 속하는 경우에는 그 보호를 강화하였고, 보호범주에 속하지 아니한 것들에 대하여는 보호방법을 새롭게 마련하여 보호하였다.

현대인의 일상생활에 특별한 생각 없이 이용하는 몇 가지를 기술개발·저작권의 관계로 간단히 살펴보면 흥미로워진다. 1450년대 구텐베르크의 금속활자 개발로부터 얻어진 인쇄출판물로부터 현대인의 생활을 바꾸어 놓은 몇 가지를 소개하면 이러한 점을 쉽게 상상할 수 있다. 1900년 전후에 개발된 축음기로부터 발전한 음반 및 무성영화(motion pictures), 1920년대에 라디오 개발로부터 시작된 라디오 방송, 1950년대 말에 소개된 제록스 복사기, 1960년대 말에 개발되었던 VTR, 1970년대 개발되어 이후로 계속 발전한 개인용 컴퓨터 등이 대표적이다. 즉, 인쇄출판에 따른 복제권[출판권]이 가장 먼저 저작권으로 보호되었고, 축음기·음반·라디오 방송과 관련한 녹음권과 저작인접권 등이 새롭게 등장하였으며, 복사기·VCR·PC 등은 다양한 저장매체를 이용하여 복제를 용이하게 했다. 이들 과학기술의 개발을 이용하여 얻어진 저작물은 일상생활에 문화적 여유와 풍요로움을 주는 데에 크게 기여하였다. 이를 좁혀 살펴보면, 과학기술이 인류에게 문화의 향상·발전이라는 혜택을 주었고, 기술변화는 저작권법의 발전도 함께 이끌었다.

18세기 초에 제정된 영국의 저작권법으로부터 이후에 제정된 각국의 저작권법은 과학기술을 이용한 새로운 저작물에 대한 보호·이용을 경험하며 그 사회에서 필요한 법규범을 체계화하였다. 영국·미국·프랑스가 경험한 과학기술과 이를 이용한 저작물은 이웃 나라에 전파되어 먼저 경험한 국가의 저작권 규범이 다른 나라의 입법에 좋은 예시가 되었다. 세계 각국의 저작권법은 이들 3개국이 먼저 경험하여 규범화의 필요에 따라 마련되었던 것이 국제적으로 저작권 규범질서를 형성하는 데 초석이 되었으며 다른 외국의 저작권법 입법에 직접·간접적 영향을 끼쳤다.

1950년대까지 주요국의 저작권법은 그 개별국가의 저작권법으로서 가치뿐만 아니라, 베른협약 등의 국제저작권 규범의 체계를 세우는 데 반영되었다는 점에 의미를 지니고 있다. 이 베른협약은 현행 저작권법을 제정·개정하는 데에 주요한 참고자료가 되었다는 점뿐만 아니라, 1996년 그 협약에 가입한 이후 현행 저작권법에 직접적인 영향을 미치고 있다.

Ⅱ. 15세기의 인쇄기술과 출판허가법(검열법)

1. Gutenberg의 금속활자·인쇄기술 그리고 Luther의 종교개혁

1450년경 구텐베르크는 금속활자(metal moveable type)를 개발하여 새로운 시대를 여는 계기를 마련하였다. 종래 손으로 작성하였던 각종의 문학작품 및 팜플릿 등이 인쇄되었고, 이들 인쇄물을 통하여 이전에 전혀 경험하지 못하였던 사상과 정보를 전파하면서 유럽 사회는 새로운 변화를 맞이하였다. 인쇄출판물이 유럽 전역에 전파되어 지식과 정보를 전달할 뿐만 아니라, 종교개혁(Reformation)을 통하여 새로운 시대를 열어놓는 매개체가 되었다.

1450년대에 인쇄한 성서('구텐베르크의 42행 성경'을 말함)는 유럽 각국에 인쇄기술이 사회에 끼치는 영향이 얼마나 큰 것인지를 보여준 좋은 사례가 되었다.[1] 1517년 Martin Luther(1483-1546)는 비텐베르크 교회에서 가톨릭교회에 대한 95개조 반박문을 라틴어로 작성하여 발표하였고, 이로부터 유럽은 종교개혁이 퍼져나갔다. 루터가 작성한 반박문은 인쇄되어 유럽 전역에 전파되는데 2주밖에 걸리지 않았다. 당시의 정치적·종교적 사정의 복잡한 형국으로 인하여 유럽은 사상·종교 및 정치적 혼란을 피할 수 없었다.

이런 혼란 가운데 루터는 가톨릭교회가 만들어낸 종교적 문제를 성경에서 벗어난 신부들의 자의적 성경해석 또는 잘못된 설교에서 빚어진 것이라 인식하였다. 이에 일반인에게 성경을 보급하는 일이

1 구텐베르크의 인쇄활자·인쇄기가 개발되기 전에는 창세기부터 요한계시록의 성경 66권 전 내용을 한 사람이 필사하는 데에 3년이 넘는 시간이 소요되었다. 당시에 수도사나 수녀들이 이렇게 필사한 성경은 로마 가톨릭 교회 일부 성직자들의 전유물이 되었다. 구텐베르크는 자신이 발명한 금속 활자로 성경을 180부를 인쇄하였는데 현재 48부의 그 성서가 남아 있다.

무엇보다도 중요하다고 판단하여 그는 라틴어 성경을 독일어로 번역한 후 이를 일반인에게 널리 전파하는 것이 필요하다고 생각하였다. 독일어로 번역된 성경은 인쇄되어 독일 전역에 보급되었고, 종교개혁의 물결은 더욱 거세졌다.[2]

금속활자와 인쇄기술은 개인의 생각이나 필요한 정보를 종이에 인쇄하여 전파할 수 있도록 한 수단이었다. 요즈음 사정에 비추어 생각하면, 이러한 인쇄물은 웹 페이지에 해당한다. 정보의 접근·이용이 이전보다 얼마나 용이했는지를 짐작할 수 있다. 하지만, 유럽 각국은 인쇄기술의 보급으로 인쇄물이 일반인에게 이전과 비교할 수 없을 만큼 자유롭게 전파됨으로써 생긴 또 다른 문제에 직면하였다. 즉, 이전에는 필요한 정보만을 공개하거나 전파할 수 있었지만, 인쇄물을 통한 정보전달이 전혀 예상할 수 없는 내용을 담고 아주 쉽게 일반 대중에게 전파된다는 점에 정부는 이를 규제할 방법을 찾기 시작하였다. 그 방법으로 마련한 대책이 국가가 인쇄출판업자(Company of Stationers)에 대하여 책이나 팜플릿을 인쇄할 수 있는 배타적 권리를 부여하는 것이었다. 이를 간단히 출판허가법(또는 검열법; Licensing Act)이라고 말하였다. 이는 인쇄출판을 이용하여 사상·표현의 자유를 통제하려는 것이었다. 기술 자체에 대한 통제가 있을 수는 없지만, 그 기술로 얻어진 결과물은 이전과 비교할 수 없을 만큼 커다란 정치적·사회적 영향을 끼쳤다. 이에 규제대상이 되었다.

사전에 출판물을 규제하는 것은 정보의 접근·이용 통제에 해당한다는 점에서 국가에 의한 정보의 통제라고 말할 수 있다. 이러한 국

---

2 Luther가 세상을 떠난 지 100년이 지나 베스트팔렌 조약(Peace of Westphalia)을 통하여 유럽 각국은 종교의 자유를 허용하였다.

가통제는 한동안 유럽에서 지속되었다. 어떤 내용을 출판할 것인지를 인쇄출판업자(정확히는 인쇄출판업자 길드)가 결정할 수 있도록 한다는 점에서 인쇄출판업자에게 출판에 대한 자율권을 부여한 것처럼 보였다. 하지만, 실제로 인쇄출판업자는 출판허가권을 계속적으로 유지하여 수익을 확보할 목적으로 정치적·사회적으로 못마땅하다고 보여지는 내용을 출판하지 못하도록 하였다. 이런 점에서 출판허가법은 인쇄출판과 관련하여 사전에 내용을 검열하는 것과 연결됨으로써 실제 검열(censorship)에 관한 권한을 부여한 것이고, 출판업자는 이를 수행한 것이었다. 결국 통제된 범위 내에서 출판이 허용되는 대상은 친정부적 내용이거나 교육 및 정부 선전물 등이 주류를 이루었다. 이런 사정 하에 인쇄·출판업자와 저작자와의 관계에서 특별한 사정이 없는 한, 인쇄출판업자가 자연스럽게 주된 역할을 수행하게 되었다.

1486년 베네치아 공국은 처음으로 베네치아 역사에 관한 도서출판을 위한 허가권을 부여하였고, 1501년에 신성로마제국은 출판허가권을 허여하였고, 1507년에 프랑스, 1518년에 영국왕실에 인쇄소가 설치되었다. 이러한 출판허가권은 인쇄물에 대한 사전 검열과 같았다.

2. 영국에서의 검열법과 출판권[Copyright]

William Caxton이 1476년 영국에 처음으로 인쇄기술을 들여온 이래로 영국은 유럽의 다른 국가와 그 사정이 크게 다르지 않았다. 1517년 루터의 종교개혁에 관한 소식이 영국에 전해졌을 당시에 영국은 이를 환영하는 분위기를 보였다. 하지만, 헨리 8세의 이혼문제와 관련하여 교황과 대립하였던 영국왕실은 당시의 사회여론 등이

전파되는 것을 막을 목적으로 인쇄출판물이 뿌려져 일반인이 이런 내용을 알지 못하도록 하는 방안을 강구하였다.

당시 영국의 인쇄출판업자는 배타적 권리를 향유하면서 출판시장에서 안정적인 수익을 올릴 수 있었다. 제한된 수의 인쇄출판업자로 구성된 길드가 출판시장에서 경쟁을 약화시키고 그들의 수익을 높이는 방안을 강구하였다. 인쇄출판업자 길드는 그 구성원을 등록시켜 그들만이 인쇄·출판할 수 있도록 하는 체제에서 도서 출판을 완전히 통제할 수 있었다. 1557년 이후에 이러한 길드는 런던지역에 집중하였다.

인쇄출업자들은 자기들이 선정한 대상을 인쇄하고 출판하면서 그들의 법적 지위를 공고히 하였는데, 그들은 당시에 'copyright'로 불리는 권리를 가졌다. 이 권리는 현대적 의미의 저작권이 아니다. 복제할 수 있는 권리(right to make copies) 또는 복제물에 대한 권리(right to copy)라고 말할 수 있다. 오히려 이는 실체를 중심으로 파악한다면, 현대적 의미에서 출판권에 더 가깝다. 그들의 출판권은 기한 없이 향유할 수 있었는데, 어떤 도서를 출판하기로 길드에 등록하면, 그 책의 출판권은 그 출판업자가 향유할 수 있었다. 이러한 권리를 '코먼로상 출판권'(common law copyright)으로 칭하고 그 기한은 영구적이었다.

이 권리는 뒤에 영국의 Anne 여왕 저작권법이 제정된 이후에 출판업자가 가지는 저작권이 코먼로상 권리라는 점을 강조하면서 자연권(natural right)[3] 주장과 연결된다. 이 인쇄출판업자 길드는 의회·내

3 John Locke(1632-1704)의 저술 Two Treatises of Government(1690)와 Essay Concerning Human Understanding(1690)에 기원하고 있는데, 다음의 웹 페이지에서 공유저작물인 두 저술내용을 찾아 읽을 수 있다. http://socserv2.socsci.mcmaster.ca/econ/ugcm/3ll3/locke/government.pdf, http://www.earlymoderntexts.com/assets/pdfs/locke1690book1.pdf에서 각각 검색할 수 있다.

각에 자기들의 견해를 전달할 수단을 갖고 그들의 사회적·경제적 지위를 유지하고 발전시키기 위하여 노력하였다. 그들은 경제적 이익을 이끌어내는 데에 필요한 것을 꾸려내고 일반인에 대한 정보제공을 통제함으로써 정부의 정책에 적극 가담하였다. 이에 대하여 John Locke 및 John Milton은 이러한 출판허가에 따른 검열제도에 문제가 있다는 점을 지적하였고, 이 출판허가법(검열법)은 1695년에 폐지되었다.

III. 18세기 앤 여왕 저작권법의 제정과 미국·프랑스의 저작권법

1. 영국의 저작권법 제정

영국에서 저작권법이 제정된 것은 17세기 말 영국의 정치적 상황과 경제적 사정에서 빚어진 문제에 대한 해결과 깊이 관련되었다. 1695년 3월에 출판허가법이 폐지되면서 영국 의회는 검열제도와 독점 철폐의 두 가지 가운데 인쇄출판업자 길드의 독점 철폐에 더 많은 관심을 가졌다. 영국 의회는 오랫동안 유지되었던 독점에 대한 폐해를 막고 자유로운 의사에 기하여 거래가 이루어지도록 하는 법률을 제정하려고 노력하였다.

영국은 1710년에 Anne 여왕 저작권법(Statute of Anne)을 제정하면서 저작물 보호와 보호기간이 만료된 저작물에 대하여 자유롭게 이용할 수 있도록 하였다. Anne 여왕 저작권법은 학문을 독려한다는 점을 법률명칭에 명시하였는데, 공식 명칭은 "An Act for the Encouragement of Learning, by Vesting the Copies of Printed Books in the Authors or Purchasers of such Copies, during the Times therein mentioned"이다.[4] 이 법률명칭을 우리말로 옮기면, 이는 "저작자 또는 출판물의 매수인에게 일정기간 권리를 향유케 함으로써 교육 장려를 도모하는 법률"이다.

총 11개 조문으로 구성되었고, 서적상(또는 출판업자)의 저작권과 법률에서 새롭게 인정한 저작권(statutory copyright)을 규정하였다. 여기에서 Anne 여왕 저작권법상 중요한 의미를 가지는 저작권은 신설한 법정저작권으로 저작자에게 인정한 것이었다. 이는 종래의 인쇄출판업자에게 권리로 인정되었던 출판권과 아주 다른 것이다. 현대적 의미로 해석하면 창작자에게 귀속하는 저작권(정확히는 복제권)의 하나라는 점에서 외관상 저작자권리를 보호하는 파격적 결과를 낳았다. 하지만, 실제로 서적상을 위한 법률 규정으로 해석할 수 있었다. 당시의 사정에 비추어 볼 때, 실제 저작자가 서적상(출판업자)을 상대로 자기의 권리를 주장하여 그 법적 지위를 누릴 수 있었던 경우는 흔하지 않았다. 그 저작권은 양도 가능한 것으로 규정되었는데 저작자는 적지만 경제적 수익을 얻으려면 저작권을 출판업자에게 양도해야 했었다.

2. 18세기 계몽주의에 기초한 미국·프랑스의 저작권법 제정

르네상스로부터 종교개혁 및 계몽주의 철학이 널리 소개되었던 근세 유럽 사회는 신앙·윤리 및 사회적 행동에 있어서 자기결정권이 강조되었다. 이를 법률에 반영하기 위한 구체적 노력이 뒤따랐

4 이에 관하여 제3장에서 자세히 살펴본다.

다. 이렇게 변화된 사상은 유럽과 신대륙에서 개인의 영향력을 강화하고 자유로운 인간행동을 지지하는 새로운 시대를 열어놓았다. Hobbes, Locke, Montesquieu, Voltaire, Rousseau, Diderot 및 Kant와 같은 철학자는 자유에 대한 사상을 전개하였다. 개인의 정치적 자유, 다양한 사고를 자유롭게 전개할 수 있는 시대정신은 이들 철학자들의 사상으로부터 영향받은 것이었다.

이러한 자유에 관한 사상은 주로 정치적 상황과 관련되어 있었는데, 영국은 1689년에 권리장전(Bill of Rights)을 통과시키면서 정치적 자유를 국가적 차원으로 끌어올렸다. 또한, 계몽주의 철학자는 미국과 프랑스 혁명의 철학적 기초를 놓았고, 자유·평등을 정치적 원칙으로 세웠다. 미국의 독립선언문(1776)과 프랑스의 혁명선언문에 잘 드러난다. 1770년대 들어서 유럽과 신대륙에서 정치적·사회적 격변이 일었다. 영국은 의회와 왕실이 갈등을 겪었지만, 정당정치와 내각체계의 발전을 꾀하는 계기를 마련하면서 뒷날 산업혁명을 일으키는 동력이 되었고 세계경제를 이끌어내는 영향력을 행사하는 국가로 발전하였다.

이러한 점을 저작권과 관련하여 살펴보면, 18세기에는 저작자 권리보다 출판업자의 경제적 영향력이 강화되었다. 이런 사회에서 출판업자는 영국 정계와 좋은 관계를 유지하면서 저작권이 영구적으로 그들에게 속한다는 주장을 굽히지 않았다. 물론 그들은 Anne 여왕 저작권법이 지배하는 시장에서 서적판매를 통하여 여전히 높은 수익을 올렸다.

한편, 영국으로부터 독립한 미국은 연방 헌법에 학문과 예술의 발전을 도모한다고 규정한 헌법에 근거하여[5] 연방 저작권법을 제정하였다. 주목할 점은 코먼로상 영구적 권리라고 주장하는 영국에서의 독점권 주장과 아주 달랐다. 저작권자는 공적 이익을 꾀하고자 하는 목적을 가지고 일정기간 동안만 저작권을 향유할 수 있었다. 미국은 1790년 연방 저작권법을 제정하였는데 그 명칭이[6] Anne 여왕 저작권법과[7] 거의 같았다. 하지만, 미국 저작권법은 공익을 도모하고자 노력하였다. 미국에서 저작권은 영국에서 Millar 사건판결과 Donaldson 사건판결에서의 출판업자 권리가 자연권이고 이로부터 독점적 지위를 향유할 수 있다는 법리와 다르게 발전하였다.

미국에서는 1831년 및 1909년 저작권법 개정을 통하여 출판 후 42년 및 56년으로 저작권의 보호기간을 연장하였고, 1976년 및 1998년 법 개정을 통하여 저작자 사망 후 50년 및 70년으로 연장하였다. 미국법이 영국 저작권법과 구별되는 점은 다음과 같다. 첫째 지도와 차트에도 저작권의 보호가 미친다고[8] 규정하였던 것이며, 둘째 이 법률은 미국인과 미국 거주자에게 한정하여 적용된다는 점이었다. 따라서 미국 내에서 영국인의 저작물은 보호되지 않았다. 이는 19세기 유럽에서는 외국인에게도 자국민과 같은 저작권을 인정하여 보호하였다는 점에서 커다란 차이를 드러낸다. 따라서 Charles Dickens, Sir Walter Scott, William Thackeray, William Word-

5 "to promote the Progress of Science and useful Arts, by securing for limited Times to Authors and Inventors the exclusive Right to their respective Writings and Discoveries."

6 Copyright Act 1790, *An Act for the Encouragement of Learning, by securing the Copies of Maps, Charts and Books, to the Authors and Proprietors of such Copies, during the Times therein mentioned.*

7 "An Act for the Encouragement of Learning, by Vesting the Copies of Printed Books in the Authors or Purchasers of such Copies, during the Times therein mentioned"

8 현행 저작권법 제4조 제1항 제8호 참조.

sworth 등의 영국 작가는 자기의 서적이 미국에서 복제된 해적판으로 헐값에 판매되어도 이를 규제할 법적 기초가 없었기 때문에 법적 도움을 받지 못하였다. 이 점에 대하여 대표적으로 Charles Dickens는 엄청난 불만을 쏟아냈다.[9]

한편, 프랑스는 공익에 관심을 기울여 저작권법을 입법하였던 미국과 다르게 저작자 개인의 정신활동 결과로 얻어지는 저작물에 대한 보호에 치중하였다. 저작자의 권리(droit d'auteur)를 인격적 가치로 보호하는 법리를 전개하였다. 1789년 프랑스 인권선언에 토대를 삼고 프랑스 저작권법은 저작자의 인격이 창작의 중앙에 놓여 있다는 메시지를 기본으로 한 법리를 세우려 하였다. 즉, 프랑스는 혁명에 의하여 전개되는 철학적 기반은 개인의 인격적 가치(개성)를 보호하는 것과 연결되어 있다는 점에서 영국과 미국 저작권법의 기초와 달랐다.

프랑스 혁명 이전에 저작물보호와 관련한 사정은 영국이나 다른 유럽지역의 국가와 다르지 않았다. 어문저작물에 대하여는 인쇄출판업자에게 공연권에 대하여는 극장 감독에게 그 주도권이 놓여 있었다. 이런 특권 또는 특혜는 1789년 프랑스 혁명의 시작과 함께 구제도로 폐지되었다. 출판인과 인쇄업자로 구성된 길드의 상업적 독점은 1791년에 사라졌고, 검열제도를 폐지하여 시민의 사상을 자유롭게 하며 사상을 전파할 수단을 제한하지 않았다.

프랑스 저작권법 제정 내용을 소개할 때, 1791년의 공연권과 1793년의 복제권을 소개하는 것이 일반적이다. 프랑스 혁명 후 이

9 이에 대하여 Gerhard Joseph, "Charles Dickens, International Copyright and Discretionary Silence of *Martin Chuzzlewit*", 10 Cardozo Arts and Entertainment L. Jour. 523 (1992); Edward Hudon, "Literary Piracy, Charles Dickens and the American Copyright Law", 50 Am. Bar.Ass'n J. 1157 (1964) 참조.

듬해 저작권 보호에 관한 논의를 시작한 이래 1791년 1월에 공연권에 관한 보호에 한정하여 프랑스의 첫 번째 저작권법을 마련하였다. 이 공연권은 저작자가 중심된 것이 아니라, 특정한 연극작품에 한정하지 않고 누구나 자유롭게 공연할 수 있도록 허용하였다는 점에서 공연의 독점을 깨뜨린 것이었다. 극장에서 '상연'을 하는 '흥행'의 지배인·기획자에 대하여 의무를 부과하였다.[10] 이 법률은 생존한 저작자 작품을 공연하려면 그 저작자의 서면동의를 받도록 명시하였다. 그 보호기간은 저작자의 생존기간과 사후 5년간 보호한다고 규정하였다.

또한, 1793년 7월에 프랑스 국민공회는 어문저작자, 음악작곡자, 화가 등 모든 저작자가 생존기간 동안 그들의 저작물에 대하여 배타적 권리를 행사할 수 있고, 상속인은 저작자의 권리를 사후 10년 동안 향유할 수 있다고 규정하였다. 저작권침해에 대한 손해배상은 원저작물의 3,000본에 해당하는 금액까지 배상한다고 규정하였다. 이 두 저작권에 관한 법률은 1957년까지 프랑스 저작권법으로 그대로 유지되었다.[11]

프랑스 저작권을 저작자 권리로 설명하면서 이를 저작인격권과 불가분의 관계에 있다는 점이 강조되고 있다. 이 저작인격권이 프랑스법에서 始原한다고 할지라도[12] 프랑스의 저작권에 관하여 규정한 1791년 법·1793년 법은 통상의 저작재산권을 중심으로 규정하였다.[13] 저작인격권은 저작재산권이 마련된 이후에 Diderot와 같은 철

10 1791년 제정된 프랑스의 공연권은 오늘날 음악 공연권과 같지 아니하지만, 공연권의 기초를 놓았다는 점에서 의미를 갖는다(이호흥, 『디지털환경에서의 공연권에 관한 연구』, 한국저작권위원회, 2010, 34면 참조).

11 J.C. Ginsburg, "A Tale of two Copyrights: literary property in revolutionary France and America", [1991] 147 R.I.D.A. 131 at 167.

12 프랑스 혁명 이전인 1777년 규정에서 저작인격권의 원형을 찾을 수 있다는 견해도 있다(Mira T. Rajan, *Moral Rights*, Oxford Univ. Press, 2011, 55).

13 1791년 법률을 기초한 사람은 Le Chapelier(1754-1794)이었고, 1793년 법률에 직접 관여한 사람

학자의 논설과[14] 법학자의 저작물 및 법원의 판례를 통하여 구체화되면서 1870년경부터 1900년 초에 무르익었다. Pouillet는 "작가와 예술가가 가지는 이 권리는 저작자의 인격에서 나오는 것으로 이는 저작자 권리의 핵심으로 재산권인 복제권과 구별된다"고 밝혔다.[15] 프랑스가 저작인격권을 보호하는 규범적 인식이 선두 위치에 서 있었지만, 1957년에 비로소 이를 법률에 반영하였다는 점에 또 한 번 놀라게 된다. 저작권보호가 연혁적으로 저작인격권에서 비롯되었다고 할지라도 이 저작인격권만을 가지고 저작권을 보호하지 못한다는 시대적 사정에 비추어 볼 때 그 연혁적 의미가 감소되었다.[16]

저작인격권 개념은 독일 철학자의 논설로 더욱 명확해졌다. 독일의 경우에 경제적 가치로 보상되는 저작권보호 외에 보호되어야 할 대상으로 인격적 가치에 관한 논의가 진지하게 논의되었다. 독일의 이상주의자였던 Johann G. Fichte는 정형의 저작물은 일정한 형식을 취하여 보호되지만, 이 형식과 구별되는 대상이 보호되어야 한다고 보았다.[17] Kant도 마찬가지로 저작물의 정체에 해당하는 독특한 것이 있음을 지적하였고, 이는 저작자 개인의 인격 또는 정체성과 관련이 깊은 것이라고 보았다. 이와 관련된 논의로 Hegel은 저작자의 정신적인 것이며 법으로 보호하여야 한다고 강

은 Joseph Lakanal(1762-1845)였다(J.A.L. Sterling, World Copyright Law, Sweet & Maxwell, 2005, 52-53).

14 위효정, "디드로를 통해 본 프랑스 역사 속 저작권 인식", 저작권문화 251호, 2015/7, 36-37 참조.

15 Eugène Pouillet, *Traité théorique et pratique de la propriété littéraire et artistique et du droit de représentation*, 3ème édition, Marchal et Billard, 1908, p.256(Gillian Davies, *Copyright and the Public Interest*, Sweet & Maxwell, 2002, 144에서 전재).

16 Pierre Recht, "Le Droit d'auteur: une nouvelle forme de propriété, histoire et théoriee", LGDJ, 1969, 274-275.

17 See Tom Rockmore(ed.), *Rights, Bodies and Recognition: New Essays on Fichte's Foundations of Natural Right*, Ashgate, 2006.

조하였다.[18]

이들은 그것이 저작자 자신이거나 의지와 같은 것이며 다른 사람에게 넘길 수 없는 것이라고 보았다. 즉, 책 한 권을 살 때, 저작자 스스로 지배하는 자신의 내면세계에서 드러난 것을 살 수 없다. 이러한 독일의 이상주의적 사상은 사물과 본질의 차이(distinction between things and essence)를 구별하여 규범화 하는 데에 기여하였다. 이는 18세기 후반기에 저작권법을 발전시키는 데에 철학적 기반이 되었다. 뒤에 베른협약의 Rome Revision(1928년)에서 저작인격권이 이 협약에 채택된 이후 세계 각국은 저작인격권을 저작권으로 보호하고 있다.

IV. 19세기 저작권법: 저작자 보호를 통한 권리 강화

1. 저작자의 권익 보호를 위한 입법활동

19세기 전반기에 선진제국은 저작권에 관한 법원칙을 정립하는 데에 주력하였다. 이 시기의 저작권법은 저작권이 학문발전에 기여한다는 종래의 계몽주의 사상을 뒤로 미루어 놓은 채 저작자 권익을 향상시키는 데 주력하였다. 이는 저작자의 권리보호가 무엇보다 중요하다는 주장을 당연히 받아들이면서 공익적 관점에 대한 논의를 뒤로 미루어 놓았다.

종래 인쇄출판업자 길드가 향유하였던 독점적 시장지배가 이번에는 저작자 중심의 권익을 보호한다는 관점으로 되살아나 저작자

18 Stef van Gompel, *Formalities in Copyright Law: An Analysis of Their History, Rationales and Possible Future*, Wolters Kluwer, 2011, 258-259.

를 위하여 필요하다는 인식이 퍼져나갔다. 저작자를 보호하는 법적 기초로 저작자에게 독점적 지위를 향유할 수 있도록 하는 논의가 이루어졌다. 저작권의 보호범위를 확충하고 보호기간을 연장하였다.

Anne 여왕 저작권법이 제정된 이래로 저작물이 공유의 대상임을 강조하면서 법원의 실무를 통하여 저작권법 규정의 해석 및 저작권의 실체에 관한 논의를 통하여 저작권보호를 강화하였다. 하지만 19세기 전반기까지 창작활동의 주체인 저작자를 보호하는 논의가 적극적이지 못하였다. 이에 당시 영국에서 저작자의 창작활동은 자연권으로 저작자 개인에게 속하는 권리라는 점이 널리 소개되었고, 저작자의 권리강화를 위하여 적극적인 입법활동이 요구되었다. 그 가운데 영국 의회에서 1841년에 저작권법 개정을 논의하는 즈음에 Thomas N. Talfourd는 저작권의 보호기간을 연장하려는 노력을 기울였다. Talfourd는 시인 등 문예작가의 열렬한 지지를 받았는데, 그는 작가와 예술인의 가난과 고난 등에 대한 사회적 무관심의 문제를 해결할 방안으로 작가의 권익보호가 필요하다고 주장하였고, 그에 관한 활동을 적극적으로 전개하였다.

한편, 이와는 상반되게 Thomas B. Macaulay는 저작권의 보호기간을 연장하는 데 반대의사를 명확히 표시하였다. 그는 저작권이 공공의 목적에 기여하여야 하고 이를 자연권으로 보호하려는 사고는 바람직하지 않다고 보아 Talfourd의 의견에 반대하였다. Macaulay는 저작권이 저작자 사후까지 연장하여 보호하는 것은 공중에 많은 불이익을 주는 것이라고 보았다. 이러한 저작권 보호에 대한 뚜렷한 견해 차이는 사적 권리의 보호에 치중하여야 하느냐 아니면 공익적 관점에서 저작권을 이해하여야 하는지에 따라 논의결과가 크게 달랐다.

저작권법에서 저작자의 이익과 공익 사이 균형이 요구된다는 저작권법의 법리 및 정책에 관한 구체적 논의가 이때부터 시작되었다.[19] 결국 1842년에 개정된 영국의 저작권법(Revision Act of 1842)은 두 논의에 대한 타협안으로 출판 후 42년 또는 생존기간과 사후 7년간 저작권의 보호기간으로 연장되었다. 저작자가 사망한 후에는 출판 후 42년 기간으로 보호되었다. 이 저작권의 보호기간은 이후 세계 각국의 입법적 기준이 되었다.

그밖에 출판업자들은 자신들이 출판한 서적을 식민지 국가에서 판매하여 경제적 수익을 올리려면 영국 저작권법에 해적행위를 막는 규정이 필요하다고 주장하였다. 이는 당시 미국에서는 영국과 그 사정이 달라 영국의 저작권법에 규정한 사항이 지켜지지 아니하여 영국 서적의 해적판이 저렴한 가격에 판매되었던 점에 따른 논의내용이었다.

2. 베른협약과 저작권 보호

1886년 베른협약은 저작권에 관한 최초의 다자간 국제조약이었다. 1887년 12월에 발효되어 지금까지 모두 일곱 번 개정되었다. 이 협약은 파리협약(Paris Convention; 1883년)이 산업재산권을 보호하기 위한 국제조약이라는 점과 비교되는 대상으로 내국민대우, 최소보호의 원칙 및 무방식주의를 채택하였다.

i) 내국민대우의 원칙은 저작자가 이 협약에 따라 보호되는 저

19 Mark Rose, "Nine-Tenths of the Law: The English Copyright Debates and the Rhetoric of the Public Domain", 66 Law and Contemporary Problems 75, 83-84 (2003).

작물에 관하여 본국 이외의 동맹국에서 각 법률이 현재 또는 장래에 자국민에게 부여하는 권리 및 이 협약이 특별히 부여하는 권리를 향유한다는 규정에[20] 따른 것으로 외국인과 자국민을 같은 대우로 다루어야 함을 말한다. ii) 최소보호의 원칙은 회원국이 보호하는 외국인의 저작물에 대하여 그 보호대상, 부여해야 할 권리의 종류와 내용 그리고 보호기간과 권리에 대한 제한과 예외 등에 관하여 최소한의 기준을 설정하고 있는데, 회원국은 이 협약에 정하고 있는 기준을 최소한의 기준으로 보고 이를 준수하여야 한다는 것을 말한다. 이 협약의 내용보다 높은 수준의 보호를 하는 것에 대하여 협약은 반대하지 않는다. iii) 무방식주의란 권리의 행사와 향유는 어떠한 방식에 의하여 준수할 것을 강요하거나 조건으로 붙이지 못한다는 점을 말한다.

이 협약을 이끌어내는 데에 프랑스 작가 Victor Hugo의 노력이 지대하였다. 위고는 Society of French Writers을 창설하였고, International Literary and Artistic Association(ALAI)을 설립하는 데에 적극 노력하였다. 위고는 베른협약이 체결되기 1년 전에 세상을 떠났다. 베른협약이 마련된 후 130년이 지났는데, WTO/TRIPs 협정을 통하여 베른협약의 이행이 강제되기 이전에, 협약에의 가입국은 선진국과 일부 개도국에 불과하였다. 이 점에 따라 국제협약의 한계를 드러내고 있었다.

영국은 1886년에 베른협약을 국내법으로 시행하는 데에 필요한 사항을 규정하여 International Copyright Act를 제정하여 시행하였다. 베른협약은 영국의 국내에서 뿐만 아니라, 영국의 식민지 국가

20 베른협약 제5조.

에도 전부 적용되었다. 이 협약의 중요한 실체내용의 개정은 1908년 베를린 개정(Berlin Revision)이다.[21] 이 개정에서 협약은 저작권의 보호기간을 생존기간 및 사후 50년간으로 확대하여 규정하였다. 저작인격권을 규정하고 있으며, 저작권이 창작활동과 동시에 보호된다고 규정하고 있다.

이 협약은 출범할 당시에 유럽 국가에서 강조되었던 저작인격권에 대하여 규정하지 않았다. 이 저작인격권이 1928년에 비로소 편입되었다. 저작자의 재산적 권리 외에 정신적 창작활동에 의하여 얻어진 문학 저작물에 대하여 저작자에게 별도로 인정되어야 한다는 주장에 따라 저작인격권을 보호하게 되었다. 20세기의 시작과 함께 프랑스의 저작자 권리는 저작재산권 이외에 저작자를 보호할 가치 있는 대상으로 저작인격권을 중심에 두어야 한다고 보았다.

한편, 미국 의회는 영국 출판인의 압력으로 1891년에 외국인 저작자에게 미국의 저작권보호를 확대하기 위하여 International Copyright Act('Chace Act'라 함)를 제정하였다.[22] 미국은 1989년 베른협약에 가입하기 전까지 베른협약이 출범한 이래 100년 이상 협약에 가입하지 않고 국제무대에서 독자적으로 활동했다. 1990년대에 들어서 WTO/TRIPs 협정이 그 회원국들에게 베른협약의 실체규정을 이행하는 의무를 부과하면서 이제 베른협약은 저작권보호의 보편적 기준이 되었다.

---

21 1908년, 1914년에 베를린에서, 1928년에 로마에서, 1948년에 브뤼셀에서, 1967년에 스톡홀름에서 각각 베른협약의 개정 등을 협의하였다.

22 Paul Goldstein, *International Copyright: Principles, Law and Practice*, Oxford University Press, 2001, 18.

3. 양면성을 지닌 미국 저작권법의 발전

미국 저작권법은 저작인격권을 규정하지 아니한 채 미국 내에서 외국 서적을 자유롭게 복제하여 일반인에게 저렴한 가격으로 판매할 수 있었던 당시의 사정하에 베른협약에 가입하지 않았다. 앞에서 간단히 보았던 미국의 'Chace Act'는 종래 미국의 정책을 제한하는 것이었다. 미국의 정책입안자는 미국 내 출판업을 보호하는 방안이 필요하다는 인식 하에서 Chace Act를 통하여 상호주의에 근거하여 외국과의 관계에서 미국이 수출한 저작물의 해적행위에 대한 단속을 구하는 근거를 제시하였다.

또한 미국은 남미 지역의 국가와 양자관계의 조약을 체결하여 상호주의에 기한 저작권보호를 꾀하였다. 이와 함께 미국은 1952년에 베른협약과 대립되는 국제저작권법 체제인 UCC(세계저작권협약)를 이끌면서 국제적으로 자국의 이익을 확보하는 데 주력하였다.

미국 저작권법의 독특한 법리 가운데 하나로 손꼽히는 공정이용 법리(fair use doctrine)는 19세기 중반에 실무내용으로 논의되어 확립되기 시작하였다. 미국은 1831년에 새로운 저작권법을 통과시켰는데, 이는 영국이 1833년에 드라마 저작권법과 1842년에 저작권법을 개정하였던 것과 저작권법의 발전 흐름에서 같은 취지에서 비롯되었다. 미국은 공정이용 법리를 실무에서 구체적으로 논의하기 시작하였다. 이 공정이용 법리는 영국의 'fair abridgement' 원칙에서 파생되었다고 말할 수 있지만, 저작권자의 권리를 어떻게 이해하느냐에 따라 달라질 수 있었다.

1841년 Joseph Story 판사는 Folsom v. Marsh 사건판결에서[23]

23 F.Cas. 341(CCD Mass. 1841) (No 4, 901).

어떤 문제된 복제행위가 저작권침해에 해당하지 않는다고 밝히면서 그 기준을 제시하였다. 이 사안은 'Life of Washington' 저자가 'The Writings of George Washington' 저자의 저작권을 침해하였다고 주장하였던 것에서 비롯되었다. 이 판결의 판시내용은 1976년 미국 의회의 저작권법 개정논의에 직접적으로 소개되어 1976년 미국 저작권법에 반영되었다. 현재 미국 저작권법 제107조의 공정이용 법리의 네 가지 판단요소가 바로 그 내용이다.[24]

V. 20세기 산업발전·저작권법 성장 그리고 그 이후

1. 음반·라디오방송이 바꾸는 세상

저작권산업의 발전을 이끌어낸 것은 1877년 Thomas Edison이 발명한 축음기(녹음기)와 1895년에 Lumiere 형제가 처음 세상에 선보인 Cinematograph(무성영화)였다. 이러한 녹음·녹화는 어문저작물과 음악저작물에 대한 녹음과 어문·연극·음악저작물에 대한 녹화에 이용하면서 이들을 빼놓고 저작물을 말할 수 없게 되었다. 이런 사정 하에서 저작자는 녹음과 녹화에 어떤 권리를 주장할 수 있는지에 대하여 새로운 관심을 가지게 되었다.

이러한 관심은 1908년 Berlin에 모여 그 보호를 논의하였고, 음악저작물의 저작권자의 녹음권을 인정하였다.[25] 또한, 저작물이 영화에 이용될 경우에 저작자는 복제 및 흥행에 관한 권리를 가지며, 영화

24 이는 현행 저작권법 제35조의5의 입법모델이 되었다.

25 현행 저작권법은 녹음·녹화를 복제의 구체적 예시로 규정하고 있다(현행 저작권법 제2조 제22호).

자체도 저작물로 보호받는 것으로 규정하였다. 저작권의 보호기간도 원칙적으로 저작자의 생존기간 및 사후 50년으로 규정하였다.[26] 이와 같은 녹음(음반)과 관련한 사항은 1910년 전후의 각국의 음반산업과 깊은 관련을 맺고 있다.[27] 대표적으로 1909년 미국 저작권법 개정은 음반산업의 육성발전과 이를 이끌어내는 데에 어떤 법리적 접근이 뒤따랐는지를 잘 보여준다. 기술의 변화는 세계의 문화를 바꾸어 놓고, 그 세계를 변화시키는 데 유연한 법이 뒷받침되어야 한다.[28]

미국의 1909년 저작권법은 1976년 저작권법의 개정 전까지 미국의 저작권 관련 산업을 발전시켰지만 저작권자의 이익을 구하는 데 매몰되지 않고 오히려 공중의 이익을 고려하였던 점이 돋보였다. 당시 음반산업의 경우에 음반 관련 소수의 프로듀서가 음반시장 전체를 지배하였지만, 공익적 관점에서 산업을 발전시키려는 노력을 기울였다.

미국 저작권법 개정(1909년)은 음악저작물의 수익을 위하여 공연과 녹음 및 음악 저작물의 이용을 통제할 수 있도록 저작권자의 권리(녹음권)를 새롭게 규정하였다. 이와 함께 이러한 내용은 피아노 롤, 축음기 산업 및 녹음을 위한 강제허락(compulsory recording license)[29] 규정 등을 설치함으로써 공익을 확보할 수 있는 방안을 함께 고려하였다. 미국 연방헌법은 지재권의 목적 규정을 이미 설치하였는데, 저작권의 경우에 '학문과 예술의 향상·발전'(to promote the Progress of Science and

---

26 이에 대한 강행규정은 1948년 브뤼셀 개정으로 확정되었다.

27 박성호, "음악저작권의 생성과 발전", 법학논총(한양대) 제28집, 2011, 39면.

28 Jessica Litman,"Copyright Legislation and Technological Change", 68 Oregon L. Rev. 275, 282 (1989).

29 이는 투자를 보호하고 독점시장을 깨고 이로부터 경쟁을 유도할 수 있어서 공익에 충실한 방안으로 인식되어 모색되었다.

Useful Arts)을 이끄는 것으로 인식하였다. 당시 1909년 저작권법이 하원을 통과한 후 작성된 보고서에 저작권 규정은 저작자 이익을 우선적으로 고려하지만, 이와 함께 공익의 보호가 함께 이루어져야 한다는 점을 명확히 하였다. 입법시 프로듀서와 공익을 어떻게 구현할 수 있으며, 공중에 해가 되는 독점을 얼마나 받아들여야 하는가에 대하여 많은 의견을 교환하였다.

1909년 개정법은 음악공연이 레코드 산업으로 확대하여 발전하면서 피아노 롤, 피아놀라(pianola), 축음기 및 레코드의 이용자(소비자)에 대한 공급이 공익적 목적에서 규제될 수 있음을 반영하였다. 이는 산업발전을 꾀한다는 점도 중요하게 고려하였지만, 공익적 목적(소비자 보호)을 위하여 산업계가 양보하였음을 보여준 좋은 예다.

2. 창작보다 매체(음반과 라디오)가 중시되는 현실

1914년 제1차 세계대전이 발발한 후 라디오 통신(radio communication)이 급성장하였다. 1920년대에 들어 아마추어 햄(amateur ham), 라디오 방송이 확산되었는데, 1920년에 미국 대통령 선거 결과를 라디오 방송으로 유권자에게 알렸다. 이것이 미국에서 처음 대중에게 소개된 사례다. 1922년에 뉴욕에서 처음으로 라디오 광고를 내보냈고, 그 해 라디오 방송국이 미국 전역에 개국하였다.

각국의 사정에 따라 다르기는 하지만, 라디오방송은 음악을 송출하였고 대중음악의 흐름을 이끌었다. 당시에 음반을 재생하여 음악을 듣는 것이란 대단한 일이었다. 이런 음반산업은 라디오 방송으로 음반매출을 확대하였을 뿐만 아니라, 대중음악에 대한 새로운 세계를 열어놓았다. 최신 유행곡이 수록된 음반판매는 이전과 비교할 때, 폭발적이라고 말할 수 있었다. 이러한 라디오청취자 수의 증가, 음반판매의 괄목할 만한 성장 및 라디오산업은 하나로 묶여져 새로운 저작권 세계를 열어나갔다.

15세기에 금속활자와 인쇄기 개발을 통하여 인쇄출판업자가 작가보다 우월적 지위를 차지하였던 것처럼, 축음기(레코드) 개발로 음악 저작자보다 음반제작자가 경제적으로 더 나은 수익을 얻게 됨으로써 예상하지 못한 일이 벌어졌다. 이를 해결하는 데에 개인의 권리보다 공익을 강조하는 것이 필요하였다. 미국의 1909년 저작권법 개정이 그것이었다(베른협약의 Berlin Revision(1908년)의 이듬해에 개정).[30]

그런데 이러한 개정이 있은 후 새로운 강자로 등장한 라디오방송으로 복잡한 사정이 생겼고, 이전과는 전혀 다른 양상을 띤 새로운 세계로 빠져들었다. 이런 라디오방송은 방송관련 산업으로 성장하면서 20세기 중반에 들어서 저작권법 세계를 바꾸어 놓았다. 산업계는 자본력을 앞세워 저작자와의 이용계약을 용이하게 이끌었고, 저작권양도 방법을 통하여 그 권리가 산업계로 넘어갔다. 저작자의 권리보호라는 형식은 형해화했다.

한편, 이러한 음반 및 라디오 방송으로 저작물 공연의 기회가 대폭 증가하였다는 점은 저작자의 공연권이 확대되었음을 말한다. 19세기에 공연권은 연극작가 또는 음악저작자로 하여금 공연장 또는 무대에서 공연하는 데 저작권료를 청구할 수 있었다. 그런데 20세기에 들어 기술이 변하였고 이에 따라 영화, 음악 저작자는 공연권에 따라 시청자, 관람객, 방송청취자 등에게 저작권료를 청구할 수 있

30 Bruce A. Lehman, "Digital Commerce in Copyrighted Works: Where is the World Going?", Copymart Symposium of IIPI, September 5-6, 2002, <http://iipi.org/wp-content/uploads/2010/07/Berlin090502.pdf>.

다. 가장 흔한 일로 음악저작권자가 상업적 목적으로 음악을 연주하는 사람에 대하여 자기 권리를 행사할 수 있다는 것이었다.

국제적 논의로 베른협약의 로마 개정(Rome Revision, 1928년)에서 라디오방송에 관한 보호가 필요하다는 점에 따라 그 논의가 진행되었다. 방송과 관련하여 저작자 보호를 위하여 방송권을 저작권의 하나로 새롭게 규정하고 이를 시행하였다. 이와 마찬가지로 영화감독 등의 저작권도 인정하여 그들의 법적 지위도 향상시키는 데 노력하였다. 1928년 개정 이후 1948년 브뤼셀 개정 논의에서 아주 자세하게 규정하였다. 새로운 매스미디어의 문제를 다룬 최초의 회의였다. 저작물을 방송하는 것 또는 기호·음·영상의 무선송신을 수단으로 공중에 전달하는 것에 대하여 허가할 배타적 권리도 논의하게 되었다.

3. '저작권에 이웃한' 권리(또는 저작권과 관련 있는 권리)의 출현

19세기 후반기에 영국과 미국은 정치·경제·사회·문화의 각 분야에서 변화발전하였는데, 특히 산업혁명 후 자본주의의 발전을 통하여 경제대국으로 성장하기 시작하였다. 이들 국가는 경제성장을 기반으로 식민지를 개척하였고, 식민지 지역에서 들여온 생산원료를 가공한 후 이를 다시 식민지에 공급하였다. 이런 사정 하에서 서적시장은 세계로 팽창하였을 뿐만 아니라, 과학기술의 발전에 힘입어 새로운 기기가 개발되어 활용되면서 저작권 영역에도 커다란 영향을 끼쳤다. 20세기 초부터 미국은 국제사회에서 정치적 영향력을 발휘하기 시작하였다. 저작권과 관련하여 미국 내에서 저작권 관련 산업이 성장하면서 생산자와 소비자뿐만 아니라, 이전과 다르게 국외에서는 그들의 저작물에 대한 저작권보호가 필요한 사정에 놓였다.

19세기까지 저작권법의 주된 논의는 저작자의 권리를 보호하고 어떻게 일반 공중에 대하여 유익을 끼칠 수 있을까에 집중하였다. 저작자나 출판업자에게 공급에 대한 배타적 권리를 부여하였다. 하지만, 20세기에 들어서 저작권법은 다른 양상으로 발전하기 시작하였다. 저작권이 미치는 대단히 큰 범위로 확대됨으로써 방송에서 음악을 연주하거나 레코드를 판매하거나 영화를 공연하면서 법률이 경제적인 수익확보를 뒷받침하기 시작하였다. 20세기에 들어서 발전한 이러한 방송사업자가 저작물 전달에 있어서 중요한 역할을 수행함에 따라 음반제작자와 방송사업자의 보호 필요성이 크게 대두되었다.

1930년대에 들어 미국의 엔터테인먼트 산업은 번성하였는데, 이는 미국의 1909년 법 개정에 따른 성과로 보여진다(음반에 대한 녹음 등). 이러한 것들은 Hollywood 엔터테인먼트와 라디오를 통한 방송 산업의 성장인데 구체적으로 그 바탕에는 축음기, 음반 및 방송 등에서 비롯된 것이었다. 녹음기술의 발전은 저작물의 전달과 관련하여 고도의 기술과 창의성으로 이어져 이를 위하여 자본을 투하하게 되므로 음반제작자를 보호하게 되었을 뿐만 아니라, 방송사업자의 경우에도 마찬가지였다.[31] 이는 창작활동으로 얻은 저작물에 대한 저작권을 보호하는 것과 다르지만 그 저작권에 가까이에 있는(neighboring) 다른 권리라는 의미로 인접권 또는 저작권이 아니지만 관련 있는(related) 권리로 보호한다는 의미를 담아 저작인접권으로 규정하였다.

이에 음반제작자 및 방송사업자에 대한 권리를 새롭게 창설하여

31 오승종, 『저작권법』, 박영사, 2016, 932-933면; 이해완, 『저작권법』, 박영사, 2016, 833-834면.

이들을 보호하는 데에 국제적 관심을 모으기 시작하였다. 이것이 바로 1961년 로마에서 개최된 인접권조약 외교회의로 로마협약(Rome Convention)으로 국제적 성과를 올렸다. 이는 1964. 5. 협약이 발효됨으로써 국제적 보호체제가 수립되어 국제규범이 되었다. 20세기 각국 저작권법은 저작권 관련산업이 수익을 이끌어내는 데 얼마나 용이한가를 중요하게 인식하기 시작하였다. 저작권자는 음악을 녹음하고 방송하는 기술이 널리 소개됨에 따라 이전과 다른 기대와 전략을 통하여 새로운 변화를 꾀하기 시작하였다.

1950년대까지 저작권법은 대량소비에 기초한 경제체제를 반영하였으며, 1960년대 이후에 음반제작사·방송사업자는 저작권 세계의 전면에서 활동하면서, 이전의 출판업자와 비교할 때, 상상할 수 없는 수익을 올렸다. 저작권의 확장은 경제적 수익을 확대하는 결과를 가져왔다.[32]

VI. 디지털 기술에 의존한 저작권법의 새로운 지평

저작권의 태동부터 현재까지 그 발전내용을 정리하면 몇 번의 전환기 또는 새로운 시대를 여는 결정적 사건을 찾을 수 있다. 이를 통하여 저작재산권이 어떻게 발전하였는지를 짐작할 수 있다. 15세기 중반으로 거슬러 올라가 구텐베르크의 금속활자·인쇄기술의 개

32 음반이용이 일상생활에 자리 잡으면서 음반의 판매가 증가하였지만, 음악의 작곡가와 작사가에게 아무런 보상이 없었다는 점에 초기의 사정이 어떠하였는지 짐작할 수 있을 것이다. 저작자의 권리보호와 연계하여 살펴볼 때, 저작권 원칙이 서적의 제작에서뿐만 아니라, 그림, 음악 등에도 같은 법리가 적용되어야 했었다. 음반산업은 수익을 얻기 위하여 타인 저작물을 이용하는 반면, 저작자는 그 저작물을 통제할 권리를 가진다고 주장하였다.

발로부터 현재 2020년대 웹페이지를 이용하는 전 기간 동안 저작권의 논의대상을 하나로 연결하는 주제는 복제권이다. 인간의 사상·감정을 표현한 것을 시청각적으로 인식하는 것이라는 점에서 저작권의 논의와 연결되어 있지만, 어떤 관념 또는 지식 등을 전달한다는 관점에서 보면 시각적 효과를 이용한 정보(information)전달과 관련이 있다.

시각적 정보 외에 청각적 정보 또는 저작물을 이용·보호하는 데에 결정적 계기를 만든 것은 레코드에 녹음한[33] 음을 재생하는 데에 쓰이는 축음기였다. 이로부터 공연장 이외의 장소에서 행하여진 공연을 인정하여 공연권이 확대되어 보호하게 되었고, 여기에 사진이 합하여지고 라디오·TV 방송에 음악을 재생하여 송출함으로써 인류는 새로운 매체를 통하여 전달되는 새로운 문화를 즐길 수 있게 되었다. 복사기와 VCR 등의 새로운 기기의 개발은 복제권과 공연권을 확대하여 적용하게 되었다.

1450년대부터 현재에 이르기까지 저작권 보호와 관련하여 크게 네 시대로 구분하여 살펴보면 다음과 같다.

i) 제1기: 1710년~1860년대(150년). 인쇄출판업 길드의 해체와 저작권의 법제도화

ii) 제2기: 1860년대~1950년대(90년). 저작자의 권리 강화와 음반·방송에 의한 수익 확대

iii) 제3기: 1950년대~1990년대(40년). 새로운 기기 등장과 문화활동에 따른 저작권 확충

33 'record'와 '녹음한다'는 단어는 모두 기록한다는 의미를 가지고 있으며, 이는 종이에 어떤 것을 기록한다는 것에서 연유하였다. 이에 sound-recording이 녹음에 해당한다.

iv) 제4기: 1990년대~현재. 인터넷 서비스의 등장에 따른 저작권 보호의 새로운 요구

제1기는 1710년부터 150년간 1860년대까지의 기간으로 저작권의 기초를 형성하고 철학적 근거를 바탕으로 각국이 저작권법을 입법하였던 시기로 영국, 미국 및 프랑스를 대표적 국가로 꼽을 수 있다. 영국과 미국은 학문의 발전을 이끌어내는 것을 저작권법의 목적으로 삼았지만, 프랑스는 양도할 수 없는 저작자의 권리로 저작권을 인식하였다.

제2기는 다시 둘로 나누어 먼저 1860년대부터 1900년까지 기간에 저작자의 권리를 강화하고 저작권의 국제적 보호체계를 꾸려낸 기간이었으며, 다음으로 1900년대부터 1950년대 초까지 음악레코드 시장이 성장하고 여기에 라디오 방송을 통한 음악공연의 확대로 말미암아 저작권관련 산업을 통하여 수익 증대를 이끌어냈던 저작권을 통한 문화산업의 호황기를 맞이하였다. 음반·방송을 통한 저작권자의 수익확대는 종래 1450년대 구텐베르크의 금속활자를 이용하여 인쇄출판업자 길드가 누렸던 독점적 시장지배와 비교할 때, 인구의 수, 시장의 크기 및 정보의 전파라는 관점에서 상호간 비교할 수 없을 만큼 크게 달랐다.

제3기는 1950년대 이후를 말하는데 미국이 중심이 된 국제화시대를 맞이하면서 엔터테인먼트, 방송 및 소프트웨어 산업과 이들이 서로 융합하면서 미국 내에서의 문화적 경험이 외국으로 문화상품으로 수출되었고 세계적으로 저작권보호라는 새로운 국제질서가 형성되었다.

제4기는 1990년대에 들어서 인터넷이라는 개방형 정보통신망

에 자유롭게 접근하여 정보를 이용하는 데에 장애가 없는 시대로 옮겨가면서 산업사회는 정보사회로 탈바꿈하였다.

18세기 시작부터 21세기에 이르기까지 300년간의 저작권 발전에 관한 논의를 간략히 정리하면, 저작자 보다 저작물을 이용하여 수익을 높이려 했던 제3자(중개자)의 경제적·법적 지위에 관심이 모아졌다. 인쇄출판업자 길드의 자연권에 근거한 복제권 주장이 그렇고, 프랑스 극장에서 공연권이 논의되었던 법리적 배경도 마찬가지였다. 녹음·방송에서 비롯된 새로운 권리(저작인접권)의 도입도 큰 틀에서 같았다. 오히려 더 강화되었다. 저작자를 보호하여야 한다는 점이 강조되면서 기술발전에 따라 저작권을 강화하는 틀을 만들었지만, 이용자에 대한 보호는 뒤로 밀려 있었다. 이용자를 보호하여야 한다는 것을 저작권법에서 어떻게 다루어 왔는지 돌아볼 일이다. 또한, 정보사회에서는 어떤가.

'모든 정보가 디지털로 통한다'는 디지털 컨버젼시(digital convergency)가 중심이 된 정보사회가 도래했다. 디지털 정보가 중심에 자리 잡은 네트워크 사회에서 저작권 논의를 전개한다. 종래의 저작권에 관한 논의는 이제 정보에 관한 접근·이용이라는 주제로 바뀌었다. 이는 네트워크를 통하여 주고받는 정보를 보호하고·이용하자는 데에 초점을 맞추게 되었다. 여기에 저작자·이용자의 저작권법상 지위가 어떻게 달라지고 있는지 주의 깊게 살펴볼 필요가 있다.

3

저작물 공유와 거래규제의 기초가 된 Statute of Anne

Ⅰ. Statute of Anne의 역사를 새롭게 펼치며

1450년경에 개발된 금속활자와 인쇄기술의 보급은 서적출판에 새로운 변화를 불러왔다. 이러한 금속활자·인쇄기술이 소개된 후 260여 년 이상 유럽 사회는 새로운 정보전달의 수단이 된 인쇄서적의 출판과 이용은 이전 시대와 비교할 수 없을 만큼 긍정적 효과를 얻었지만 전혀 기대하지 않았던 부정적 결과도 피할 수 없었다. 1700년 초기까지 저작자는 인쇄출판업자의 경제적 영향력에 벗어나지 못한 채 자기의 창작물을 단순히 공급하는 열악한 지위에 놓여 있었다. 경제적 곤궁에 처해 있었던 저작자는 자신의 창작물에 대한 법적 보호를 받지 못하였다는 점과 연결할 때, 이들 문제에 대한 사회적·경제적 모순을 해결하는 데에 오랫동안 노력을 기울여야 했었다. 이런 문제의 중심에 인쇄출판업자 길드(카르텔)의 독점적 이윤추구와 저작물의 사전검열이 있었다. 이에 그 폐해를 막는 데에 새로운 방안이 요청되었다.

이와 관련하여 법제사에 관심을 기울여 살펴보면, 최초의 저작권법으로 소개되는 영국 Anne 여왕 저작권법이 제정되는 전후의 사정과 법률이 제정된 후 실제 저작자가 이전보다 충실히 보호되었는지를 파악할 수 있다. Anne 여왕 저작권법에서 보호하고자 하였던 대상이 무엇이었는지를 살펴보는 것은 중요하다. 저작자 보호라는 관점에서 그 저작권법을 펼쳐보면, Anne 여왕 저작권법은 저작자에 친하지 않고 인쇄출판업자의 요청을 받아들인 것에 지나지 않았다. 인쇄출판업자의 이익을 일정기간 보호하는 규정을 명시하였다는 점은 상대적으로 저작자를 제대로 보호하지 않았다는 점과 연결된다. 현대 저작권법의 안목에 따를 때 이 법률은 창작자의 창작활동에서 얻은 저작물을 보호대상으로 삼지 아니하고, 더욱이 저작자의 창작활동을 북돋는 제도로 창안되지도 아니하였다.

최초의 저작권법이 제정된 후 300여 년이 지난 오늘날 저작자의 저작물은 제대로 보호되고 있는가. 과학기술의 발전에 힘입어 저작권의 보호범위가 확대·강화되었지만, 저작자의 창작활동에 대한 사회적 관심과 창작물에 대한 보호는 그렇지 못하다고 말할 수 있다. 최근 들어 디지털 기술의 발전에 따라 저작물의 복제·배포 또는 복제·공중송신이 아주 쉬워지면서 저작권자는 재산권 가치를 실현하는 데 어느 때보다 관심을 집중시키고 있다.[1] 여기에서 우리는 흔히 저작권 보호가 이루어지면 저작자에 대한 보호가 이에 뒤따르거나 저작권 보호와 저작자에 대한 보호를 동일시할 수 있지만, 실제는 그렇지 않다. 저작자는 창작활동을 한 자를 말하지만, 저작권은 저작물에 대한 권리를 말하는 것으로 저작재산권은 재산권의 속성을 그대로 지니고 있어서 양도가 가능하다. 저작재산권이 양도되면 저작자는 더 이상 저작재산권을 유지하지 못한다.

법제사적 관점에서 볼 때, 창작물(저작물)에 대한 저작권보호를 지나치게 강화함으로써 창작자(저작자)를 제대로 보호하지 못한다는 문제에 주목한다. 영국의 Anne 여왕 저작권법은 법률 제정에 의하여 저작권 보호를 명목상 대내외에 드러내어 저작자를 보호하였다. 하지만, 이 법률 제정의 전후 사정을 들여다보면, 실제 그렇지 못하

1 Karl-Nikolaus Peifer, "The Return of the Commons-Copyright History as a Common Source", *Privilege and Property: Essays on the History of Copyright*, eds Deazley, Kretschmer and Bently, Open Book Publisher, 2010, 356-357.

였고 이후의 많은 다른 노력을 통하여 실제 저작자를 보호하게 되었다.

II. 세계 최초의 저작권법: Anne 여왕 저작권법과 저작권 개념

William Caxton에 의하여 소개된 인쇄기술과 금속활자가 영국의 인쇄출판에 널리 이용되고 Anne 여왕 저작권법이 제정될 때(1710년)까지 인쇄출판의 역사는 인쇄기술의 이용과 불가분의 관계에 놓여 있었다. 인쇄기술은 인쇄물을 세상에 내놓는 출판으로 이어져 시장에서의 출판물로 관심이 옮겨갔다. 기술이 경제적 여건과 시대적 변화를 이끌어내었다.

초기에는 인쇄기술을 이용하여 작가의 원고를 인쇄하였던 인쇄기술자와 인쇄물이 보호되었으나, 점차 인쇄물의 판로를 개척하고 인쇄출판업자로 구성된 길드(Guild)가 출판물시장을 지배하였다. 이들에 의하여 형성한 카르텔은 인쇄출판물 시장에서의 가격·생산량·판로 등에 대하여 영향력을 행사함으로써 시장지배력을 행사하였다.

영국의 출판허가법(Licensing Act)의 시행에[2] 따라 인쇄물의 출판과 관련한 사전검열을 하나로 묶으면서[3] 인쇄출판물은 길드의 영향권하에 놓였다. 이러한 폐해를 없애려는 노력의 하나로 Anne 여왕 저

---

2 이에 관하여 배대헌, 『저작권의 발명과 발전』, 한국학술정보, 2013, 33-34면 참조.

3 출판물의 사전검열제를 시행한 왕실은 인쇄출판업자 길드에 의한 출판허가제 운용에 따라 금서를 지정하거나 불태우지 않아도 일반인에 대한 도서접근을 통제할 수 있었다.

작권법을 제정한 것이라고 설명하기도 한다.[4] Anne 여왕 저작권법은 1557년 Mary 여왕이 처음으로 런던의 인쇄출판업자 길드에 출판허가법에 따른 칙허장을 부여한 후 150여 년이 지나 제정되었다. 그 법률이 제정된 이후 60여 년이 지나 저작자 권리를 실질적으로 보호하기 위한 논의를 전개하였다.

1. 최초의 저작권법 제정에 영향을 끼친 사회적·경제적 여건

가. 인쇄출판시장에서의 출판업자 길드의 시장지배력

영국은 명예혁명(Glorious Revolution)을 겪으면서 정치적 혼란뿐만 아니라 사회적 불안이 지속되었다. 이러한 정치적 혼란기에 John Locke는 영국 사회에 의회민주주의의 원리와 이론을 다룬 "시민정부이론"(Two Treatises of Government, 1690년)을 세상에 내놓았다. 이 책에서 Locke는 저작자와 저작권에 관한 새로운 인식으로 내놓아 일반인의 이해를 넓혔다. 이 책은 출판허가법에 따라 출판(또는 복제)과 검열(또는 통제)이 하나로 묶여 있던 당시의 영국의 사회문제를 해결하는데 철학적 기반을 제공하였다. 여기에 Daniel Defoe와 Joseph Addison의 주장이 이어지면서 저작자의 창작활동이 경제적 가치로 보호되어야 한다는 논의가 세상에 빛을 보게 되었다. 하지만, 당시에 이런 논의가 제시되었다 하더라도 그 내용은 아주 미미하였다. 저작권 보호의 관점에서 볼 때, 저작권 개념이 겨우 싹트는 맹아기로 표현할 수 있다.

1695년 출판허가법의 효력이 상실되면서 출판업자는 그들의 기

4 William Cornish, "The Statute of Anne 1709-1710: its Historical Setting", in *Global Copyright: Three Hundred Years since the Statute of Anne, from 1709 to Cyberspace*, eds Bently, Suthersanen and Torremans, Edward Elgar, 2010, 17.

존 출판권을 보호받을 수 없게 되었다. 이에 여러 차례 자신들의 경제적 이익을 보호받기 위하여 입법청원을 시도하였으나, 받아들여지지 않았다. 출판물의 사전검열과 인쇄물의 출판시장을 지배하는 인쇄출판업자는 카르텔에 의한 시장지배를 그대로 유지하려 꾀하였다. 하지만, 이에 대하여 출판시장뿐만 아니라, 종래의 경제적 횡포에 대한 대응 또한 만만치 않아 그들은 경제적 지위를 그대로 유지하는 데 어려움이 많았다.

당대의 대표적 작가 Daniel Defoe는 이러한 사정과 관련하여 "출판 규제에 관한 논설"(An Essay on the Regulation of the Press)의 제목으로 자신의 견해를 밝혔다. 출판허가법이 부활한다면, 이는 언론을 당파의 노예로 만드는 것이라고 역설하였고, 출판물 통제는 지식에 대한 해악으로 작용하게 된다고 보았다.[5] 또한, Dofoe는 사전검열제를 반대하면서 사후검열제에 대한 의견을 제시하였다. 즉, 불온한 저작물은 사후에 처벌할 필요가 있다는 견해를 제시하면서 익명의 저작물이 출판물시장에 진입하지 못하도록 하여야 한다는 주장을 제시하면서 저작물에 저작자 이름을 명시할 것을 주장하였다.

위와 같은 주장은 John Locke와 John Milton이 펼친 출판허가법 폐지와 같은 논의선상에 있었다. Locke는 사전검열제와 출판업자들의 카르텔에 의한 시장지배력을 배격하였는데, 후자에 대하여 적극적으로 반대하였다.[6] 이에 인쇄출판업자는 그들의 이익을 직접적으로 보호하기 위한 입법청원을 더 이상 전개하지 않았다. 외관상

---

5 Daniel Defoe, "An Essay on the Regulation of the Press", London, 1704(Defoe의 이 논설은 2003년 Risa S. Bear에 의하여 현대 영어로 전사되어 일반인이 용이하게 이용할 수 있게 되었다 (<http://darkwing.uoregon.edu/~rbear/defoe2.html> 참조).

6 Mark Rose, *Authors and Owners*, Harvard University Press, 1993, 32.

저작자의 보호방법을 택한 입법태도에 따르면서 간접적으로 그들의 이익을 지키려는 노력을 기울였다. 인쇄출판업자들은 저작자 자신들의 창작물에 대한 권리를 그들에게 인정하는 법·제도를 마련하는 대신에 그 저작자로부터 그 권리를 넘겨받는(양수하는) 방법에 주목하였다.[7] 이럴 경우 저작자에게 일정한 권리를 인정할지라도 최종적으로 그 권리를 인쇄출판업자에게 귀속하게 한다는 점에서 그들의 경제적 지위는 달라지지 않게 된다고 보았다.

나. 저작권법 제정 후 변화된 출판업계

1695년 출판허가법이 폐지되면서 영국 의회는 검열제도와 출판업자 길드에 의하여 만들어진 카르텔의 시장지배를 깨뜨리기 위하여 많은 노력을 기울였다. 그 결과로 Statute of Anne을 제정하였고, 그 법률의 명칭은 "An Act for the Encouragement of Learning, by Vesting the Copies of Printed Books in the Authors or Purchasers of such Copies, during the Times therein mentioned" (저작자 또는 출판물의 매수인에게 일정기간 권리를 향유케 함으로써 교육 장려를 도모하는 법률) 이었다.

이 법률은 그 명칭에서 당시의 계몽주의적 사상에 영향받았음을 드러내고 있는데, 그 권리(저작권)의 존속기간을 기본적으로 14년으로[8] 정하였다. 그 권리의 보호기간은 다시 세 가지 경우로 나누어 규정하

7 NN Feltes, "International Copyright: Structuring 'The Condition of Modernity' in British Publishing", in Woodmansee and Jaszi (eds), *Construction of Authorship*, Duke Univ. Press, 1994, 271; D. Halbert, *Intellectual Property in the Information Age: The Politics of Expanding Ownership Right*, Quorum Books, 1999, 5.

8 보호기간을 14년으로 정한 근거는 Statute of Monopolies(1623년)에서 특허권의 존속기간(14년)에서 그 선례를 찾았다(Rose, supra note 6, 45).

였다. i) 법률 시행과 동시에 출판업자가 저작자로부터 양수한 경우에는 14년의 존속기간, ii) 법률 시행 전에 이미 출판업자가 행사하였던 저작권은 21년을 존속기간을 인정하였다. 마지막으로 iii) 저작자에게는 14년의 존속기간을 정하였고, 존속기간 만료 시 생존하고 있으면 다시 저작자에게 그 권리가 회복하여(일반 대중에게 이용하도록 공유가 되지 아니하고) 14년이 추가되었다. 위의 어떤 경우이든 권리의 존속기간이 만료되면 모든 저작물은 공유(public domain)에 속하도록 하였다.

이 법률에서 규정한 저작권은 종래의 인쇄출판업자에게 인정되었던 출판권과 달랐다. 현대 저작권법에 따른 의미로 해석하면, 새로 제정된 저작권은 저작자에게 귀속하는 저작권(정확히는 복제권)이라는 점에서 저작자 보호라는 법적 형식을 띠고 있지만, 실제는 그렇지 않았다. 이 저작자의 권리는 실제 인쇄출판업자에게 넘어가 그들을 위한 권리를 지나지 않았다.[9] 그 저작권은 양도 가능한 것으로 저작자가 경제적 이익을 꾀하려면 자기의 권리를 출판업자에게 양도할 수밖에 없었다.

영국에서 저작권법이 제정됨으로써 인쇄출판업자 및 길드의 출판시장에서의 시장지배력에 대한 두 가지 변화를 확인할 수 있다.

먼저, 인쇄출판업자의 복제권이 이전과 다르게 변화하였다. 이전에 정부의 억압과 통제 정책에 좇아 길드에 속한 출판업자의 출판시장에서의 전횡이 약화되면서 시대적 사상이 전파되고 계몽주의적 사고가 침투하였음을 알 수 있다. 즉, 독점적 시장지배로부터 거래규제(trade regulation)로 탈바꿈하였고, 길드에 속한 특정한 인쇄출판업자의

9 Alastair J. Mann, "A Mongrel of Early Modern Copyright: Scotland in European Perspective", in *Privilege and Property: Essays on the History of Copyright*, eds Deazley, Kretschmer and Bently, Open Book Publisher, 2010, 65.

종래의 시장지배가 유지되지 못하였다.

하지만, 상당기간 동안 당시의 저작권이란 용어는 출판업자의 복제권과 같은 개념이었다.[10] 영국 저작권법이 제정됨으로써 저작자와 일반인 모두 저작물에 대한 통제와 시장지배력의 행사에 따른 경제적 폐해에서 벗어났다. 저작자는 이전의 출판업자의 복제권 행사에 따른 열악한 지위에서 개선될 가능성을 가져 저작자 보호를 위한 새로운 틀을 마련할 수 있었다.

다음으로 저작물에 대한 공유 개념의 창안이다. 일정 기간의 권리 행사 후에는 더 이상 권리를 주장할 수 없었다. 이에 종전의 인쇄출판업자가 행사하였던 복제권은 한시적 권리로 인식하게 되었다. 더 이상 영구적 권리가 아니었다. 법률제정 전에는 저작물이 모두 특정한 인쇄출판업자의 것이었다면, 법률 제정 이후에는 달랐다. 거래규제와 공유 개념을 창안한 Anne 여왕 저작권법은 출판인의 이익을 제한하고 이를 공중의 이익으로 돌렸다.[11]

이런 Anne 여왕 저작권법은 획기적인 법·제도의 창안(발명)으로 인정된다. 이 공유 개념의 창설 및 일반인에 대한 저작물 이용확대는 계몽주의적 사조에서 그 기초를 찾을 수 있다.[12] 이 저작권법은 길드의 시장지배력을 깨뜨리고 현대 저작권법에서 말하는 저작물

---

10 J. Greene, *The Trouble with Ownership: Literary Property and Authorial Liability in English, 1660-1730*, Univ. of Penn. Press, 2005, 2-6; Halbert, supra note 7, 3.

11 Howard B. Abrams, "The Historic Foundation of American Copyright Law: Exploding in the Myth of Common Law Copyright", 29 Wayne L. Rev. 1119, 1141 (1983).

12 18세기 영국과 프랑스의 시대사조(계몽주의)에 영향 받아 Anne 여왕 저작권법의 공식명칭도 이를 반영하여 "Act for the Encouragement of Learning"이 되었다(Christophe Geiger, "The Influence(Past and Present) of the Statute of Anne in France", in *Global Copyright: Three Hundred Years since the Statute of Anne, from 1709 to Cyberspace*, eds Bently, Suthersanen and Torremans, Edward Elgar, 2010, 129).

이용을 도모하는 중요한 법·제도의 초석을 놓았다.[13]

2. Anne 여왕 저작권법과 저작권[14]

가. Anne 여왕 저작권법에서의 저작권 개념

이 법률의 입법과 관련하여 영국 의회는 인쇄출판업자가 누리는 시장지배력을 혁파하는데 관심을 집중시켰다. Anne 여왕 저작권법은 장래에 발생할 독점적 이익을 봉쇄하는데 입법의 주안점을 두었다. 인쇄출판업자가 행사할 수 있는 21년간 출판권(또는 복제권)은 종래의 이익을 인정한 것이었지만, 이 권리의 존속기간이 경과하면 더 이상 권리를 행사할 수 없었다. 이 점은 종전의 인쇄출판업자의 권리와 다른 사항이었다. 그 권리가 소멸된 저작물에 대하여 누구나 자유롭게 이용할 수 있게 되었다. 권리가 소멸된 모든 저작물을 공공의 영역(public domain)에 둠으로써 공유를 인정하였다. 이 법률의 3개 조문이 이에 관한 규정이었다(Sec.Ⅲ-Ⅳ, Ⅶ).

Pope, Swift, Addison, Steele, Richardson 등 당시의 작가는 저작자의 향상된 법적 지위뿐만 아니라, 그들의 경제적 이익을 꾀할 수 있는 법률을 마련하는 데 중요한 역할을 수행하였다. 그런데 이 법률은 실제로 저작자의 지위 향상보다는 인쇄출판업자의 시장지배력을 약화시키는 데 주력하였다. 1695년에 출판허가법이 폐지되면서 서적출판업자가 누렸던 길드의 독점적 시장지배를 막으려는 것이었다. 이전 법령에 저작권과 관련한 내용이 있었지만,[15] 이 법령은

13 James Boyle, *The Public Domain*, Yale Univ. Press, 2008, 36-40; Cornish, supra note 4, 22-23. '공유'(public domain) 용어는 프랑스 저작권법(1791년)에서 처음 사용하였고, 베른협약에서 이 용어를 차용한 것이다(김윤명, 『퍼블릭 도메인과 저작권법』, 커뮤니케이션북스, 2009, 19면).

14 이하 내용은 배대헌, 앞의 책, 40-44면을 참고하여 재정리하였음.

15 저작권과 관련 있는 이전의 법령으로 星室勅令(1586년, 1637년), 조례(1643년, 1647년) 및 1662

저작물 검열에 관한 것이었다. 이 점에서 Anne 여왕 저작권법과 본질적으로 달랐다.

Anne 여왕 저작권법은 법제사의 관점에서 세계 최초의 저작권법이라 말하지만, 저작자 보호, 저작권의 실체라는 관점에서는 완전한 저작권법의 내용을 구성하지 못하였다. 앞에서 살펴본 것과 같이, 이 법률은 서적 출판·거래에 관한 길드의 시장지배력을 규제할 목적으로 입법되었다.[16] 저작권법이라는 명칭을 바르게 새기려면, 저작권의 본질적 내용을 법률에 규정하고 있어야 했다. 이 점과 관련하여 Anne 여왕 저작권법을 간단히 살펴보면, 신설된 저작자의 권리 또는 법정저작권의 개념이 무엇보다 중요하다.

이를 두 가지로 설명할 수 있는데, 실체적으로 출판업자의 출판권(또는 복제권)에 지나지 않는다고 말하거나 저작자에게 귀속하는 권리로 해석할 수도 있었다.[17] 이런 두 설명은 서로 다른 논의로부터 출발한다. 전자는 당시의 사정을 반영한 해석이고, 후자는 법률에 규정한 명목상 권리에 해당한다.

Anne 여왕 저작권법을 제정한 후 실제 영국의 저작자와 출판시장의 사정은 어떠하였는가. 이 법률에 비로소 규정하였던 저작자의 권리는 실제 출판업자에게 양도되어 출판권의 개념으로 해석되었다. 이는 뒤에 살펴볼 Donaldson 사건판결로부터 충분히 짐작할 수 있다. 처음으로 저작자의 권리가 법률에 명시되었다는 점에서 역사적

년에 제정된 출판허가법 등이다.

16 Ronan Deazley는 Anne 여왕 저작권법의 입법을 통하여 저작물의 공유(public domain)의 효과를 얻을 수 있었다고 보았다(Ronan Deazley, "Commentary on the *Statute of Anne* 1710", in *Primary Sources on Copyright (1450-1900)*, eds L. Bently & M. Kretschmer, <http://copy.law.cam.ac.uk/cam/commentary/uk_1710/uk_1710_com_272007105424.html>).

17 Lyman R. Patterson, *Copyright in Historical Perspective*, Vanderbilt Univ. Press, 1968, 144.

의미를 가진다 할지라도, 창작자의 권리를 보호한다는 점을 중시하는 현대 저작권법의 저작권과 아주 달랐다. 하지만, Anne 여왕 저작권법에 처음으로 규정하였던 저작자의 권리가 법률 시행 후 새로운 해석론이 제시됨으로써 다른 변화를 겪고 저작자 보호를 위한 온전한 권리로 자리잡을 수 있게 되었다.

나. 저작자 보호 규정이 없는 저작권법

Anne 여왕 저작권법에 신설하였던 저작권은 14년의 보호기간을 규정하였고, 저작자가 아닌 다른 사람도 그 권리를 행사할 수 있었다. 창작자 이외의 자에게도 그 권리가 인정되었는데, 이 권리를 얻으려면 출판에 앞서 인쇄출판업자의 등록부에 저작물 제목을 등록하는 것이 요구되었다(이는 법률 제정 이전의 인쇄출판업자의 권리와 다르지 않았다). 즉, 신설된 법정저작권은 종전의 인쇄출판업자가 행사하였던 복제권과 같았다. 특정 원고를 출판대상으로 정하여 권리를 부여한 것이므로 저작자의 창작활동과 관련이 없었다.

이 저작권법은 결국 인쇄출판업자의 복제권을 명시적으로 밝힌 것이라는 점에서 이전과 비교할 때 크게 달라지지 않았다. 저작자의 창작활동을 보호하는 내용을 규정하지 않았다고 보아 영국 의회는 인쇄출판업자의 복제권을 그대로 인정하였다. 당시 저작권의 용어가 가지는 개념은 창작성에 기초를 둔 것이 아니라, 복제권에 지나지 않았다.[18]

만약, Anne 여왕 저작권법에 규정한 저작권을 저작자 권리로 해석한다면 어떨까? 이는 저작자 보호의 관점에서 해석하는 것이

18 어문저작물을 보호하였던 Anne 여왕 저작권법 이외에 판화저작권법(Engraving Copyright Act)은 1734년에 제정되었고, 조각저작권법(Sculpture Copyright Act)은 1814년에 제정되었다.

라 말할 수는 있지만, 18세기 전후의 사정을 제대로 반영하지 아니한 것이라는 점에서 실체가 빠진 것이라는 비판이 가능하다.[19] 영국의 저작권법 제정은 우선적으로 길드에 속한 출판업자의 시장지배력을 깨뜨리는 것이었는데, 공고한 기득권은 쉽게 깨지지 않았다. 오랫동안 유지되었던 사회·경제적 지위를 깨려면 그들의 요구사항을 일정 부분 수용하여야 했을 것이다. 이런 점에서 Anne 여왕 저작권법은 정치적 타협의 결과물이었다. 위와 같은 신설된 권리의 양도가 법률에서 허용되지 않았다면 어떤 결과를 얻을 수 있었을까.

또 다른 논의대상을 살펴보자. 이 저작권법의 제정 당시 출판업자에게 귀속하였던 권리인 출판권은 21년간 보호되었다. 이는 종전의 영구적 권리로 인정받아 행사하였던 것을 21년의 권리존속기간을 제한하였던 결과이다. 출판업자의 시장지배력을 약화시키는 방안의 구체적 내용이다. 21년의 존속기간은 14년보다 7년의 기간을 연장한 것인데 기득권을 인정한 것이지만, 반발에 대한 대안이었다고 볼 수도 있다. 출판업자는 이 저작권법의 제정 이전에 투자하였고, 법률제정으로 예기치 못한 손해를 입게 되었다. 이에 대한 사회적 부담을 고려한 점이 있었다. 법률제정 후 그 권리의 존속기간이 경과한 후 출판업자는 종래의 시장지배력을 행사할 수 없었다는 데 이의를 갖고 다투는 일이 많아졌다. 이것을 통상 '서적판매상의 전투'(Battle of the Booksellers)라고 칭하는데, 그 사정을 충분히 짐작할 수 있다(실제로 서적판매상이 시장지배력을 행사하려 하였지만, 결과적으로 저작자의 지위를 확립하는 계기를 마련하였다).[20] 이 저작권법을 거래규제를 위한 목적을 담아 제정되었다

19 Patterson, *Copyright in Historical Perspective*, 147.

20 법리적 관점에서 이를 저작물에 관한 재산권과 저작자의 창작성에 대한 다툼으로 파악하기도 한다 (Peifer, supra note 1, 350).

고 이해하기에 충분하다. 이 법률에서 종래 저작권에 대하여 21년의 존속기간을 규정하여 보호하였는데, 그 기간만큼 독점적 지배를 허용한 것이었다.

Anne 여왕 저작권법의 제정 후 18세기 후반기에 들어 법률의 입법취지가 흐릿해지면서 이 법률을 적용하는 법원이 법률 규정의 해석에 문제를 드러내었다. 이에 관한 사건판결로 Donaldson 사례를 들 수 있는데, 이 사건판결은 Anne 여왕 저작권법에 규정한 저작권 개념을 새롭게 해석하였다. 비로소 저작권법에 규정한 저작자의 권리가 진정한 의미의 저작권으로 해석되었다.[21]

실제 이러한 해석론의 기초를 이룬 것은 저작자의 사회적·경제적 지위에 관한 문제였다. 당시까지 저작자는 자기 저작물에 대한 권리를 행사하지 못하였고, 출판업자는 저작자에게 제대로 원고료를 지급하지 아니하였다. 이러한 저작권 논란은 Anne 여왕 저작권법을 근거로 문예저작물을 중심으로 저작자·출판업자 사이에 저작물에 관한 권리 이전의 법리를 정립하는 계기를 마련하였다. 그럼에도 불구하고 현대적 의미의 저작권법으로 확대 발전시키는 데 여전히 한계에 부딪혔다.

현대적 의미의 저작권법 체계를 세우기 위한 논의는 계속되었는데, 저작권의 보호대상을 통합한 영국의 저작권법은 최초의 저작권법이 제정된 후 200년이 지난 1911년에 마련되었다.[22]

---

21 John Feather, "The Significance of Copyright History for Publishing History and Historians", in *Privilege and Property: Essays on the History of Copyright*, eds Deazley, Kretschmer and Bently, Open Book Publisher, 2010, 359.

22 Brad Sherman and Lionel Bently, *The Making of Modern Intellectual Property Law*, Cambridge Univ. Press, 1999, 207-208.

III. 저작자 보호가 빠진 Anne 여왕 저작권법의 보충

저작권법과 저작권 개념을 살펴볼 때, 주된 논의대상인 저작자·저작물 용어에 관심을 두게 되는데 Anne 여왕 저작권법은 이들 내용이 모두 빠져 있었다. 이 저작권법은 그 논의가 제한적이었고, 인쇄출판업자의 권리를 보호하는 데 필요한 내용을 규정하였다.

'Statute of Anne'을 세계 최초의 저작권법으로 이름 붙였고, 법제사적 의의를 지닌 현대 저작권법의 전형으로 소개하여 왔다. 하지만, 형식적으로 저작권법 명칭을 붙였다 할지라도 저작자를 보호하는 실체가 빠져 있었고, 서적출판업자의 시장지배력으로 얻는 경제적 이익추구를 규제하는 것이라는 점에서 오히려 경제법의 하나로 볼 수 있다. 또한, 종래의 특혜(privilege)를 혁파하고 학습을 독려한다는 명칭을 사용하였다는 점에서 교육과 관련한 법률이라고 말할 수도 있다.

Donaldson 사건판결 이전에는 여전히 인쇄출판업자가 경제력에 터 잡은 정치력을 행사하여 그의 복제권을 행사하는 종래 법리를 유지하려 하였다. 이로써 저작자로부터 권리를 넘겨받은 출판업자는 부의 획득을 강화한 반면, 저작자는 여전히 열악한 지위에서 벗어나지 못하였다. Anne 여왕 저작권법에 빠져 있던 저작자의 창작활동에 따른 창작물 보호, 저작자 보호 등에 관한 논의 전개는 최초의 저작권법 제정 후 60여 년이 지난 후에 펼쳐졌다.

1. Donaldson 사건판결의 법제사적 의미

Anne 여왕 저작권법은 17세기 말 영국의 정치적·경제적 사정을 잘 보여주었다. 정치적 사정이란 인쇄출판물의 사전검열이 행하여지던 여건과 관련 있으며, 경제적 사정이란 인쇄출판업자의 시장지배력 행사와 관련된 여건을 말한다. 이러한 정치적·경제적 연결고리는, 앞에서 살펴본 출판허가법에서 비롯되었지만, Anne 여왕 저작권법을 제정할 당시 입법에 직접·간접적인 영향력으로 드러났다. 출판업자의 이러한 형태는 법률 제정 이후에도 계속되었다.[23] 이들 출판업자의 주장과 상반된 판결을 내놓은 Donaldson 사건판결은 획기적 사건이었다. 이 사건판결을 살펴봄으로써 당시의 영국 저작자의 법적 지위를 짐작할 수 있다.

가. 출판업자의 시장지배력과 저작자의 경제적 지위

Anne 여왕 저작권법은 출판의 자유를 고양하고 길드에 속한 출판업자의 시장지배력을 혁파하는 정신을 반영하였다.[24] 인쇄출판업자는 더 이상 종래의 출판허가법에 의지할 수 없었고, 저작자를 무시할 수 없게 되었다. 점차 출판업자가 저작자의 저작물을 이용하여 서적을 출판하려면 저작자를 존중하여 계약을 체결하는 것이 필요하였다.

출판업자와 서적판매상은, 자신들의 출판물시장에서의 독점적 이익을 지속적으로 유지하려면, 저작자로부터 넘겨받은 권리가 영구적으로 행사할 수 있는 권리였어야 했다. 이를 위한 논거를 마련하는데 John Locke의 자연권설은 저작자의 법적 지위를 설명하는

23 Mark Rose, "The Author as Proprietor: *Donaldson v. Beckett* and the Genealogy of the Modern Authorship", in B. Sherman and A. Strowel (eds), *Of Authors and Origins*, Oxford Univ. Press, 1994, 30.

24 B. Zorina Khan, *The Democratization of Invention: Patents and Copyrights in American Economic Development, 1790-1920*, Cambridge Univ. Press, 2005, 230.

데에 아주 적합하였다.[25] 이는 저작물에 대한 저작자의 권리가 그의 창작활동에서 얻어진 정신활동(노동)의 결과에서 비롯된 것이라는 점에 주목하였다. 그 권리는 법률 규정에 따라 발생한 것이 아니라, 코먼로(common law)에 의하여 인정되었다. 이렇게 저작자의 권리를 자연권으로 설명할 때, 저작물에 대한 저작자의 법적 지위는 소유권과 같은 재산권으로 영구적 권리이다.

Anne 여왕 저작권법 제정 이후 Millar v. Taylor 사건판결(1769년)을 살펴보면,[26] 저작자의 저술활동이 서적판매상의 경제적 횡포에 휘둘리는 사정에서 벗어나지 못하였음을 알 수 있다. 이와 관련하여 아래에서 Donaldson 사건판결을 통하여 저작권의 실체를 세워 저작권법이 어떻게 발전하였는지 살펴보자.

---

25 John Locke의 노동이론이 저작자의 권리보호를 위한 논거로 발전하였는지에 대하여 남형두, "저작권의 역사와 철학", 산업재산권 제26권, 2008, 272면 이하 참조; 한지영, "지적재산의 철학에 관한 연구: 로크의 노동이론을 중심으로", 산업재산권 제20호, 2006, 1면 이하 참조.

26 서적판매상 Andrew Millar는 Robert Taylor를 상대로 James Thomson의 The Seasons를 인쇄할 수 있는 권한이 자기에게 있는지 여부를 확인하는 소를 1767년에 제기하였다. Millar는 The Seasons에 관한 권리를 1729년에 사들여 Anne 여왕 저작권법에 규정한 기간 중 충분한 보호를 받았다. 그런데 그 보호기간이 만료되자 Taylor는 위의 시를 담은 시집을 출판하여 판매하였다. 이에 Millar는 Anne 여왕 저작권법상 보호기간이 만료되었다 할지라도 코먼로에 의한 권리가 영구적으로 자기에게 있다고 주장하였다.

원고와 피고 주장은 아주 달랐다. 원고 Millar가 저작물에 관한 권리를 양수한 것으로, 일반 재산권과 같이, 양수인인 원고가 계속적으로 이를 행사할 수 있다는 것이다. 이러한 견해는 저작자의 저작물을 소유권의 대상으로 삼고 있다는 점에서 이해된다. 이에 대하여 피고인 Taylor는 Anne 여왕 저작권법에 규정한 28년의 보호기간이 만료된 후 1766년에 출판한 것이므로 문제되지 않는다고 주장하였다. 원고는 Anne 여왕 저작권법에 규정한 저작자의 권리는 종래부터 인정된 코먼로 상 권리를 보충하는 것에 불과하여 저작자가 가지는 권리를 원고가 양수하였으므로 존속기간에 제한 없는 저작자의 권리를 원고가 행사할 수 있다고 주장하였다.

이런 주장에 대하여 Mansfield 법관은 서적판매상의 주장을 인용하였지만, Yates 법관은 한 번 출판한 것은 공중에 이미 증여한 것으로 보아 공중에 속한다고 규정한 Anne 여왕 저작권법이 규정한 것과 같이 공중이 이용할 수 있는 대상이라고 판단하였다. 법원은 3:1로 원고의 주장을 받아들였다.

나. Donaldson 사건판결

Millar 사건판결(1769년)에서 저작자로부터 양수한 저작권의 보호기간이 만료된(Anne 여왕 저작권법에 의하여) 경우에 그 양수인(원고)은 코먼로 상 자신의 법적 지위를 그대로 유지된다고 주장하였다. 이에 법원은 Anne 여왕 저작권법이 제정되기 전과 다르지 않게 같은 법리를 원용하면서 원고의 주장을 받아들였다. 1710년 법률 제정 이후 60여 년이 지났지만 서적출판인(판매상)은 종래와 같은 법적 지위를 인정받았다.

서적판매상의 법적 지위를 유지하려는 목적에 따른 이 법리는 여전히 저작자의 법적·경제적 지위를 보호하지 못하였다. 저작자의 저작물은 더 이상 사전검열과 관련 없이 출판될 수 있었지만, 자기의 저작물이 시장에서 자유롭게 출판될 수 있는 사정에 있지 못하였다. Millar 사건판결에서 저작물에 대한 자연권적 보호를 주장하는 출판업자(또는 서적판매상)는 저작자 보호가 아니라 자신들의 이익을 꾀하기 위하여 논리를 전개한 것이었다.

그런데 Millar 사건판결 후 5년이 지난 Donaldson 사건판결은 이전과 아주 달랐다. 여기에서 Donaldson v. Beckett 사건판결(1774년)을[27] 간단히 살펴보자.

Millar 사건판결에서 Millar가 승소한 후 사망하여 그의 상속인은 Thomson의 사계절(Seasons)의 출판권을 Thomas Beckett이 속한 출판업 길드에 양도하였다. 한편, 서적상 Alexander Donaldson은[28]

---

27 1 Eng. Rep. 837; 4 Burr. 2408, 98 Eng. Rep. 257 (1774).

28 Alexander Donaldson은 스코틀랜드 서적출판업자로 1750년부터 출판업을 시작하였는데, Anne 여왕 저작권법에 따라 존속기간이 만료된 저작물을 출판하는 데에 관심을 가졌다. 런던 서적출판업자들은 Donaldson가 출판한 서적을 저렴하게 판매하는 데에 불만을 가지고 있으면서 그의 출판행위를 해적행위로 단정하고 업계에서 배척하려 시도하였다.

누구의 허락 없이 위의 책을 출판하여 판매하였다. 이에 Beckett는 Millar 사건판결에 좇아 하급심 법원으로부터 Donaldson에 대하여 판매금지명령을 얻어냈다. 이에 Donaldson은 Anne 여왕 저작권법에 규정한 법정저작권의 해석을 구하기 위하여 영국 상원에 상소하였다. 상원은 Anne 여왕 저작권법에 명시한 보호기간이 만료되면 저작물에 대한 권리를 주장할 수 없고, 종전의 코먼로에 의한 종래 서적판매상(인쇄출판업자 포함)의 법적 지위를 인정하지 않았다.

이 판결은 Millar 판결 후 5년이 지나 이전 판결을 뒤집은 것이었다. 이 판결은 Anne 여왕 저작권법에서 규정한 법정저작권이 규정의 내용대로 작동한 것이고 종래의 서적판매상 또는 인쇄출판업자가 가진 법적·경제적 지위를 더 이상 인정하지 아니한 것이었다. 결과적으로 일정한 보호기간이 경과되면 그 저작물은 공중에게 속하여 누구나 자유롭게 이용할 수 있는 대상이 되었음을 명백히 하였다. 이 판결은 저작권법에서 저작자 개인의 법익(사익)과 공익의 관계를 잘 보여주었다.

2. 독창성(originality)과 저작권보호의 대상

현대 저작권법에서 저작권의 보호대상은 독창성을 띤 표현이다. 독창성(창작성)과 표현을 모두 충족하여야 저작물로 보호받지만, 역사적 발전과정에서 독창성에 관하여 더 중요하게 다루었다.[29] Anne 여왕 저작권법은 법제사적 가치를 띤 법률이지만, 저작물에 대하여 아무런 내용도 규정하지 않았다. Millar 사건판결 및 Donaldson 사건판결에서도 저작물의 독창성을 논의하지 않았다. 실제 위의 두

29 자세히는 배대헌, 앞의 책, 54면/123면 이하 참조.

사건판결에서 코먼로에 의하여 인정되는 저작권의 인정 여부를 다루었다. 보호받는 저작물에 대한 논의는 전혀 이루어지지 않았다.[30]

Anne 여왕 저작권법 제정 당시에 타인의 저작물을 베끼거나 저작자의 허락을 얻지 않고 타인의 저작물을 출판한 사례가 얼마나 많았는지 알 수 없다. 다만, Anne 여왕 저작권법 제정 전후에 해적행위(piracy) 개념이 구체화 되었다는 점에[31] 비추어 볼 때 그 사례가 적지 않았음을 간접적으로 확인하게 된다.[32] 표절·해적행위를 정의하고 저작자 보호방안을 마련하는 데 어려움이 많았다.[33] 이를 막기 위하여 서적의 서문 등에 표시함으로써 문제해결는 노력을 기울였다.[34] 문예저작물의 창작성은 재산권법 영역에서 정신적 노동활동의 결과로 보호되었지만,[35] 현대 저작권법에서 다루고 있는 저작물에 대한 독창성 논의는 Anne 여왕 저작권법의 규정과 연관하여 전혀 다루어지지 않았다.[36]

여기에서 저작권법에서 중요하게 다루는 대상인 독창성을 띤 표현에 관한 법리가 어떻게 발전하였는지 살펴보자.[37] 독창성 논의는

---

30 Isabella Alexander, "The Genius and the Labourer: Authorship in Eighteenth – and Nineteenth-century Copyright Law", *Copyright and Piracy*, Cambridge Univ. Press, 2010, 300.

31 바다의 해적(pirate)과 같이 문예저작물의 재산권자인 저작자를 해치는 행위를 같은 수준에서 정의하기 시작하였다(Adrian Johns, *Piracy: The Intellectual Property Wars from Gutenberg to Gates,* Univ. of Chicago Press, 2009, 45-46.

32 Dennis W.K. Khong, "Historical Law and Economics of the First Copyright Act", Erasmus Law Economics Review 2, no. 1(March 2006), p.61.

33 Leopold J. Neustetel은 1824년 처음으로 표절에 관한 기준으로 저작자 권리(인격권)와 연계한 해석론을 제시하였다(Neustetel, Leopold Joseph, *Der Büchernachdruck nach Römischem Recht betrachtet*, Groos, 1824).

34 Nick Groom, "Unoriginal Genius: Plagiarism and the Construction of 'Romantic' Authorship", *Copyright and Piracy*, Cambridge Univ. Press, 2010, 281-282.

35 Khan, supra note 24, 223.

36 저작물을 출판할 배타적 권리를 최초로 가지는 자를 저작자로 인식하게 된 것은 현대적 의미의 저작권법에서 비롯되었다(Cornish, supra note 4, 25).

37 Boyle, supra note 13, 33.

저작물의 질적 평가에 해당한다. 여기에서 저작물의 질적 평가란 타인의 것을 베끼지 않은 창작물인지 여부를 판단하는 것이다. 이는 저작물 보호의 기초를 이루는 저작자의 창작활동과 관련이 깊다.[38] 이러한 창작성 개념은 18세기 말에 등장하였던 낭만주의 사조에서 비롯된 것이며, 저작자의 저술활동(authorship)은[39] 창조적 천재성(creative genius)에서 연원한다고 보았다.[40]

19세기 중반 이후 세계 각국은 자국의 저작권법에 저술활동 개념을 직접 규정하거나 법률 규정의 해석을 통하여 받아들였다. 가장 적극적이었던 미국은 1909년 개정 저작권법에 이를 규정하였는데 1976년 저작권법 제102조(a)에 잘 드러나 있다.[41] 또한, 현행 저작권법 제2조 제1호에서 "저작물은 인간의 사상 또는 감정을 표현한 창작물을 말한다"라고 규정하였다. 이는 저작자의 저술활동 또는 저작활동을 해석하는 근거규정이다. 이점과 관련하여 Anne 여왕 저작권법은 실제 저작자를 보호하기 위한 내용을 규정하지 않았다. 즉, 저작자 보호를 위한 실체인 저작활동(또는 창작성)을 전혀 규정하지 않

38 저술활동 개념을 양도가능성을 지닌 문예창작물의 사적 재산권 보호를 위한 논거로 삼는 견해도 있다(Peter Jaszi, "Toward A Theory of Copyright: The Metamorphoses of Authorship", 1991 Duke L.J. 455, 472).

39 특허법상 창작성(creativity)과 저작권법상 독창성(originality)을 구별하는 것이 일반적이다. 다만, 저작권법상 독창성이 저작자의 저술활동(authorship)과 의미론상 개념의 차이가 있지만, 여기에서 독창성과 저술활동을 같게 다루어도 특별히 문제되지 않는다(Roger E. Schechter and John R. Thomas, *Principles of Copyright Law*, West Publishing, 2010, 29-30).

40 이에 관하여 Margaret Russett, *Fictions and Fakes: Forging Romantic Authenticity, 1760-1845*, Cambridge Univ. Press, 2006; Tilar J. Mazzeo, *Plagiarism and Literary Property in the Romantic Period*, Univ. of Penn. Press, 2007; Robert Macfarlane, *Original Copy: Plagiarism and Originality in 19C Literature*, Oxford Univ. Press, 2007; Martha Woodmansee and Peter Jaszi (eds.), *The Construction of Authorship: Textual Appropriation in Law and Literature*, Duke Univ. Press, 1994; Martha Woodmansee, *The Author, Art, and the Market: Rereading the History of Aesthetics*, Columbia Univ. Press, 1994.

41 1909년 저작권법에 "all the writings of an author"로 규정하였으나, 1976년 개정 저작권법에서 "original works of authorship"으로 명시하였다.

았다.[42] 이 저작권법에는 보호대상(copyrightable subject-matter)에 대하여도 규정하지 않았다. 단지 문예저작물에 한정하여 보호하였을 뿐이다. 이런 점을 종합하면, Anne 여왕 저작권법은 역사적 의미를 지닌 것이라는 점에 가치를 가지지만, 그 보호대상을 규정하지 못하였다. 이는 보호 실체를 명시하지 못하였다는 점에서 창작활동에 의하여 얻어진 저작물과 그 저작권을 보호하는 현대 저작권법과 달랐다.[43] Lord Monkswell은 Anne 여왕 저작권법에 대한 비판적 견해를 제시하면서 Anne 여왕 저작권법이 1800년대 저작권법의 대혼란(glorious muddle)을 불러왔다고 설명하기도 하였다.[44]

요컨대, Anne 여왕 저작권법은 법률 제정 후 60여 년이 지난 후에 저작자를 보호하는 법률로 인정되었고, 그 법률의 내용은 문예저작물에 한정하여 보호하였다. 그 법률은 저작자 또는 그의 양수인에게 복제할 수 있는 권리를 규정하고 공유 개념을 창안하였다는 데 의미를 가진다.[45]

3. 경제적 가치의 보호와 인격적 가치의 보호

Anne 여왕 저작권법의 제정을 통하여 영국은 일정기간 저작자의 법적 지위를 인정하면서 서적판매상(인쇄출판인 포함)의 시장지배력을 약화시켜 공중의 이익을 증대하려는 결과를 도모한 것이다. Anne 여왕 저작권법이 제정될 당시에 이미 출판업자가 행사하였

42 Cornish, supra note 4, 24-25.

43 실제 영국에서 저작권 보호대상을 통합한 저작권법이 제정된 것은 1911년이었다.

44 Monkswell은 기존의 개별 보호대상별로 규정하였던 20여 법률을 하나의 통합된 저작권법(안)으로 1878년에 마련하였다. 이를 Lord Monkswell's Bill이라 칭하였다. 그 개정안을 Canada에서 자국의 입법에 참고하기 위하여 단행본 서적으로 1891년에 출판하였다(J. M. Lely, *Copyright Law Reform: An Exposition of Lord Monkswell's Copyright Bill*, Eyre and Spottiswoode, 1891).

45 Sherman and Bently, supra note 22, 134-136, 207-208.

던 독점적 시장지배는 법적 지위로 21년간 보호받았다. 또한, 저작자는 14년의 보호기간을 인정하였다. 이러한 권리는 모두 저작물로부터 발생한 경제적 가치를 보호한다는 점에서 재산권에 해당하지만, 창작활동을 하는 저작자의 개성(또는 인격)을 보호하는 것과 무관하였다.

Anne 여왕 저작권법이 저작재산권과 친한 권리의 보호라 말할 수 있지만, 그 법률의 제정 이후 저작인격권 또는 창작활동과 관련된 저작권의 지위를 보호하였는지 간단히 살펴보자. Anne 여왕 저작권법의 제정 후 30년이 경과한 후 Pope v. Curll 사건판결(1741년)에서 일정한 영역에서 저작자의 인격적 가치를 보호하였던 내용을 찾을 수 있다.

이 사건의 내용을 간단히 정리하면 다음과 같다. Alexander Pope(원고)은 친구들과 주고받은 사적 서신을 아무런 허락을 받지도 않고 출판한 출판업자 Edmund Curll(피고)를 상대로 소유권 및 저작권을 침해하였다고 주장하였다. 원고는 자기가 받은 서신에 대하여는 소유권 침해, 보낸 서신을 출판한 것에 대하여는 저작권 침해를 각각 주장하였다. 이에 대하여 피고는 개인 서신 등은 Anne 여왕 저작권법으로 보호받지 못하고, 그 서신은 재산적 가치가 없다는 점에서 법적 보호대상이 아니라는 점을 들어 원고의 주장을 받아들일 수 없다고 밝혔다.

또한, 원고는 개인 서신을 불법적으로 출판한 피고의 행위에 대하여 배신행위라는 점을 주장하였다. 이에 피고는 서적판매상(인쇄출판업자 포함)의 관점에서 볼 때, 법률이 '교육 장려를 도모하는 법률'(An Act for the Encouragement of Learning)로 이름 붙여져 있다는 점에서 타인의 서신을 복제하여 출판하는 것은 문제가 되지 않는다고 반박하였다[46] 이에 법원은 개인 서신을 저작물로 보았고, Anne 여왕 저작권법에 규정한 보호대상이라고 판단하였다.

원고는 John Locke의 자연권설이 유럽 대륙에서 저작자의 보호를 위하여 인용되는 논리적 근거가 되고 있음을 간파하고 상대방에 대한 공격에 주요한 법적 근거를 삼았다. Anne 여왕 저작권법 제정 후 30년이 지나 판단된 이 사건판결은 법률에 규정되지 아니한 저작자의 인격적 가치를 보호하려 하였다는 점에서 중요한 가치를 가진다.[47] 이 사건 판결 후 30년이 경과한 후 위에서 살펴본 Donaldson 사건판결(1774년)로 저작자의 권리가 더욱 강화되었음을 확인할 수 있다.

Ⅳ. 창작자 보호를 위한 과제

1710년에 제정된 Anne 여왕 저작권법은 세계 최초의 저작권법이라는 점에서 법제사적 중요한 의미를 가진다. 그 법제사적 의미란 역사적 발전과정에서 첫걸음을 내딛게 하였다는 점에 가치를 부여한 것인데, 저작자·저작물이라는 구체적 보호대상을 가지고 이 법률 내용을 살펴보면 그 의미부여에 따른 가치가 약화된다.

하지만, 처음 제정된 법률이 다소 불완전하고 미비된 사항이 많

46 Mark Rose, "The Statute of Anne and Authors' Right: Pope v. Curll (1741)", in *Global Copyright: Three Hundred Years since the Statute of Anne, from 1709 to Cyberspace*, eds Bently, Suthersanen and Torremans, Edward Elgar, 2010, 73.

47 저작자의 인격적 가치를 보호하였던 Pope 사건판결은 코먼로 실무에서 그 법리가 이어져 발전하였다. 하지만, 현행 영국 저작권법 상 저작인격권(moral rights)은 1988년 저작권법을 개정하면서 명문 규정으로 도입된 것이었다.

았다고 하더라도 법률의 시행을 통하여 보완하고 내용을 보충하는 노력을 통하여 변화발전을 꾀하였음을 확인하게 된다. 법률 시행 후 60여 년 후 Donaldson 사건판결로 저작자 보호를 법리적으로 확립하고, 1800년대에 들어 저작자의 창작활동을 법률에 포섭시킴으로써 말 그대로 '나중에 창대한'[48] 법률로 그 가치를 높였다.

농경사회에서 산업사회로 다시 정보사회로 발전하면서 저작자와 이용자를 매개하는 중간자가 각각의 시대적 여건에 부응하여 경제적 영향력을 행사하고 이를 지속적으로 강화시켜 왔다. 다양한 장르의 저작물의 창작과 이에 대한 접근이 용이해진 21세기 저작권법 세계에서도 여전히 저작자가 보호되어야 한다는 논의가 계속되고 있다. 이런 사정을 현행 저작권법에 비추어 판단할 때, 창작활동의 주체인 저작자가 보호되는 저작권법을 운용하고 있는지를 돌아볼 필요가 있다. 또한, 정치적 영향력으로 경제적 가치를 꾀하려는 서적판매상의 횡포가 더 이상 없다 할지라도 문화산업을 육성하려는 정책으로 오히려 저작권법상 저작자 보호가 뒤로 밀려난 것이 아닌지 21세기 정보사회에서 다시 곰곰이 생각할 문제이다.

---

48 Anne 여왕 저작권법은 완벽한 저작권법의 체제와 내용을 갖추지 못하였다. 하지만, 이 법률이 법제사적 의미를 가지는 것은 처음에는 부족하였지만 그 점을 보완하여 발전시켜 현대 저작권법의 기초가 되었다는 점이다("네 시작은 미약하였으나 네 나중은 심히 창대하리라"(욥기 8:7)).

창작과 이용을 위한 저작권

4

T 아이디어·표현의 이분법과 합체의 원칙

Ⅰ. 정보의 자유 유동과 저작물 이용

현행 저작권법 제2조에 규정한 저작물이란 인간의 사상 또는 감정을 표현한 창작물을 말한다. 저작물이 보호받으려면 두 가지 요건을 충족하여야 하는데 하나는 표현에 해당하여야 하며, 다른 하나는 창작물이어야 한다. 후자의 창작물은 타인의 저작물을 모방한 것이 아니어야 하고(독자성), 여기에 저작자의 창조적 개성이 잘 드러나야 한다.

이러한 저작물은 아이디어·표현의 이분법(Idea/Expression Dichotomy)에 따라 아이디어와 구별되어 보호되는 것이지만, 아이디어와 표현이 합체되어(merger) 하나의 표현에 그치는 경우에(또는 극히 소수의 표현방법에 한정한 경우에) 비록 아이디어를 표현한 것이라 할지라도 이를 아이디어로 다룰 수 없어 저작권의 보호범위에 포함시키지 않는다(Merger Doctrine).[1]

아이디어·표현의 이분법에 따라 어떤 대상을 저작권의 보호범위에 속한다고 판단한 후, 창작성 여부를 논의할 때 필요한 창작성 개념과 그 판단기준은 각국의 저작권법 규정내용과 해석론에 따라 다르게 발전하였다. 현행 저작권법의 경우 1986년에 법률의 전부개정 후 30여 년이 지난 현재 창작성에 관한 법리는 눈에 띄게 발전하였다. 처음에 외국법의 해석론을 참고하여 실무상 논의를 전개하였고, 2010년대에 들어서 정보사회의 한 가운데에서 새로운 발전방향을 모색하여 왔다.

---

1 합체의 원칙을 처음 적용한 사례는 Nichols v. Universal Pictures Corp., 45 F.2d 119 (2d Cir. 1930) 사건판결이다.

그런데 우리 저작권법의 실무에서 아이디어·표현의 이분법에 따른 법리적용을 위하여 기능적·사실적 저작물에 대하여 살펴볼 필요가 있다. 우선 저작권의 보호범위에 포함시킨 후 '누가 하더라도 같거나 비슷할 수밖에 없는 표현'으로 보아 창작성 판단에서 창조적 개성이 흠결 되었다는 점을 들어 보호하지 않는다. 지금까지 합체의 원칙을 적용한 사건판결은 없었다. 이런 실무의 판단은 문예저작물 보다 높은 수준의 창작성 판단기준이 적용되어 기능적 저작물에 대하여 그 기준에 미치지 못하였기 때문에 보호할 수 없다고 보았다.

정보사회에서 기능적 저작물의 보호·이용과 관련하여 아이디어·사실에 자유롭게 접근하여 이를 이용하는 것을 저작권법의 법리로 풀어낸다면 아이디어·정보·저작물의 공유를 이끌어내게 될 것이다. 이는 정보의 자유 유동(free flow)이 저작권법에 터 잡아 아이디어·저작물의 공유범위를 확대함으로써 저작권법 목적에 충실히 다가서게 하는 것이다. 이런 논의 배경에서 기능적·사실적 저작물의 보호 여부를 아이디어·표현의 이분법 및 합체의 원칙에 따라 판단할 수 있었음에도 창작성의 판단기준을 동원하여 해결하였던 종래의 실무에서 빚어진 문제점을 살펴보고, 문제해결에 필요한 방안을 찾아보고자 한다.

II. 저작권의 보호범위와 창작성 개념

1. 아이디어·표현의 이분법

특허권과 저작권은 인간의 정신활동으로 얻어진 지적 창작물을 보호하는 공통점을 지니고 있지만, 권리객체를 중심으로 살펴보면 전자는 아이디어(기술적 사상), 후자는 아이디어의 표현이라는 점에서 서로 다르다. 어떤 보호대상이 아이디어인지 아니면 그 아이디어를 표현한 것인지를 먼저 구별하고, 그 결과 어떤 권리로 보호할 수 있는지를 정하게 된다. 이러한 이분법적 구별방법은 단순하여 그 논리를 간명하게 전개할 수 있다.

기술적 아이디어인 발명으로 출원·심사·등록 절차를 통하여 특허권을 얻게 되는 특허권자는 당해 특허발명을 실시하여 독점적 시장지배와 배타적 권리를 행사할 수 있다. 이에 대하여 저작권은 출원·심사·등록의 절차 없이 저작자에게 저작권을 부여한다는 점에서 권리부여가 간명하다. 특허권·저작권을 구별하는 판단자료로 각 권리객체를 시장에서 대체할 수 있는지 여부가 중요하게 다루어지는데 특허품은 시장에서 경쟁대상인 대체물이 없다는 점에 따라 경제적 독점력을 강하게 드러낸다.[2] 반면에 어떤 아이디어를 표현한 저작물은 다양한 형태로 이용자에게 소개됨으로써 소비자는 그 저작물을 여러 표현 방법 또는 다양한 매체를 통하여 이용할 수 있어서 대체물을 선택할 수 있다. 이러한 이분법적 구별은 특허권과 저작권이 각각 권리객체가 상이하다는 점과 역사적으로 각각 다르게 발전하여 법리를 형성하였다는 점에 그 기초를 두고 있다. 특허권과 저작권을 명확히 구별하여 각각 보호하고 다른 영역에 속하는 것을 교차하여 보호하는 일이 발생하지 않도록 하는 법리가 확립되었다.

그런데 아이디어와 표현이 각각 완전히 독립된 대상이지만, 때로는 서로 구별하지 못하거나 혼재하여 두 대상에 대한 보호 여부를

2 이 점을 명확히 드러내고 있는 사건판결인 Panduit Corp. v. Stahlin Bros. Fibre Works, Inc. 575 F.2d 1152 (6th Cir. 1978)에서 특허법상 손해배상의 범위를 획정할 때 특허품의 시장에 비침해대체물이 존재하는지 여부를 중요하게 다루었다.

판단하는 데에 어려움을 겪기도 한다. 실제 실용성(기술적 요소)을 표현한 기능적 저작물에 대하여 저작권 보호 여부를 살펴볼 때, 이분법적 기초에 따른 법리 적용에 어려움을 겪는다.[3] 이와 관련하여 지금부터 140여 년 전에 미국 연방대법원은 Baker v. Selden 사건판결(1879)에서 아이디어와 표현의 구별 및 양자를 명확히 구별하는 데에 어려운 대상에 관한 법리를 설시하였다. 이는 어떤 시스템·방법 등 본래 특허보호대상에 속하는 것에 대하여 특허법적 보호방법이 아닌 저작권적 보호방법이 허용되지 않는다고 판단하였고, 이 판결내용은 후에 미국 저작권법에 규정하였다.[4] 이 사건판결에서 보호되는 저작물은 아이디어의 표현(expression of idea)에 한정할 뿐이며 그 아이디어는 저작물에 속하지 않는다는 점을 명확히 보여주었다.

저작권법상 아이디어를 보호하지 않는데, 아이디어를 보호하게 된다면 이에 대한 독점적 지배로 인하여 빚어지는 문제가 생기게 된다. 또한, 어떤 대상의 기능성에 대한 보호는 특허법에 의하되, 저작권법으로 보호하지 않는다. 기능적 저작물은 예술성의 표현보다는 기능이나 실용적인 사상의 표현을 주된 목적으로 작성된 저작물을[5] 말하는 것으로 그 보호를 둘러싼 저작권법상 보호방법에 대한 논란이 계속되고 있다. 이 논의는 특허법·저작권법상 각각 보호대상을 엄격하게 구별하여 개별 법률의 취지 및 입법목적을 구현하려는 데에서 출발하였다.[6]

---

3 Robert Tomkowicz, *Intellectual Property Overlaps*, Routledge, 2012, 48-49.

4 17 USC §106(b), "In no case does copyright protection for an original work of authorship extend to any idea, procedure, process, system, method of operation, concept, principle, or discovery, regardless of the form in which it is described, explained, illustrated, or embodied in such work."

5 대법원 2005. 1. 27. 선고 2002도965 판결.

6 Marshall Leaffer, *Understanding Copyright Law*, LexisNexis, 2005, 84-85.

2. 합체의 원칙과 저작권의 보호범위

가. 합체의 원칙의 법적 기초

어떤 시스템 또는 프로세스 등을 설명하는 경우에 기 작성한 타인의 표현을 그대로 이용하는 경우가 많다. 시스템이나 프로세스(또는 절차) 등을 담은 아이디어가 어떤 표현으로 소개되는 경우에 전달하고자 하는 실체는 시스템 또는 프로세스라 할지라도 그 표현에 주목하게 된다. 그 표현은 아이디어와 섞여 있는 경우이거나 일정한 기능성을 드러낸 저작물인 경우가 대부분이다. 이런 기능적 저작물도 아이디어를 표현한 것이지만, 문예저작물 보다 기능성을 돋보이게 표현한 것이어서 저작권보호가 가능한지 여부를 살펴보게 된다.

타인이 표현한 저작물을 허락 없이 이용(복제)함으로써 문제가 발생하는데 타인의 표현을 베낀 것에 대하여 복제권침해를 문의할 수 있다. 그런데 하나의 표현 외에 다른 방법이 없다면 이를 어떻게 판단하여야 하는가. 실제 표현을 베끼려는 데에 목적을 가진 것이 아니라, 그 아이디어를 이용하려는데 의도를 가지고 이를 복제한 것이라는 점에 주안점을 둔다면, 통상 타인의 저작물을 베끼어 이용하는 것과 다르고, 그 다르다는 점에 따라 다른 법리적 기초에서 논의하여야 할 것이다.

미국법의 실무는 위와 같이 아이디어·표현이 합체하였다(merger)는 점에 기초를 두고 그 표현을 저작권의 보호대상으로 삼지 않도록 하는 원칙(Merger Doctrine)을 정립하여, 저작권법상 보호대상에서 배제하였다. 더 나아가 아이디어를 표현한 것이 단지 하나일 뿐만 아니라, 극히 제한적으로 수 개에 한정하는 경우에 위 합체의 원칙을 적용할 수 없는가. 단지 하나인 것이란 극히 제한된 것임을 의미한다는 점에서 제한된 극소수의 표현방법인 경우에도 합체의 원칙을 적용할 수 있다고 볼 수 있다. 이에 관하여 Morrissey v. Procter & Gamble Co. 사건판결[7] 이후에 합체의 원칙을 적용하는 데에 유연성을 드러내어 그 적용을 확대하였다.

어떤 아이디어와 표현이 결합되어 각각 개별적으로 분리되지 못하고 그 아이디어의 표현이 하나밖에 없다는 불가피한 사정 하에 있다면 이를 적극적으로 고려하여야 할 것이다. 즉, 어떤 대상을 표현하는 데 하나밖에 없는 경우에 그 표현을 베꼈다면 처음부터 저작권법상 보호되지 않는 것을 이용한 것으로 보거나 복제권을 침해하였다 하더라도 저작권법상 항변으로 최종적으로 저작권침해를 구성하지 않는 방안을 모색할 수 있을 것이다. 그 표현(기능적 저작물)을 통상의 문학·예술영역의 저작물과 다르게 보아 그에 따른 논리적 접근이 가능하여 그 아이디어에 대한 표현을 저작물로 보호하지 말아야 한다는 법리를 제시할 수 있다. 여기에서 논의의 중심 개념은 아이디어에 있다.

나. 합체의 원칙을 보는 다른 국면: 창작성 또는 실질적 유사성 판단 논의

아이디어와 표현이 혼재되어 합체되어 있어도 이를 저작권법상 표현에 해당한다고 보는 견해는 어떤 아이디어에 대한 표현이 몇 가지로 제한되어 있을지라도 그 표현을 그대로 인정하여 보호저작물로 인정한 후 다음 단계의 논의를 전개할 수 있다고 한다. 이런 견해는 어떤 대상이 보호받는 저작물인지 여부를 판단하려면 창작성 기

7 379 F.2d 675, 678(1st Cir. 1967).

준에 따라 판단하여야 한다는 것에 기초를 두고 있다.[8] 합체의 원칙에 따를 때, 여러 가지 표현 가운데 하나임에도 불구하고 이를 처음부터 극히 제한된 표현으로 한정할 경우에 창작성을 구비하였는지 여부를 판단할 수 없게 된다. 이런 경우 보호할 수 있는 대상이 그 의도에 따라 보호범위 밖으로 밀려나게 될 수도 있다.[9]

이런 논리전개는 현행 저작권법상 기능적 저작물의 보호 여부를 판단하는 것으로 대법원의 법리전개와 일치한다. 합체의 원칙을 적용하는 데에 소극적인 태도를 보이면서 어떤 저작물이 창작성을 구비하였는지 여부를 판단하는 데에 집중하였음을 알 수 있다. 기능적 저작물의 기능성을 표현한 것이 명백하다면 합체의 원칙을 적용하는 데에 어려움이 없겠지만, 합체의 원칙을 적용하여 명확한 결론을 얻지 못한다면 우선 그 대상을 저작권의 보호범위에 포함시킨 후 저작권침해 등에 따른 법적 판단을 이끌어내는 데 노력하였다고 볼 수 있다.

우리 대법원은 기능적 저작물에 대하여 합체의 원칙에 따르지 않고 창작성 판단을 통한 문제해결 방법을 모색하였다. 이는 저작권의 보호범위의 논의가 아니라, 창작성 판단 또는 저작권침해 여부를 논의할 때 구체적으로 실질적 유사성론 등으로 창작성 여부를 판단하려는 것이다. 이에 관한 대법원의 판결을 살펴보면, '누가 하더라도 같거나 비슷할 수밖에 없는 표현'에 대하여 아이디어·표현 이분법 및 합체의 원리를 적용하여 그 대상을 아이디어로 보아 표현에 해당하지 않는다고 판단할 수 있었음에도 '창조적 개성이 드러나지 않는 표현을 담고 있는 것'으로 보아 창작성이 있는 저작물로 볼 수 없다

8 권영준, 『저작권침해판단론 - 실질적 유사성을 중심으로』, 박영사, 2007, 107면.

9 島並 良·上野達弘·横山久芳, 『著作権法入門』, 有斐閣, 2014, 28頁.

고 판시하였다.[10] '누가 하더라도 같거나 비슷할 수밖에 없는 표현'은 미국 저작권법의 실무에서 설시한 '표현방법이 제한된 몇 가지로'(only in a limited number of ways)와 같다.[11]

3. 창작성·독창성과 '창조적 개성'의 관계

가. 현행 저작권법상 저작물과 창작성(creativity)

현행 저작권법 제2조 제1호에 저작물은 "인간의 사상 또는 감정을 표현한 창작물"을 말하며, 제2호에서 저작자는 "저작물을 창작한 자"라고 규정하고 있다. 이를 간단히 정리하면, 창작의 주체가 저작자이고, 그 저작자가 자기의 사상과 감정을 표현하여 얻은 결과가 창작물이다. 저작권법에 규정한 창작물 또는 창작에 관한 구체적 내용을 정의하지 않아 해석론을 통하여 구체화하게 된다.

통상의 경우에 저작자의 창작물은 저작자 자신의 사상 또는 감정을 표현한 것이다. 이는 다른 사람의 저작물을 베끼지 않은 것일 뿐만 아니라, 그 저작물에 저작자의 인격(또는 개성)이 드러나 있다. 만약, 다른 사람의 저작물을 베꼈다면 거기에는 저작자의 사상 또는 감정을 표현한 것이 아니므로 저작물에 베낀 사람의 개성이 전혀 드러나지 않는다. 이 점과 관련하여 문제는 타인의 저작물을 베끼지 않았지만, 저작물이 타인의 것과 같거나 대단히 유사한 경우에 이를 보호저작물로 삼을 수 있는가에 관한 것이다. 이런 일은 쉽게 일어나지 않지만, 우연히 발생한 경우에 이를 어떻게 판단하여야 하는가. 타인

---

10 대법원 2005. 1. 27. 선고 2002도965판결.

11 극히 제한적 방법으로 표현될 때, 아이디어를 사실상 독점하는 결과가 되어 저작권법은 이런 경우에 그 표현을 보호하지 않는다(Kepner Tregoe, Inc. v. Leadership Software, Inc., 12 F.3d 527, 533 (5th Cir. 1994).

의 저작물과 우연히 같은 결과물로 밝혀진 경우에 저작권에 의한 보호를 받을 수 있다고 보아야 한다.

타인의 것을 베끼지 않았지만, 같은 저작물인 경우에도 보호되는 근거는 무엇인가. 거기에는 독자적 작성 외에 어떤 다른 것이[12] 포함되어 있음을 추단할 수 있다.[13] 이 점은 저작권법에 의한 보호라는 관점과 연결되어 있다.[14] 독자적 작성 외에 창조적 개성이 창작성 요건이므로 (우연히 동일한 저작물이 만들어졌다 할지라도) 저작자의 창조적 개성이 투영되었기 때문에 저작권법상 보호저작물이 된다.

현행 저작권법상 창작성에 독자적 작성이라는 필수적 요소 외에 저작자의 인격(또는 개성)을 또 다른 요소로 포함시키고 있다. 용어상 차이가 있지만, 세계 각국은 자국의 저작권법상 창작성(또는 독창성)의 요건을 설명하면서 저작자가 독자적으로 작성하는 것 외에 저작자의 개성(또는 최소한의 창작성)을 필요로 한다고 밝히고 있다. 대표적으로 미국 연방대법원의 Feist 사건판결에서 이를 명확히 설시하였고, 우리 대법원도 이 점에서는 마찬가지다.[15]

문제는 문예 저작물의 창작성을 판단할 때 실무상 저작자의 독자적 작성에 주안점을 두고 그 저작물에 저작자의 개성이 투영되어 있는지 여부를 명확히 밝히지 아니한 반면, 기능적 저작물 또는 정보저작물에 대하여 창작성 판단 시 창조적 개성(또는 저작자 개성)을 강조

12 대법원 판례에서 "창조적 개성"을 적시하고 있다.

13 "독자적으로 작성하면 기본적으로 창조적 개성이 나타난다고 본다"(송영식·이상정, 『저작권법 강의』, 세창출판사, 2015, 23면).

14 박성호, 『저작권법』, 박영사, 2015, 42면. 다만, 이 견해는 어느 정도의 창작성을 갖추어야 저작물로 성립되는가 하는 점과 관련하여 이를 창작성의 정도로 설명하고 있다(박성호, 44면 참조).

15 '창조적 개성'을 적시하지 아니한 대법원 1995. 11. 14. 선고 94도2238 판결에서는 독자적 작성 외에 창조적 개성을 갖추어야 창작성을 완비한 것이라는 점을 명확하게 밝히지는 않았지만, "다른 저작자의 기존의 작품과 구별할 수 있을 정도"라고 판시한 경우도 있다.

하고 있다. 이에 대하여 기능적 저작물 등을 판단하는 기준은 높은 수준의 창작성을 요구하지만, 문예저작물 등의 경우에는 그렇지 않다는 설명을 내세우는 견해가 있다.[16] 현행 저작권법상 창작성 판단 시 이중기준(double standards)에 따르고 있다는 주장과 같다. 이런 견해에 의한다면 특별히 저작자의 인격이 저작물에 반영되어야 하는 저작물과 그렇지 아니한 저작물로 나누어 각각 다른 기준으로 이를 판단하는 것과 같다.[17]

나. 프랑스·독일 및 미국 저작권법상 독창성(originality) 개념

현행 저작권법에 규정한 저작물과 창작 등의 용어로부터 창작성 개념을 도출할 수 있지만, 저작권법은 독창성에 대하여 아무런 내용도 규정하고 있지 않다. 유럽 국가는 창작자의 인격 또는 개성이 포함된 독창성 개념을 중시하고, 미국 저작권법은 독창적 저작물(original work)의 규정에 따라 독창성을 중요하게 다루어 왔다. 현행 저작권법상 창작성 논의와 관련하여 비교법적 관점에서 미국 저작권법 실무상 확립된 '최소한의 창작성' 개념을 살펴볼 필요가 있다.

창작성과 독창성 개념이 완전히 일치하지는 않지만, 양자의 의미는 각국의 저작권법상 크게 다르지 않다. 이러한 독창성 개념을 외국법을 통하여 살펴보면, 저작자의 인격(또는 개성)이 저작물에 투영되었는지 아니면 저작물을 창작하는데 쏟은 저작자의 노력이 중시되는지와 깊이 연관되어 있다.[18] 어떤 저작물을 독창적이라고 말

16 저작물의 성격에 따라 창작성을 판단하는 기준이 다르다고 보는 견해가 있다(임원선, 『실무자를 위한 저작권법』, 한국저작권위원회, 2017, 53/73면 참조).

17 유영선, "사실적·기능적 저작물의 실질적 유사성 판단방법", 『기업법·지식재산법의 새로운 지평』(김문환선생 정년기념논문집), 2011, 651면.

18 독창성과 관련한 규범적 기초를 다음의 세 가지 철학적 접근에서 찾아볼 수 있다.

한다면, 그 저작자는 그 저작물의 저작활동에 개성을 띤 지적 창작(personal intellectual creation) 또는 최소한의 창작성(minimal creativity)을 발휘한 것이다.[19]

이 창작성·독창성 개념을 저작권 보호와 관련하여 새길 수 있는데, 하나는 저작자 권리(author's right)를 보호하는 프랑스와 독일 저작권법상 개념이고, 다른 하나는 저작(재산)권(copyright)을 보호하는 영미법 중심의 개념이다.

(1) 프랑스·독일 저작권법상 독창성 개념

프랑스 저작권법은 종래부터 저작권의 기본 개념을 정립할 때 저작자의 정신활동을 중시하여 왔다. 저작물은 타인의 저작물을 베끼지 않고 저작자의 정신활동에 따른 결과이다. 하지만, 편집물, 컴퓨터 프로그램 등이 저작물로 등장하면서 이들을 보호저작물로 인정

ⅰ) 자연권설은 지적 활동의 결과물이 누구에게 귀속하는지에 대하여 관심을 갖고 창작자의 독창성이 저작물에 반영되었다는 점에서 출발한다. John Locke의 견해에 충실한 견해이다. 이 학설에 따르면 저작권은 저작물에 표현된 저작자의 인격(또는 개성)을 보호하고자 하는 데에 있다. ⅱ) 보상설은 저작물을 창작하는 데에 쏟은 노력의 대가가 그 창작자에게 되돌아갈 수 있도록 한다는 점에 따라 저작물을 보호한다고 보는 견해이다. 이 견해는 저작물을 창작하는 데에 쏟은 노동과 자본을 투한한 사람이 누구이든 그 보호를 받을 수 있다. ⅲ) 공리주의적 견해는 저작권으로 얻는 인센티브로 인하여 저작물을 창작한다는 전제에서 출발한다. 저작자 개성이 저작물에 반영되지 않았다 할지라도 작성한 저작물을 보호할 수 있다. 저작자 개인이 작성한 저작물은 이전에 작성된 저작물 등에 의하여 (사회적) 영향을 받은 것이라는 점과 기능·아이디어·이름 등과 같은 기본적 구성요소에 대하여 독창성을 부여하지 않는다. 이들 영역은 오히려 공유영역이 된다. 여기에서 자연권설과 공리주의적 견해가 독창성 요건을 구체화하는 데에 영향을 미쳤다(Lionel Bently and Brad Sherman, *Intellectual Property Law*(4th ed), Oxford University Press, 2014, 95-96).

19 독창성에 대한 개념을 정리한 논문 가운데 E Judge and D. Gervais, "Of Silos and Constellations: Comparing Notions of Originality in Copyright Law", 27 Cardozo Arts & Entertainment Law Journal 37 (2009)에서 네 가지 개념을 소개하고 있다. 그 내용을 간단히 소개하면, ⅰ) 대륙법계 국가(유럽)에서 다루고 있는 'personal intellectual creation' 개념, ⅱ) 미국의 Feist Publications v. Rural Telephone Service Co. 사건판결(499 US 340 (1991))에서 확립하였던 'minimal creativity' 개념, ⅲ) 캐나다에서 정립한 'skill and judgement' 개념, ⅳ) 영국 저작권법에서 형성된 'labour, skill and judgement' 개념이다.

할 수 있는지 여부를 판단하는 것이 어렵게 되었다. 이런 어려움을 해결하기 위하여 "창조적 선택"(creative choice) 또는 "저작자 개성(또는 인격)의 각인"(the imprint of the author's personality)이라는 판단기준을 추가하였다.[20] 이로부터 저작자의 저작물과 타인의 저작물을 우선 구별하고 거기에 개성(또는 인격)이 투영되었는지를 살펴보게 된다.[21]

한편, 독창성 개념의 정립과 관련하여 독일에서의 논의는 특기할만하다. 독일 연방대법원은 처음에 컴퓨터 프로그램이 저작물로 보호받으려면 일반 문예저작물 보다 높은 독창성 기준을 충족하여야 한다고 판단하였다.[22] 그 독창성은 통상의 문예저작물 보호를 위하여 요구하는 통상적인 창작성을 뛰어넘는 수준의 창작자 개성(개별적 성향)을 명확히 드러낸 것을 말하였다.[23] 하지만 이러한 독창성 기준은 EC 소프트웨어에 관한 지침이 독일법에 수용됨에 따라[24] 더 이상 유지하지 못하게 되었다. 즉, 이전에 요구하였던 높은 수준의 독창성을 낮추어 적용함으로써 '저작자 자신의 지적 창작(물)'(author's own intellectual creation; personal intellectual creation)을 보호대상으로 규정한 독일 저작권법 제2조 제2항에[25] 따르게 되었다.

간단히 말하면, 프랑스와 독일의 저작권법상 독창성이란 저작

20 Daniel Gervais, La Notion d'Œuvre Dans la Convention de Berne et en Droit Compare 85-86 (1998)(quoting Daniel Gervais, "Feist Goes Global: A Comparative Analysis of the Notion of Originality in Copyright Law", 49 J. Copyright Soc'y U.S.A. 949, 969 (2002)).

21 Judge and Gervais, supra note 19, 381.

22 Inkasso-Programm BGH May. 9. 1985, Case No. I ZR 52/83 17 IIC 681, 688 (1986); Betriebssystem BGHZ 112, 264.

23 Ryan James, "Computer Software and Copyright Law: The Growth of Intellectual Property Rights in Germany", 15 Dick. J. Int'l L. 565, 569-570 (1997).

24 Directive No. 96/9/EC of the European Parliament and of the Council, of 11 March 1996 on the legal protection of databases

25 "Werke im Sinne dieses Gesetzes sind **nur persönliche geistige Schöpfungen**."

자의 인격(개성)을 반영된 지적 창작에 주안점을 두고 있다. 이는 저작자 인격을 각인한 것이거나[26] 저작자 개성이 투영(to reflect its author's personality)된 것이라고 볼 수 있다.[27]

(2) 미국 저작권법상 독창성 개념

영미법상 저작권보호 논의와 관련하여 살펴보면, 저작권 보호는 타인의 것을 무임승차하지 않는다는 것에서 출발한다. 타인의 것을 무임승차하지 않고 스스로 어떤 저작물을 만들어내는 데에 노력을 기울이거나 창작성이 깃든 활동을 통하여 저작물이라는 결과를 내놓게 된다. 이런 것에 재산적 가치 또는 경제적 가치를 인정하여 재산권으로 보호하려는 법적 기초를 가진다. 이를 지적재산권이라 칭한다 하더라도 큰 틀에서는 재산권의 범주에 속하는 법리적 기초에 의존하고 있다.[28]

보호저작물이 되려면, 저작자가 독자적으로(independently) 만든 것 또는 타인의 것을 베끼지 아니한(not copied) 것이어야 한다. 베끼지 아니한 저작물이란 특정 저작자가 작성하였다는 점에 한정할 뿐 다른 저작물과 관련성이 없음을 말한다.[29] 즉, 베끼지 아니한 저작물은 이전의 다른 저작물과 구별되지만, 우연히 이전의 것과 같을 수도 있다. 이렇게 타인의 것을 베끼지 아니하였다는 점에 주안점을 둔다면, 이는 저작활동의 노력[sweat of the brow]을 중시하게 된

26 Paul Torremans, *Intellectual Property Law*(7th ed), Oxford University Press, 2013, 197.

27 Bently and Sherman, supra note 18, 100.

28 Andreas Rahmatian, *Copyright and Creativity: The making of Property Rights in Creative Works*, Edward Elgar, 2011, 38.

29 Paul Goldstein and Bernt Hugenholtz, *International Copyright*, Oxford University Press, 2013, 192.

다.[30] 이러한 판단은 Feist 사건판결 이전까지 이어졌다.

그런데 이러한 저작활동의 노력 외에 최소한 창작성이 필요한지 여부를 묻는 논의는 미국의 Feist Publications, Inc. v. Rural Telephone Service Co. 사건판결(1991년)에서 비롯되었다.[31] 이 사건판결에서 독창성이란 저작자의 독자적인 저작활동 외에 최소한의 창작성(minimal degree of creativity)이[32] 포함된 것을 말한다고 판시하였다. 이 사건판결 이후 미국 저작권법상 독창성을 구비하였는지 판단할 때, 최소한 창작성을 중시하여 판단하고 있다.[33]

미국 연방대법원이 판시한 독창성이란 타인의 저작물을 베끼지 않았다는 것을 말하고 이전에 없었던 새로운 것이라 할지라도 신규성(novelty) 요건을 충족하여야 하는 것은 아니다.[34] 이 판단기준은 편집물에 대한 저작권보호뿐만 아니라, Feist 사건판결 이후 저작권 보호범위 속하는 모든 저작물에 동일하게 적용된다.[35]

4. 요약

독창성 논의는 저작활동(창작활동)이 어떻게 보호되었는지를 역사적으로 살펴보는 것과 직접적 관련성을 가진다. 현대적 의미로서의 창작성·독창성 개념은 유럽의 저작권법 제정시기인 18세기로 거슬러 올라가 찾을 수 있다. 천재적 예술가의 아이디어가 어떤 결과를

30 영미법계의 전통적 견해를 잘 드러낸 것으로 "타인의 것을 베끼지 않았다면, 신규성과 관련 없이, 그 저작물은 저작권으로 보호된다"고 판시하였다(Baker v. Selden, 101 US 99, 102 (1879)).

31 Feist Publications, Inc., v. Rural Telephone Service Co., 499 U.S. 340 (1991).

32 여기에서 창작성(creativity)이란 보호받을 수 있는 표현인지 여부를 구별하는 것이다. 단편적인 어구 등이 저작권으로 보호되지 못하는 것을 그 예시로 들 수 있다(Melville Nimmer & David Nimmer, *Nimmer on Copyright*, LexisNexis, 2006, §2.01[B] p.2-15).

33 "it possesses at least some minimal degree of creativity."(499 US 340, 345 (1991))

34 Feist, 499 US 345.

35 Gervais, supra note 20(Feist Goes Global), 981.

만들어낸다고 보는 데에서 그 논의가 출발하였다. 즉, 무에서 유로 어떤 것을 창조하였다는 조물주의 창조론이 무너지면서 신이 아닌 예술가가 실제 무에서(*ex nihilo*) 어떤 것을 만들어낸다고 보았다. 하지만, 그들의 창작물이란 축적된 이전의 것을 이용하여 얻은 결과물을 지어낸 것이라는 점에 주목하였음에도 명목상 창작성이라 말하였고, 비유적으로 엷은 신규성(a tinge of novelty)으로 설명하기도 한다.[36] 하지만, 이는 온전히 새롭다는 의미로 신규성을 지칭하는 것도 아니고, 독특한 것일 필요도 없으며 선행의 저작물과 구별하는 기준이 되는 것도 아니다.[37]

유럽 국가는 이러한 독창성 개념에 저작자 개성을 중시하였고, 미국 저작권법은 최소한의 창작성을 강조하였다. 프랑스와 독일 저작권법은 저작자의 인격적 요소를 중시하여 저작자의 권리를 보호하려는 데에서 출발한 저작권의 기초개념(자연권설)인 저작자의 정신활동(저작자가 독립적으로 또는 독자적으로 수행한 저작활동) 외에 저작자의 개성을 저작물에서 확인할 수 있다. 이는 미국의 Feist 사건판결 전후를 비교할 때 같은 맥락에서 이해할 수 있다. Feist 사건판결 이전에 최소한 창작성 항목이 전혀 요구되지 않았지만, Feist 사건판결을 통하여 편집 저작물의 보호에 관한 판단기준이 명확해졌다.

우리 대법원은 저작물의 창작성을 판단할 때, 독자적 작성 외에 2005년 이래로 판결에서 '창조적 개성'을 중시하고 있다. 이 용어의 의미가 무엇인지 명확히 밝히지는 않았지만, 개성을 강조하였음은 명확하다. 또한, 1997. 11. 25. 선고 97도2227 판결 등 여러 차례 대

---

36 Rahmatian, supra note 28, 186.

37 Stephen M. McJohn, *Copyright*, Aspen Publishers, 2006, 39.

법원은 독자적 작성 외에 '최소한도의 창작성'이라는 용어를 채용하고 있는 점에[38] 비추어 볼 때, 대법원 판결에 미국 저작권법의 실무내용과 유사한 점이 있음을 확인할 수 있다.

III. 대법원 판결을 통해 본 창작성 판단기준과 적용

어떤 저작물이 보호받으려면 창작성을 구비하여야 하는데, 우선 저작자가 독자적으로 저작물을 작성하여야 한다. 이는 간단히 저작자가 타인의 저작물을 베끼지 말아야 한다는 점을 의미한다. 현행 저작권법 제2조 제1호 및 제2호는 저작물과 저작자에 관한 내용으로 창작성에 관한 해석론을 이끌어내는 근거가 된다. 실무상 창작성이 무엇이며 구체적으로 그 내용이 어떻게 구성되었는지를 명확히 밝히고 이에 따라 어떤 대상이 보호저작물이 되는지 여부를 판단하게 된다.

저작물에 관한 다툼은 우선 어떤 대상이 보호받는 저작물인지 여부를 판단하는 것과 최종적으로 저작권침해에 해당하는지를 판단하는 데에 집중되어 있다. 이 양자가 각각 논의되기도 하지만, 실체적으로는 상호 관련되어 있으므로 저작권의 보호범위뿐만 아니라, 저작권침해를 살펴볼 때에 반드시 보호받는 저작물인지 여부를 판단하게 된다. 실무에서 보호저작물인지 여부를 판단할 때, 독자적 작성 외에 창조적 개성 등과 같은 요건을 충족하였는지를 중요하게 다루어 왔다. 이를 어떻게 정의할 것인가 아니면 이전의 논의내용으

38 대법원 1999. 11. 26. 선고 98다46259 판결; 대법원 2003. 11. 28. 선고 2001다9359 판결; 대법원2009. 6. 25. 선고 2008도11985 판결.

로부터 무엇을 구체화하여 적용하는지를 살펴볼 필요가 있다.

이러한 논의를 위하여 대법원은 지금까지 통상의 문예저작물에 대한 보호 여부를 묻는 것뿐만 아니라, 기능적 저작물에 대하여 비교적 자세히 살펴보고 판단하였다. 아래에서 우리 대법원 판결 가운데 보호저작물인지 여부를 판단한 30여 사건판결을 분석·검토하고,[39] 현행 저작권법상 창작성에 관한 실무의 해석기준을 제시하고자 한다.

1. 저작권법상 창작성 판단기준

가. 대법원 판시사항의 변화

현행 저작권법 제2조 제1호에 규정한 저작물에 담긴 창작성을 무엇으로 볼 것인지에 대하여 대법원 판결은 그 실체를 밝히고 적용상 혼란을 막기 위하여 몇 차례 다른 표현으로 설시하였다.

대법원은 처음 창작성에 대하여 저작자의 독자적 작성(또는 남의 것을 베끼지 아니한 것) 외에 추가적으로 '**다른 저작자의 기존의 작품과 구별할 수 있을 정도**'의 저작물이면 족하다고 판시하였다. 이러한 판시사항은 저작자의 독자적 작성 외에 '**최소한도의 창작성**'이 있다는 것으로 바꾸었으며, 또 다시 최소한도의 창작성을 '**창조적 개성**'으로 그 용어를 바꾸어 판시하였다.[40]

여기에서 다른 저작자의 기존의 작품과 구별할 수 있을 정도라는

39 이는 저작권법 제2조 제1항에 규정한 '저작물'을 검색어로 LAWnB에서 검색한 결과이다.

40 대법원 1995. 11. 14. 선고 94도2238 판결과 대법원 1997. 11. 25. 선고 97도2227 판결의 판시사항을 비교하고(다른 저작자의 기존의 작품과 구별할 수 있을 정도 → 최소한도의 창작성), 대법원 2003. 11. 28. 선고 2001다9359 판결과 대법원 2005. 1. 27. 선고 2002도965 판결을 비교하면(최소한도의 창작성 → 창조적 개성) 그 차이를 잘 알 수 있다.
이를 시계열적으로 간명하게 표시하면, 다른 저작자의 기존의 작품과 구별할 수 있을 정도 (→ 최소한도의 창작성) → 창조적 개성으로 바꾸었다.

것은 최종적으로 창조적 개성으로 바꾸어 놓았지만, 실제 저작권법상 창작성 관련 규정의 개정이 없었고, 해석론을 변경해야 할 특별한 사정이 없었음에도 대법원은 설시내용의 변화를 이끌어냈다.

(1) '다른 저작자의 기존의 작품과 구별할 수 있을 정도'의 의미

저작권법상 저작물의 창작성에 관한 체계적 논의는 대법원 1995. 11. 14. 선고 94도2238 판결(세탁학기술개론 사건판결)에서 시작하였다.

> "창작성이란 완전한 의미의 독창성을 말하는 것은 아니며 단지 어떠한 작품이 남의 것을 단순히 모방한 것이 아니고 … 단지 저작물에 그 저작자 나름대로의 정신적 노력의 소산으로서의 특성이 부여 되어 있고 다른 저작자의 기존의 작품과 구별할 수 있을 정도이면 충분하다."

여기에서 '기존의 작품과 구별할 수 있을 정도'라는 개념의 실체는 무엇인가.

다른 판결에서 밝힌 것과 비교하면, 저작자의 저작물과 다른 저작자의 기존의 작품과 구별될 수 있음은 최소한도의 창작성이 있거나 저작자의 창조적 개성을 드러낸 것이라고 볼 수 있다. 구별할 수 있을 정도란 저작자의 개성이 투영되었기 때문에 각각 다른 것임을 알 수 있게 한다. 결국 구별의 핵심은 개성에서 나온다고 보고, 다르다는 점도 역시 저작자 개성을 중시하고 있다.

이러한 판시내용은 대법원 2003. 10. 23. 선고 2002도446 판결에서 동일하게 인용되었다. 이 '기존의 작품과 구별할 수 있을 정도'라는 판시내용은 최소한도의 창작성 또는 창조적 개성이라는 다른 표현을 선택하였는데, 이들이 대법원 판결의 주류라고 말할 수 있

다. 그런데 대법원 2014. 2. 27. 선고 2012다28745 판결은 종전의 판시사항을 다시 그대로 인용하여 설시함으로써 대법원 판결이 과거로 회귀하는 것과 같은 판시사항을 보여 주었다.

(2) '최소한도의 창작성' 개념의 채용

창작성 또는 최소한도의 창작성을 판시한 것은 대법원 1997. 11. 25. 선고 97도2227 판결에서 비롯되었다.

> "창작물이라 함은 저자 자신의 작품으로서 남의 것을 베낀 것이 아니라는 것과 최소한도의 창작성이 있다는 것을 의미하고, 따라서 작품의 수준이 높아야 할 필요는 없지만 저작권법에 의한 보호를 받을 가치가 있는 정도의 최소한의 창작성은 요구되므로, 단편적인 어구나 계약서의 양식 등과 같이 누가 하더라도 같거나 비슷할 수밖에 없는 성질의 것은 최소한도의 창작성을 인정받기가 쉽지 않다 할 것이다."[41]

여기에서 최소한도의 창작성이란 누가 하더라도 같거나 비슷할 수밖에 없는 성질의 것인지 여부를 판단하는 것이다. 이 대법원 판결은 대법원 1999. 11. 26. 선고 98다46259 판결(고려수지요법강좌 사건판결)에서 그대로 인용되었다.[42]

> "저작권법에 의하여 보호되는 저작물은 문학·학술 또는 예술의 범위에 속하는 창작물이어야 하는바, 여기에서 창작물이라 함은 저작자 자신의 작품으로서 남의 것을 베낀 것이 아니라는 것과 수준이 높아야 할 필요는 없지만 저작권법에 의한 보호를 받을 가치가 있는 정도로 최소한도의 창작성이 있다는 것을 의미한다."

---

41 이를 미국 저작권법과 관련하여 살펴보면, 이전의 저작물과 구별할 수 있을 정도의 개변(any distinguishable variation of a prior work)이 있으면 충분하다고 보고 있다(Leaffer, supra note 6, 59-60).

42 이 판결에서 위의 판결과 다르게 창작성을 창작물로 판단하고 있음은 특기할 점이다.

위와 같은 판시내용의 다른 판결은 다음과 같다.

> "창작성은 작품이 저자 자신의 작품으로서 남의 것을 복제한 것이 아니라는 것과 최소한도의 창작성이 있는 것을 의미하므로 반드시 작품의 수준이 높아야 하는 것은 아니지만 저작권법에 의한 보호를 받을 가치가 있는 정도의 최소한의 창작성은 있어야 하고, 누가 하더라도 같거나 비슷할 수밖에 없는 성질의 것이라면 거기에 창작성이 있다고 할 수 없다."[43]

이는 어떤 대상을 표현으로 보아 창작성 여부를 판단하여야 하는 것인지 아니면 저작권의 보호범위에 관한 문제로(아이디어에 속하는지 여부를 판단하는 문제로) 다루어야 하는지에 대한 논의가 가능하지만,[44] 여기에서 살펴볼 점은 누가 보아도 다르지 않거나 어떤 대상을 다르게 표현할 수 없는 경우라면 최소한도의 창작성이 구비되지 않았음을 말하는 것이다.

이 최소한도의 창작성은 미국 Feist 사건판결에서 채택한 용어와 같다. 미국 저작권법의 논의와 연계하여 살펴볼 때, Feist 사건판결에서 확립한 '최소한도의 창작성'과 "누가 하더라도 같거나 비슷할 수밖에 없는 성질의 것"이 같은 개념인지를 살펴보게 된다. 전자는 표현된 저작물이 독창성을 가지고 있는지를 묻는 것이지만, 후자의 '다르게 표현할 수 없다'는 것은 저작물의 보호범위와 관련하여 아이디어로 보아야 할 대상이다.

(3) '창조적 개성' 개념의 선택

우리 대법원은 대법원 2005. 1. 27. 선고 2002도965 판결에서 창

---

43 대법원 2003. 11. 28. 선고 2001다9359 판결; 대법원 2009. 6. 25. 선고 2008도11985 판결.
44 이에 관하여 제4장에서 저작권법상 합체의 원칙을 자세히 검토한다.

작성 판단을 위하여 독자적 작성 외에 창조적 개성을 요건으로 삼아 처음 판시하였다.

> "저작권법 제2조 제1호는 저작물을 "문학·학술 또는 예술의 범위에 속하는 창작물"로 규정하고 있는바, 위 법조항에 따른 저작물로서 보호를 받기 위해서 필요한 창작성이란 완전한 의미의 독창성을 말하는 것은 아니며 단지 어떠한 작품이 남의 것을 단순히 모방한 것이 아니고 작자 자신의 독자적인 사상 또는 감정의 표현을 담고 있음을 의미하므로, 누가 하더라도 같거나 비슷할 수밖에 없는 표현, 즉 저작물 작성자의 창조적 개성이 드러나지 않는 표현을 담고 있는 것은 창작성이 있는 저작물이라고 할 수 없"다.

이 판결은 이전의 대법원 판결과 비교하면, 최소한도의 창작성을 창조적 개성으로 대체한 것에 지나지 않는다.

> "창작성은 작품이 저자 자신의 작품으로서 남의 것을 복제한 것이 아니라는 것과 최소한도의 창작성이 있는 것을 의미하므로 반드시 작품의 수준이 높아야 하는 것은 아니지만 저작권법에 의한 보호를 받을 가치가 있는 정도의 최소한의 창작성은 있어야 하고, 누가 하더라도 같거나 비슷할 수밖에 없는 성질의 것이라면 거기에 창작성이 있다고 할 수 없다."[45]

이 창조적 개성은 위 대법원 판결 이후 대법원이 종래 최소한도의 창작성 또는 기존의 작품과 구별할 수 있을 정도라는 판단기준에 갈음하여 창작성을 판단하는 요건으로 정한 것이다.[46] 대법원은 이 창조적 개성을 설시하면서, 누가 하더라도 같거나 비슷할 수밖에 없는 표현일 경우에 창작물로 보호받지 못한다고 판단하였다.

---

45 대법원 2003. 11. 28. 선고 2001다9359 판결.

46 대법원 2007. 8. 24. 선고 2007도4848; 대법원 2009. 1. 30. 선고 2008도29 판결; 대법원 2011. 2. 10. 선고 2009도291 판결.

나. 창조적 개성과 독창성의 관계

창조적 개성은 저작자의 개성 발현이라는 데에 주안점을 두고 있다. 저작자의 개성이 저작물에 투영되었다면, 이전 저작물과 구별되는 것이라는 점에서 누가 하더라도 같거나 비슷할 수밖에 없는 경우가 발생하지는 않을 것이다. 저작자의 개성 발현은 저작자의 인격적 요소와 깊은 관련을 맺고 있다. 이 점은 저작자권리(author's right)를 저작권으로 보는 독일·프랑스 저작권법상 독창성 개념과 관련하여 살펴보아야 한다. 저작자의 인격(또는 개성)이 저작물에 발현되어 있다고 보는 저작권의 기초적 법리를 인격적 가치 보호라는 점과 연계하여 창작성 개념을 이끌어낸 것이다. 이런 논의는 영미법의 저작권보호가 저작재산권에 치중하였던 점과 구별된다.

대법원 판결에서 종래 최소한도의 창작성 개념에 갈음하여 저작자의 개성을 중시하는 개념으로 대체하게 된 경위가 무엇인지 밝힐 수는 없지만, 창작성의 실체가 저작자의 인격(또는 개성)에 있음을 수용한 것이라는 점은 명백하다. 대법원은 창조적 개성의 판단기준을 제시하기 전에 이미 저작자의 개성을 판결에 반영한 적이 있다.

저작물의 일반적 보호와 관련하여,

> "표현 형식에 해당하는 부분에 있어서도 다른 저작물과 구분될 정도로 저작자의 개성이 나타나 있지 아니하여 창작성이 인정되지 않는 경우에는 이 역시 저작권의 보호대상이 될 수가 없다."[47]

또한, 사진저작물의 보호 여부와 관련하여,

47 대법원 1999. 10. 22. 선고 98도112 판결.

"사진저작물은 피사체의 선정, 구도의 설정, 빛 의 방향과 양의 조절, 카메라 각도의 설정, 셔터의 속도, 셔터찬스의 포착, 기타 촬영방법, 현상 및 인화 등의 과정에서 촬영자의 개성과 창조성이 인정되어야 저작권법에 의하여 보호되는 저작물에 해당된다."[48]

이들 판결에서 알 수 있는 것처럼, 어떤 저작물이 기존의 다른 저작물과 구별할 수 있는지 여부는 저작자 개성에 달려 있다. 저작자 개성이 저작물에 발현될 경우에 창작물로 보호되는 가치를 가지지만, 저작자의 개성이 드러나지 않는다면 보호되는 저작물이 되지 못한다. 저작권법상 보호되는 저작물은 창작물이어야 하고 거기에 저작자의 개성이 잘 드러나야 한다.

1970년대 후반부터 1990년대 전반까지 대법원은 저작권법에서 보호하는 저작물을 저작자의 "정신적 노력에 의하여 창작된 사상의 표현물"[49] 또는 "정신적 노력의 소산으로서의 특성이 부여되어 있"다고 정의하였다.[50] 저작권으로 보호되는지를 다투었던 초기의 대법원 판결은 저작자의 정신적 노력 또는 그 노력의 결과라는 점에 주목하였다. 이 점은 정신활동의 결과물에 대한 귀속의 주체와 관련된 것으로 저작(권)자 보호에 법적 관심을 쏟았음을 간접적으로 시사하고 있다.

하지만, 이들 대법원 판결은 저작자의 표현이 있으면 보호받을 수 있다는 저작권법의 일차적 논의에 관심을 모았을 뿐이고, 창작성의 실체를 밝혀야 하는 복잡한 형태의 저작물인 편집저작물 또는 기능적 저작물 등에 대하여 심도 있는 법리전개를 이끌어내지 않았다.

48 대법원 2001. 5. 8. 선고 98다43366 판결; 대법원 2010. 12. 23. 선고 2008다44542 판결.

49 대법원 1977. 12. 13. 선고 77누76 판결; 대법원 1979. 12. 28. 선고 79도1482 판결; 대법원 1993. 6. 8. 선고 93다3073 판결.

50 대법원 1995. 11. 14. 선고 94도2238 판결.

저작자의 표현이 독창적이어야 한다고 밝혔다 할지라도[51] 실제 창작성과 독창성을 명확하게 개념상 인식하여 판단하였는지를 알 수 없다. 또한, 독창성 용어를 1990년대 중반 이후의 대법원 판결에서 찾아볼 수 없다는 점에서 독창성과 창작성을 같은 의미로 새기지 않았음을 알 수 있다.

2. 개별 저작물에 대한 창작성 판단

가. 기능적 저작물의 창조적 개성

건축저작물이나 도형저작물 등의 기능적 저작물은 예술성을 표현보다는 기능이나 실용적인 사상을 표현하기 위하여 작성되었다. 이 기능적 저작물의 보호 여부를 판단한 2005. 1. 27. 선고 2002도965판결의[52] 판시사항 가운데 논의와 관련된 부분만을 살펴보자.

> "기능적 저작물은 그 표현하고자 하는 기능 또는 실용적인 사상이 속하는 분야에서의 일반적인 표현방법, 규격 또는 그 용도나 기능 자체, 저작물 이용자의 이해의 편의성 등에 의하여 그 표현이 제한되는 경우가 많으므로 작성자의 창조적 개성이 드러나지 않을 가능성이 크다."[53]

---

51 "저작권의 침해 여부를 가리기 위해 두 저작물 사이에 실질적 유사성이 있는가의 여부를 판단함에 있어서도 위 독창적인 부분을 가지고 대비"(대법원 1991. 8. 13. 선고 91다1642); "저작권의 보호대상은 아이디어가 아닌 표현에 해당하고 저작자의 독창성이 나타난 개인적인 부분에 한하므로"(대법원 1993. 6. 8. 선고 93다3073 판결)로 설시하였다.

52 1심 법원의 판단(서울지방법원 2001. 2. 8. 선고 2000고단299, 2080(병합) 판결)과 2심 법원의 판단(서울지방법원 2002. 1. 30. 선고 2001노1890 판결)이 서로 극명하게 달랐다. 1심 법원은 문제된 설계도면이 사상과 표현이 융합되어 있다고 보아 저작권 보호를 받을 수 없다고 판시하였다.
반면에 2심 법원은 이 사건 화상전송기능을 구현하는 기수적 원리를 실현하는 방식은 여러 가지가 있을 수 있고 채택한 방식에 따라 설계도면이 달라지며 같은 방식을 선택하는 경우에 있어서도 표현방법이나 구체적 표현이 작성자마다 달라질 수 있다는 점에 따라 문제된 설계도면은 사상과 표현이 융합되어 있다고 볼 수 없다고 판단하였다. 이에 합체의 원칙을 적용하는 것이 적합하지 않고, 이 사건설계 도면은 창작적 표현물로서 저작권법이 보호하는 저작물이라고 보았다.

53 대법원 2005. 1. 27. 선고 2002도965 판결; 대법원 2009. 1. 30. 선고 2008도29 판결.

이 사건판결과 관련하여 실무적 관점에서 평석한 것을 살펴본다. 이 판결에서 기능적 저작물에 관한 창작성을 판단하는 기준을 다르게 제시하지는 않았지만, 대법원이 기능적 저작물이 창조적 개성이 드러나지 않을 가능성이 크다는 점에 따라 사실상 창작성의 레벨을 높이는 방법에 의하여 창작성 유무와 저작권의 보호범위를 한꺼번에 묶어서 판단하는 방법을 택한 것이라고 본 견해가 있다.[54] 이 견해는 저작물의 성립요건(창작성 유무)과 저작물의 보호범위(아이디어·표현 이분법에 기한 판단)가 밀접한 관계에 있기 때문에 이를 따로 판단하는 것이 곤란한 점, 저작물성과 침해의 유무로 단계적으로 판단하는 번거로움을 피할 수 있다는 점을 들어서 실무상 바람직하다고 평가하였다.[55] 이에 대하여 이 대법원 판결이 사실상 창작성 수준이 높은 것만을 보호하게 됨으로써 창작성이 낮은 수준의 저작물을 보호하지 못하는 결과를 가져온다고 이 사건판결을 비판하였다.[56]

위와 같은 취지를 밝힌 다른 대법원 판결을 살펴보자.

> "어떤 아파트의 평면도나 아파트 단지의 배치도와 같은 기능적 저작물에 있어서 구 저작권법은 그 기능적 저작물이 담고 있는 기술사상을 보호하는 것이 아니라, 그 기능적 저작물의 창작성 있는 표현을 보호하는 것이므로, 설령 동일한 아파트나 아파트 단지의 평면도나 배치도가 작성자에 따라 정확하게 동일하지 아니하고 다소간의 차이가 있을 수 있다고 하더라도, 그러한 사정만으로 그러한 기능적 저작물의 창작성을 인정할 수는 없고 <u>작성자의 창조적 개성이 드러나 있는지 여부</u>를 별도로 판단하여야 할 것이다."[57]

54 손흥수, "설계도면의 저작물성", 저스티스 제84권, 2005, 267면.

55 손흥수, 위의 논문, 같은 면.

56 저작물보호의 기준이 높아 저작물이 보호되지 못하게 되어 그 보호되지 못하는 저작물은 타인에 의하여 쉽게 베끼는 대상이 되어 저작자의 노력이 수포에 돌아간다는 점을 지적한다(이상정, "기능적 저작물의 창작성 유무의 판단 방법 - 대법원 2005. 1. 27. 선고 2002도965판결", 계간 저작권 제72호, 2005, 66면).

57 대법원 2007. 8. 24. 선고 2007도4848 판결; 대법원 2009. 1. 30. 선고 2008도29 판결.

위의 평석과 달리 이 판결을 통하여 알 수 있는 것은 기능적 저작물의 창작성 판단이 아래에서 보게 될 문예저작물의 경우와 특별히 다르지 않다는 점이다. 현행 저작권법에 규정한 창작물이 무엇인지를 해석하는 데에 필요한 창작성 판단기준은 하나밖에 없다. 어떤 저작물의 창작성 구비 여부는 저작자의 독자적 작성과 그의 창조적 개성이 저작물에 반영되었는지 여부를 판단하는 것에 달렸다.

창작성 판단기준이 저작물의 종류에 따라 달라지거나 필요한 검토대상이 무엇인지에 따라 각기 다른 요소를 가지고 판단하는 것은 아니다.[58] 편집저작물, 사진저작물 또는 컴퓨터프로그램 저작물 등의 기능적 저작물 보호 여부에 대하여 많은 논의를 불러왔다 하더라도 당해 저작물이 창작성을 구비하였는지를 살펴보는 데에 하나의 기준으로 다루었다. 위에서 밝힌 내용과 같이 어떤 방법으로 보호 여부를 판단하였는지를 별론으로 하고, 판단기준을 높여서 기능적 저작물에 대하여 특별히 저작물보호를 어렵게 만들지는 않았다는 점이다.

나. 문예저작물의 창조적 개성

문예저작물의 하나인 어문저작물(대입 본고사 입시문제)의 창작성 여부를 판단한 사례에서 대법원은 다음과 같이 판시하였다.

> "저작권법에 의하여 보호되는 저작물은 문학·학술 또는 예술의 범위에 속하는 창작물이어야 하는바, 여기에서 창작물이라 함은 저자 자신의 작품으로서 남의 것을 베낀 것이 아니라는 것과 최소한도의 창작성이 있다는 것을 의미하고, 따라

58 Arthur R. Miller and Michael H. Davis, *Intellectual Property*, West, 2000, 299; 이해완, 『저작권법』, 박영사, 2015, 28면.

서 작품의 수준이 높아야 할 필요는 없지만 저작권법에 의한 보호를 받을 가치가 있는 정도의 최소한의 창작성은 요구되므로, 단편적인 어구나 계약서의 양식 등과 같이 누가 하더라도 같거나 비슷할 수밖에 없는 성질의 것은 최소한도의 창작성을 인정받기가 쉽지 않다 할 것이다.[59] 또한, 작품 안에 들어 있는 추상적인 아이디어의 내용이나 과학적인 원리, 역사적인 사실들은 이를 저자가 창작한 것이라 할 수 없으므로, 저작권은 추상적인 아이디어의 내용 그 자체에는 미치지 아니하고 그 내용을 나타내는 상세하고 구체적인 표현에만 미친다."고 판시함으로써 창작성의 판단기준을 동일하게 적시하였다.[60]

또 다른 사례에서 의사가 연찬회에서 다른 의사들에게 주름개선 시술기법을 강연한 경우에 그 강연이 저작권법에 의하여 보호되는 저작물에 해당하는지 문제된 사안에서 아래와 같이 판단하였다.

"저작권법 제2조 제1호는 저작물을 "인간의 사상 또는 감정을 표현한 창작물"로 규정하고 있는바, 여기서 말하는 창작성이란 완전한 의미의 독창성을 말하는 것은 아니며 단지 어떠한 작품이 남의 것을 단순히 모방한 것이 아니고 … 강연과정에 원고가 직접 피시술자를 상대로 위 기법을 시술하면서 시술단계별 유의사항이나 독자적인 노하우 등을 원고 특유의 화법으로 설명하고 있는 것이므로, 원고의 창조적 개성이 드러나는 표현을 담고 있는 저작물이라고 봄이 상당하다."[61]

위와 같이 문예저작물의 경우에 타인의 저작물을 베끼지 않았으면 그것으로부터 저작자의 창조적 개성이 거기에 드러나므로 이를 특별히 살펴야 하는 것은 아니다. 문예저작물에 대하여 창작성 판단기준을 낮추어 창작성 인정을 용이하게 하려는 데에 있는 것이 아니라, 별도로 창조적 개성을 살펴보지 않아도 문제가 되지 않는다. 하지만, 문예저작물의 경우에 창조적 개성이 반영되었는지 문제되어

59 미국 저작권법의 실무에서도 같은 사안에서 최소한도의 창작성 요건을 충족하지 못하여 독창성을 인정할 수 없다고 보았다(Leaffer, supra note 6, 60).
60 대법원 1997. 11. 25. 선고 97도2227 판결.
61 대법원 2014. 2. 27. 선고 2012다28745 판결.

다투어지는 경우라면 기능적 저작물의 경우와 다르지 않게 살펴보게 될 뿐이다.

3. 요약

창작성 판단을 위한 기준을 하나로 정하여 저작물 전체에 통일적으로 적용한다고 보는 견해와[62] 저작물의 종류에 따라 창작성을 판단하는 정도가 다르다거나 다른 기준을 적용하고 있다는 견해가 있다.[63] 하지만, 위의 대법원 판결에서 살펴본 것과 같이, 실무상 정립한 저작자의 독자적 작성 외에 창조적 개성의 판단기준은 개별 저작물의 종류에 따라 그 저작물이 가지는 특성을 고려할지라도 하나의 기준만을 적용한다. 기능적 저작물에 대하여 문예저작물에 비하여 기능성이 강조되어 있어서 저작자의 개성이 잘 드러나지 않는 특성이 있다는 점을 고려하여 창조적 개성이 반영되었는지를 주목하게 된다.[64]

하나의 기준을 적용하여 저작물로 보호되는지 여부를 판단하는 데에 종류와 특성에 따라 다른 기준을 적용한다면 실제 어떤 문제가 발생할까. 현행 저작권법 제4조에 규정한 저작물이 종류에 따라 각기 개별적인 창작성 판단기준을 나열하고 제시하여야 한다면, 창작성 판단에 복잡한 문제가 야기될 것이다. 우리 대법원은 지금까지 변함없이 하나의 기준으로 창작성을 판단하여 왔고, 이에 대한 다른 예외적 사정을 밝힌 적이 없다.

62 이해완, 앞의 책, 28면; Goldstein & Hugenholtz, supra note 29, 194. 이를 'one-size-fits all system'로 표현하기도 한다(Deborah Tussey, *Complex Copyright*, Ashgate, 2012, 103).

63 임원선, 앞의 책, 53면.

64 이런 논의의 연장선상에서 이러한 사정을 강조하여 통상의 창작성 판단기준과 수준이 높은 판단기준이라는 이중 기준(double standards)이 있다고 전제하면서 이를 해결하기 위한 새로운 방안을 모색하는 견해가 있을 수 있다(中山信弘/윤선희 편역, 『저작권법』, 법문사, 2008, 45-46면).

Ⅳ. 저작권 기초법리에 따른 합체의 원칙

현행 저작권법에 저작물은 인간의 사상 또는 감정을 표현한 창작물로 정의하였고(법 제2조 제1호), 대법원 판결에서 창작물은 독자적 작성과 창조적 개성을 모두 갖추어야 한다고 판시하고 있다. 창작물에 관한 대법원 판결은 무엇보다도 창조적 개성을 중요하게 다루고 있다. 보호저작물인지 여부를 판단할 때 저작자의 창조적 개성이 저작물에 투영되었는지를 살펴보게 되지만 그 판단은 실제 간단하지 않다.

대법원은 '누가 하더라도 같거나 비슷할 수밖에 없는 표현'이라는 용례를 들어 설명하고 있다. 여기에서 누가 하더라도 같거나 비슷할 수밖에 없는 표현에 대하여 대법원은 아이디어가 아닌 표현으로 판단하여 일단 저작권의 보호범위에 속하는 것으로 보았다. 이럴 경우에 실제 이러한 표현이 창조적 개성이 있는지 여부만을 판단하는 데 그치는지 아니면 창작성 외의 다른 논의가 필요한 것인지를 검토할 필요가 있다.

누가 하더라도 같은 표현은 어떤 대상에 대하여 특정한 표현이 이미 고정되어 있다는 것이고, 비슷할 수밖에 없는 표현이란 저작자가 다른 표현을 하려고 노력을 기울인다 하더라도 비슷하게 표현되는 결과를 얻을 수 있을 뿐이라는 것과 같다. 이러한 표현은 어떤 아이디어에 대하여 하나 또는 수 개의 표현에 그치는 경우 그 표현은 아이디어를 설명하는 것 또는 아이디어 자체에 대한 설명이므로 표현으로 보호하지 않는 것이 적합하다.

저작권법은 아이디어·표현의 이분법에 기초하여 저작권의 보호범위를 정하고 있으며, 보호범위에 속하는 저작물에 대하여 창작성이 있는지 여부를 실무상 정립된 해석론을 통하여 판단하고 있다. 이러한 저작권의 보호범위와 창작성 판단의 실무내용은 저작권법의 법리에 기초하였다기 보다 오히려 종래 실무상 유지하던 논의체계를 이어온 것으로 저작권법의 법리적 기초와 정보사회에서 요구되는 아이디어와 정보의 자유유동에 따른 공유영역 확대를 제한하거나 위축시키는 결과를 불러올 수 있다는 점에서 문제로 지적될 수 있다.

누가 하더라도 같거나 비슷할 수밖에 없는 표현을 담은 기능적·사실적 저작물에 대하여 아이디어·표현의 이분법에 따른 법리와 이로부터 실무상 확립된 합체의 원칙을[65] 적용함으로써저작권법의 규범적 기초를 단단히 하고 저작권법 목적에 합치하는 공유영역을 넓히며 이로부터 정보사회에서 요청되는 정보의 자유로운 유동을 이끌어내는 방안이 될 수 있을 것이다.

1. 합체의 원칙에 기초한 기능적 저작물 논의

가. 아이디어·표현이 합체된 것에 대한 창작성 판단의 적부 논의

현행 저작권법 및 대법원 판결에서 문예저작물과 기능적 저작물을 명확히 구별하여 규정하지 않았고, 각각 다른 판단기준으로 저작물 보호 여부를 결정하지 않는다. 하나의 판단기준으로 저작물을 보호할 것인지 여부를 판단한다. 기능적 저작물로 분류되는 대상의 저작물이라도 기능적 저작물이라는 점으로 인하여 문예저작물보다 엄격한 기준이 별도로 적용되는 것이 아니라, 통상의 문예저작물은 창조적 개성을 묻지 않아도 특별히 문제되지 않는다는 점에서 이를 신

65 "The merger notion is a natural corollary of the idea/expression distinction… "(Delrina Corp. v. Triolet Systems Inc. (2002), 17 C.P.R. (4th) 289 (Ont. C.A.)).

중하게 다루지 않았던 것이다. 반면, 기능적 저작물에 대하여 대법원은 창조적 개성이 구비되었는지를 살펴보았는데, 그동안 일관되게 설시한 창작성 판단기준을 그대로 적용하였다.

'누가 하더라도 같거나 비슷할 수밖에 없는 표현'은 아이디어 그 자체를 말하거나 아이디어와 표현이 합체된 것이라고 볼 수 있으므로 합체의 원칙(Merger Doctrine)을 적용하는 것을 진지하게 검토할 필요가 있다. 현행 실무에서 전개하는 것과 같이 저작권의 보호범위에 포섭시킨 후 보호저작물인지 여부를 다시 판단하기 위하여 창조적 개성이 저작물에 드러나는지를 살펴보게 된다. 간단히 말하면, 창조적 개성이 없다면, 보호저작물이 되지 못한다.

문제는 이런 경우에 합체의 원칙을 적용한 것과 어떤 차이가 있는지를 검토·분석하여야 하는 것이다. 합체의 원칙을 적용할 경우에는 그 논의대상이 처음부터 보호저작물이 아니지만, 대법원의 실무태도에 따르면 일응 보호저작물에 속하지만, 창작성 요건을 구비하지 못하는 경우에 보호되지 못한다. 합체의 원칙을 적용하지 않고 어떤 아이디어를 표현한 저작물로 보고 문제가 생겨 창작성의 흠결이 밝혀질 경우에 비로소 저작권으로 보호하지 못한다는 점을 외부에 알리게 되므로 결과적으로 저작자의 권리보호에 기울어져 있는 것처럼 보인다.

이렇게 합체의 원칙을 적용하지 않고 창작성 판단에 따라 보호저작물인지 여부를 결정하는 데에 대하여 저작권의 기초법리에 비추어 비판할 수 있다. 어떤 사실 또는 간명한 표현 등은 아이디어·표현의 이분법에 따라 처음부터 저작권의 보호대상이 아닐 뿐만 아니라, 아이디어와 표현이 혼재되어 있다는 점에 따라 합체의 원칙이 적용되어야 한다. 그럴 경우 보호저작물이 아니므로 누구나 자유롭게 이를 이용할 수 있다.

사실과 정보의 전달을 주된 목적으로 하고 있는 사실적 저작물 또는 기능적 저작물은 그 표현방법이 제한되어 있어서 그에 관한 저작권 보호범위를 좁게 해석하지 않으면 그 사실과 정보까지 보호하는 불합리한 결과를 가져올 수도 있다.[66] 아이디어나 사실을 객관적이고 간략하게 서술하는 표현에 대한 배타적 지배를 허용하게 되면 결과적으로 아이디어를 독점하는 결과를 초래하기 때문에 표현방법이 하나 또는 극소수로 제한된 경우에 합체의 원칙을 적용하여 보호대상에서 제외하는 것이 타당하다.[67]

하지만, 지금까지 실무에서 합체의 원칙을 적용한 사건판결을 찾아볼 수 없다. 대법원 2005. 1. 27. 선고 2002도965 판결에서 하급심에서 판시하였던[68] 합체의 원칙을 설시하였지만, 실제 이를 적용하여 판단하지 않았다.

> "사상과 융합된 표현에 대하여 저작권의 보호가 주어져서는 아니된다는 이른바 '합체의 원칙(merger doctrine)'은 게임규칙이나 컴퓨터프로그램 등에 있어서 어떤 사상이 그 표현방법 외에는 달리 효과적으로 표현할 방법이 없는 경우에 적용되는 것이고, 사상을 표현하는 방법이 한 가지 이상 있을 경우에는 비록 그 사상의 성질상 그것을 표현하는 방법이 상당히 제한되어 있다고 하더라도 위 원칙을 적용할 수 없다고 할 것"이라고 판시하였다.

이 대법원의 설시내용은 합체의 원칙을 아주 좁은 의미로 새겼던 것인데, 미국의 실무내용과 커다란 차이를 드러내었다. 미국 저작권

66 정상조, 『저작권법 주해』, 박영사, 2007, 22-23면.
67 오승종, 『저작권법』, 박영사, 2016, 165면; 정상조, 앞의 책, 24면.
68 서울지방법원 2002. 1. 30. 선고 2001노1890 판결.

법의 실무에서는 사상의 표현방법이 하나 이상이지만, 극소수로 제한된 경우에도 합체의 원칙을 적용한 사건판결이 많다.[69] 그런데 대법원 판결은 오직 하나의 표현에 국한하여 합체의 원칙의 적용할 수 있음을 설시하여 미국 판례법의 내용을 다르게 해석하고 있다.

나. 합체의 원칙의 적용에 따른 정보(아이디어)의 공유

합체의 원칙은 특허권·저작권이 각각 구별되는 권리로 각 권리객체가 합쳐질 수 없다는 아이디어·표현의 이분법과 같은 법리적 토대 위에 서 있다. 즉, 지적 창작의 내용을 아이디어·표현이라는 이분법으로 나누려는 의도는 어떤 대상에 대한 사상(아이디어) 또는 감정과 이를 외부에 드러내어 표출하는 것을 구별하자는 데에서 출발한다.[70] 이 원칙은 구체적으로 어떤 대상에 대한 아이디어(사상) 또는 감정이 처음부터 섞일 수 없다는 점과 추상적 아이디어를 특정인이 독점하지 못하도록 하는 데에 주안점이 있다. 어떤 아이디어에 대하여 극소수의 한정된 표현이 가능하다면 이를 표현으로 보호하는 것이 사회적으로 받아들여지지 말아야 한다는 점에 연결된다.[71]

합체의 원칙을 적용하는 것은 실제 아이디어에 대한 독점화를 방지하는데 유용한 방법이 될 수 있다.[72] 뿐만 아니라, 이렇게 아이디어

---

69 Coquico, Inc. v. Rodriguez-Miranda, 562 F.3d 62, 68, (1st Cir. 2009); Kepner-Tregoe, Inc. v. Leadership Software, Inc., 12 F.3d 527, 533 (5th Cir. 1994); Mason v. Montogomery Data, Inc., 967 F.2d 135, 138 (1992); Morrissey v. Procter & Gamble Co., 379 F.2d 675, 678-79 (1st Cir.1967).

70 합체의 원칙을 아이디어·표현 이분법의 사촌(a close cousin of the idea/expression dichotomy)으로 설시한 경우도 있다(Toro Company v. R&R Products Co., 787 F.2d 1208, 1212 (8th Cir. 1986)).

71 William S. Strong, *The Copyright Book: A Practical Guide*, MIT Press, 1999, 14

72 Pamela Samuelson, "Reconceptualizing Copyright's Merger Doctrine", 63 J. Copyright Soc'y U.S.A. 417, 459 (2016).

와 표현을 구별하여 표현만을 보호하는 법제도를 강구하게 될 때, 사실상 표현의 자유(freedom of expression)를 증진하게 된다.[73] 저작권이 통상적으로 정보에 대한 통제수단이 되지만, 아이디어를 공유하게 함으로써 그 아이디어를 이용하여 다양한 표현을 전개할 수 있어서 표현의 자유가 신장된다.

합체의 원칙이 받아들여지지 않는 경우에 보호저작물로 인정받기 위하여 다양한 표현을 이끌어내려는 노력을 기울이게 되지만, 결과적으로 아이디어 또는 기능성이 합체된 대상의 경우에 창작성이 없어서 최종적으로 보호받지 못하는 대상이 된다. 이는 공유의 대상이다.[74] 대법원이 예시한 판시내용 가운데 '누가 하더라도 같거나 비슷할 수밖에 없는 표현'이 여기에 해당한다. 결국 보호받지 못하는 저작물로 판단되어 자유이용의 대상이 된다.

저작물이 보호되면 그 저작자는 배타적 지위를 향유하고 이로부터 시장에서 경제적 수익을 확보할 수 있다. 거꾸로 저작권으로 보호받지 못하는 대상은 누구나 자유롭게 이용할 수 있어서 시장에서의 자유경쟁을 유도한다. 결과적으로 보호되는 대상과 그렇지 않은 대상을 구별하고, 저작권법의 보호 틀을 좁힐 것인지 아니면 경계 없이 넓게 보호할 수 있는 외곽을 정하되 문제 발생 후 저작권보호 여부를 결정하는 방법을 선택할 것인지가 관건이다.

법리적 관점에서 살펴보면, 저작권보호의 폭을 좁히고 경쟁을 증진하는 데에 주안점을 두어 저작권 보호대상인지 여부에 대한

---

73 Russell K. Hasan, "Winning the Copyright War: Copyright's Merger Doctrine and Natural Rights Theory as Solutions to the Problem of Reconciling Copyright and Free Speech", 14 Engage: J. Federalist Soc'y Prac. Groups 58 (2013).

74 Peter Lee, "The Evolution of Intellectual Infrastructure", 83 Wash. L. Rev. 39, 85 (2008).

판단(저작권의 보호범위)으로 문제를 해결하든지[75] 저작권침해 판단 시에 구체적 논의대상의 하나로 이를 판단할 것인지에[76] 관한 선택대상으로 볼 수 있다.[77] 전자의 견해는 아이디어를 저작권으로 보호할 수 없다는 점이 기저에 작동하고 있는 것이고, 후자는 침해논의 이전까지 아무런 법적 문제가 되지 않는다는 점이 숨겨져 있다. 또한, 합체의 원칙이 저작권법 내에서 체계적으로 운용되면, 표현의 다양화를 꾀하기 위하여 불필요하게 저작물을 개변(variation)하려는 노력을 기울이지 않고 오히려 새로운 아이디어를 개발하거나 기능을 증진하는 데에 관심을 집중시킬 수 있을 것이다.

2. 정보·사실 등의 자유유동(free flow)과 저작권법 목적

아이디어·표현이 각각 특허권과 저작권의 권리객체가 된다는 점에서 그 기준을 넘어선 보호를 허용하는 것이 적합하지 않다. 아이디어가 공중의 영역에 있다는 점에서 저작물을 보호하지 말아야 한다는 지적재산권법의 법적 기초 외에 정보사회에서 정보의 자유유동이 필요하다. 정보사회에서 합체의 원칙의 법리를 강조하여

75 Mywebgrocer, LLC v. Hometown Info, Inc., 375 F.3d 190, 194 (2d Cir. 2004); Assessment Tech. of WI, LLC v. WIREdata, Inc., 350 F.3d 640, 643 (7th Cir. 2003); BellSouth Adver. & Pub. Corp. v. Donnelley Info. Pub., Inc., 999 F.2d 1436, 1442 (11th Cir. 1993); Computer Associates, Int. Inc. v. Altai, Inc., 982 F.2d 693, 707-708 (2d Cir. 1992); Kern River Gas Transmission Co. v. Coastal Corp., 899 F.2d 1458, 1460 (5th Cir. 1990).

76 Kregos v. Associated Press, 937 F2d 700 (2d Cir. 1991); CCC Information Services, Inc. v. Maclean Hunter Market Reports, Inc., 44 F.3d 61 (2d Cir. 1994). 이는 처음부터 저작권보호대상인지 여부를 묻기보다 저작권침해를 논의할 때 판단하면 족하다고 보는 견해이다.

77 합체의 원칙을 적극적으로 수용하자는 견해로 Paul Goldstein 교수(1 Paul Goldstein, *Goldstein on Copyright*, 2015, §2.3.2)와 Nimmer 변호사를 꼽을 수 있다(Nimmer and Nimmer, supra note 32, §13.03[B][3]). 반면에 Patry 교수는 이에 대하여 소극적이다. 그는 합체의 원칙이 '피고가 보호저작물을 복제하였다'는 원고의 주장을 부인할 때 필요한 것에 불과하다고 보기도 한다(2 William F. Patry, *Patry on Copyright*, §4:46, 2015, at 4-140).

이를 저작권법의 개별사안에 적용할 필요가 있다.

아이디어에 대한 자유로운 접근을 보장하기 위하여 외국법의 실무에서는 아이디어가 하나 또는 수 개의 표현으로 한정된 경우에 그 표현을 보호하지 않았다. 왜냐하면, 그 표현을 보호할 경우에 그 아이디어 자체를 보호하는 결과를 불러오기 때문이다.[78] 이러한 법리(원칙)는 정보사회 이전에 확립되었지만, 정보의 자유로운 접근이 요청되는 정보사회에서 그 의미가 더욱 명확히 드러난다.[79]

정보 또는 사실의 자유로운 유동은 아이디어에의 자유접근·이용과 같은 맥락에 있으며, 그 객체의 실체를 살펴보면 아이디어와 정보를 같은 대상으로 볼 수 있다.[80] 이런 경우 전자는 저작권법상 논의의 연장이지만, 후자는 정보사회에서 요구되는 정보관련 정책을 구현하는 내용으로 비전통적 사회(정보사회)에서 요구되는 지적 기반(intellectual infrastructure)으로서 의미를 가진다.[81] 이런 관점에서 합체의 원칙은 정보사회 이전에 확립된 저작권법의 기초적 법리일 뿐만 아니라, 정보사회의 고도화를 꾀하는데 기초가 되고 있다.

기능성을 띤 저작물(또는 Utilitarian Information Works: UIW)에 대하여 저작권법에 기한 보호 틀로 규율하되, 합체의 원칙을 적용하여 자원의

78 New York Mercantile Exchange, Inc. v. Intercontinental Exchange, Inc., 497 F.3d 109, 116-17 (2007); Kregos v. Associated Press, 937 F.2d 700, 705 (2d Cir.1991).

79 Benedict Atkinson and Brian Fitzgerald, "Copyright as an Instrument of Information Flow and Dissemination: the case of ICE TV Pty Ltd v. Nine Network Australia Pty Ltd", <https://eprints.qut.edu.au/15208/1/15208.pdf>, 2008, at 16/23.

80 이와 관련하여 저작권법상 정보접근 또는 창작물 산출을 용이하게 하거나 방해하는데 기술이 어떤 역할을 했는지를 살펴보는 것은 중요한 의미를 가진다(Leanne Wiseman & Brad Sherman, "Facilitating Access to Information: Understanding the Role of Technology in Copyright Law", *The Evolution and Equilibrium of Copyright in the Digital Age*(Susy Frankel and Daniel Gervais *ed.*), Cambridge University Press, 2014, Chap.10).

81 Brett M. Frischmann, *Infrastructure*, Oxford Univ. Press, 2012, 253 *et seq.*

낭비와 경쟁력을 저하시키는 문제를 막아야 한다. 이에 해결방안은 아이디어 등 단순히 표현한 기능적 저작물을 저작권법적 보호방안에서 벗어나도록 하는 것이다.[82] 정보사회에서 제작하는 사실적·기능적 저작물 외에 ISO 등과 같이 표준화와 관련한 정보가 넘쳐나고 있는데 이들 정보가 저작권으로 보호되는지에 대하여 논란이 발생할 때, 이들 대상에 합체의 원칙을 적용하여 저작권의 보호범위에서 배제할 수 있을 것이다.[83] 또한, 법리적 관점 외에 정보의 자유로운 유동이라는 정책적 관점에서 살펴볼 수 있다. 저작권적 보호방안이 강구되어야 할 대상이 아님에도 불구하고 저작권으로 보호할 경우에 그 기능적 저작물을 이용하는 자는 그 이용에 대한 거래비용을 부담하여야 한다. 그와 같은 거래비용 없이 자유롭게 이용할 수 있도록 하는 방안이 확대되어야 한다.[84] 이런 논리전개를 위하여 합체의 원칙은 대단히 유용하다.

요컨대, 정보에의 자유로운 접근·이용은 정보사회에서 요구되는 기초이다. 이를 저작권법과 관련하여 논의하면 아이디어의 자유 유동(free flow)과 같은 선상에 있다. 아이디어·표현의 이분법은 저작권법의 보호대상을 논의하는 원칙이며, 이를 구체화한 것이 합체의 원칙이라고 말할 수 있다.

3. '약한 저작권'(thin copyright)론에 대한 비판

미국 연방대법원의 Feist 사건판결에서 저작자가 독자적으로 저

82 Dana Beldiman, "Utilitarian Information Works - Is Originality the Proper Lens?", 14 Marq. Intell. Prop. L. Rev. 1, 3 & 46 (2010).

83 Pamela Samuelson, "Questioning Copyrights in Standards", 48 B.C. L. Rev. 193, 215/224 (2007).

84 Pamela Samuelson, "Functional Compilations", 54 Hous. L. Rev. 321, 368-369 (2016).

작물을 작성하여야 하고 그 저작물은 최소한의 창작성을 갖추어야 한다는 점을 판시하였고, 이로부터 종래의 노동이론에 기초한 "sweat of the brow"을 더 이상 보호저작물을 고려하지 않게 되었다.[85] 이 판결은 어떤 대상이 보호저작물이 되는지 여부를 판단하는 기준을 설시하였다는 점에서 중요한 의미를 지니고 있다.

여기에서 문제는 저작권자가 보호저작물에 대하여 침해되었다고 주장하는 경우에 언제 침해 주장이 인용되는지 여부를 살펴보는 것이다. Feist 사건판결에서 독창성 판단을 위하여 최소한의 창작성을 충족하였다면 그 저작물에 대하여 저작권을 인정한다. 이렇게 최소한의 창작성을 구비한 경우라도 실제 약한(thin) 보호에 그친다.[86] 이런 경우 저작물이 완전히 동일하게(verbatim) 복제된 경우가 아니면 그 보호저작물에 대한 저작권침해를 인정하지 않는다. 이를 흔히 완전한 저작권(full copyright)에 대하여 강학상 '약한 저작권'라고 부르고 있다.[87]

저작물에 대한 보호와 저작권침해를 구별하여 다루는 '약한 저작권'론과 관련하여 실무에서 이런 경우에 합체의 원칙을 적용할 수 있는지 여부를 검토하기도 한다. 최소한의 창작성을 구비한 저작물에 대하여 저작권침해가 주장된 사례에서[88] 1심법원은 문제된 대상이 저작권법상 창작성 요건을 온전히 충족하지 못하였으므로 저작권침해를 인정할 수 없다고 판단하였다. 이에 대한 항소심에서 법원은 최

85 Feist Publications, Inc. v. Rural Telephone Service Co., Inc., 499 U.S. 340, 345 (1991)

86 Feist, 349; Key Publications, Inc. v. Chinatown Today Pub. Enterprises, Inc., 945 F.2d 509, 514 (1991); Dale P. Olson, "Thin Copyright", 95 W. Va. L. Rev. 147, 148 (1992).

87 Julie E. Cohen, Lydia Pallas Loren, Ruth L. Okediji, and Maureen A. O'Rourke, *Copyright in a Global Information Economy*, Wolters Kuwer, 2010, 87-88; McJohn, supra note 37, 100; Tussey, supra note 62, 103.

88 Ets-Hokin v. Skyy Spirits, Inc., 323 F.3d 763 (9th Cir.2003); Apple Computer Corp. v. Microsoft Corp., 35 F.3d 1435 (9th Cir.1994).

소한 창작성을 갖추어[89] 보호저작물로 인정할 수 있다 할지라도 피고가 그 보호저작물과 똑 같게 복제(virtually identical copying)하지 않았다면 저작권침해를 인정할 수 없다고 판시하였다.[90]

저작권침해를 판단할 때, 기능적·사실적 저작물과 같이 논의대상인 저작물의 대부분이 보호되지 못하는 부분을 가진 경우에 실질적 유사성(substantial similarity) 기준을 적용하려면 저작권으로 보호되는 부분이 복제되어야 한다. 그런데 실제 타인의 저작물을 똑 같게 복제하는 경우란 흔한 일이 아니다. 그렇다면 저작권침해가 인용되지 아니하는 대상은 처음부터 보호저작물의 범주에 속하지 않는 것과 차이가 없다. 구체적 예로 기능적 저작물의 경우에 약한 저작권 보호를 받는다 할지라도 합체의 원칙을 적용하여 저작권보호범위 밖에 놓고 이를 보호하지 않는 것과 같다.

기능적·사실적 저작물 등의 경우와 같이 어떤 아이디어에 대한 표현방법이 극히 제한되어 있어서 이런 경우에 합체의 원칙을 적용하여 저작권법상 보호범위 밖의 대상으로 다룰 수 있지만, 실무에서 다루는 것과 같이 창작성 요건을 구비하였다고 판단하여 저작권법상 보호대상으로 인정할 수도 있다. 이런 점은 결국 보호범위의 문을 열어 놓되 실제 저작권침해 여부를 가지고 실제 문제를 판단하자는 데에 주안점을 두고 있는 것이다.[91] 이런 저작물의 보호는 저작권법상 창작성 요건을 낮추어 널리 창작행위를 북돋고 저작권의 보호

89 전체 저작물에서 비독창성 요소를 뺀 후 약한 저작권(thin copyright)만 남는다(Ets-Hokin, 766).

90 Ets-Hokin, 766.

91 이에 관한 예로서 Bellsouth Advert. & Publ'g Corp. v. Donnelley Info. Publ'g, Inc., 999 F.2d 1436, 1444-1446 (11th Cir. 1993)에서 상업용 전화번호부에 대한 독창성을 인정하여 편집저작물로 저작권의 보호대상이 됨을 확인하였지만, 대상이 된 편집물의 기능성을 띤 부분을 복제한 것에 대하여 저작권침해를 인용하지 않았다.

범위를 확대하자는 정책과 맞물려 있다. 창작성 기준을 낮추어 보호대상을 확대하고, 그 보호저작물이 침해되었다고 주장하는 경우에 비로소 창작성을 충족하였는지 또는 충족하였다 할지라도 문제된 침해 요건을 충족하였는지를 판단하게 된다.

창작성 기준을 낮추어 저작권 보호범위를 확대하는 정책이 적정하게 수용될 수 있는가. 약한 저작권론에 따라 저작권의 보호범위를 확대하게 되지만, 최종적으로 저작권침해에 대한 항변사유로 합체의 원칙을 주장한다면, 처음부터 보호저작물의 범주에 속하지 않는다고 판단하는 것과 다르지 않다. 결국 약한 저작권론은 합체의 원칙으로 수렴된다. 이럴 경우에 어떤 문제된 대상에 대하여 우선적으로 합체의 원칙을 적용하는 것이 현실적 해결방안이 될 수 있다. 요컨대, 기능적 저작물에 대하여 합체의 원칙을 적용하면, 이를 통하여 정보의 자유로운 접근·이용을 이끌어낼 수 있다.

4. 요약

위에서 살펴본 합체의 원칙과 약한 저작권론에 대한 검토는 두 가지 관점에서 중요하다. 먼저, 합체의 원칙 적용은 아이디어·표현을 구별하는 이분법을 연장한 법리적 접근으로 저작권 보호와 공유영역(public domain)의 관계에서 공유 영역의 확대를 이끌어낼 수 있으며, 다음으로 약한 저작권론은 저작권의 보호범위를 확대하는 데에 주안점을 두고 있음을 알 수 있다. 합체의 원칙과 약한 저작권론은 서로 대립되는 방향에 있는 것처럼 보이지만, 실제로는 수렴되는 결과를 보여준다. 합체의 원칙은 특허권·저작권을 준별하는 지적재산권법의 큰 틀에서 그 논의를 전개하고 각 권리의 고유영역을 유지하는 것을 전제로 저작물 이용의 확대를 통하여 공유영역을 넓히는 기초를 제공할 수 있다.

한편, 약한 저작권론은 전통적인 아이디어·표현 이분법의 법리적 기초와 대조되는 것으로 저작자의 창작활동을 북돋고 그 창작물에 대하여 권리보호를 강화하는 데에 새로운 관심을 기울인 것이다. 창작성에 대한 기준을 높게 세워 이를 엄격하게 적용할 경우, 실제 저작권법상 보호되는 대상을 좁히게 됨으로써 이용할 저작물이 적어지게 된다. 약한 저작권이 완전한 저작권(또는 강한 저작권)의 상대가 된다는 점에 따라 창작성 요건이 미치지 못하여도 보호된다는 것과 같은 용어에서 빚어지는 오해를 낳을 수 있지만, 창작성 요건을 충족하지 않으면 저작권으로 보호받지 못한다는 점에서는 차이가 없다.

통상 과학기술의 발전에 힘입어 저작권의 보호대상이 확대되고 권리보호를 강화하는 사정 하에 저작권보호를 확장하게 될 때, 그 연장선에 있는 약한 저작권론이 새롭게 부각될 수 있다. 하지만, 위에서 살펴보았듯이 저작권법 위에 정보사회라는 시대적 요청사항을 추가하여 검토하면, 아이디어와 사실(통칭하여 정보)을 저작권법상 보호하지 않는다는 점, 정보유동이 자유로워야 한다는 점 등과 관련하여 저작권법상 이용자권리(user's right)을 새롭게 논의할 사회적 필요성이 주장되고 있다.[92] 이러한 논의는 약한 저작권론의 의미를 오히려 약화시켜 합체의 원칙에 기울게 한다. 정보의 자유로운 유동은 정보사회의 패러다임이고, 초기 저작권법으로부터 현재에 이르기까지 저작물에 대한 공유 확대를 충실히 따르는 저작권법 목적에 합당하다.

92 *See* Niva Elkin-Koren, "Copyright in a Digital Ecosystem: A User Rights Approach", *Copyright Law in an Age of Limitations and Exceptions*(Ruth L. Okediji *ed.*), Cambridge University Press, 2017, 133-34.

V. 정보의 자유 유동과 저작권보호의 과제

저작권법상 저작물의 보호 여부와 관련하여, 논의대상이 저작권의 보호범위에 속하는지 여부를 먼저 판단한 후 그 대상이 창작성을 갖추었는지 여부를 최종적으로 판단하게 된다. 그런데 어떤 기능적 아이디어를 표현한 창작물이 '누가 하더라도 같거나 비슷할 수밖에 없는 표현'인 경우에 그 실체가 아이디어 자체에 지나지 않는다고 판단하여야 함에도 불구하고 실무에서 이를 창작성 판단의 대상으로 보거나 이에 관한 창작성 기준을 일반 문예저작물 보다 높은 수준을 요구하여야 한다고 보는 데에 문제가 있음을 알 수 있다.

아이디어에 합체된 표현을 보호하게 된다면 저작권의 보호범위를 지나치게 확대하여 저작물의 창작성 수준을 낮추는 결과를 가져와 저작권법상 저작권보호의 취지에 반할 뿐만 아니라, 이로 인하여 거래비용 및 분쟁에 대한 소송비용이 증가하게 될 것이다. 이럴 경우에 저작권법의 목적에서 멀어져 가고 정보사회에서 요구되는 정보의 자유유동을 막아 결국 정보의 이용을 위축시키는 결과를 불러온다. 오히려 보호할 가치 있는 대상의 저작물에 한하여 창작성 요건을 충족하였는지 여부를 판단하는 것이 필요하다. 따라서 타인의 저작물을 베끼거나 기존의 작품과 구별할 수 없는 정도로 창작성이 낮은 저작물을 처음부터 보호하지 않게 됨으로써 저작권의 보호범위에 대한 예견가능성을 보이고, 저작권법상 창작성에 대한 법적 안전성을 꾀할 수 있을 것이다.

정보사회에서 정보의 자유유동(free flow)과 사실(정보)·아이디어 및 저작물의 공유영역을 넓히는 것은 정보의 접근·이용을 적극적으로 이끌어 낼 수 있을 뿐만 아니라, 저작권법의 목적에 부합한다. 이에 기능적·사실적 저작물에 대한 보호 여부를 논의할 때, 대상에 대한 표현의 실체를 먼저 파악하여 저작권의 보호범위에 속하는지 여부를 묻는 것이 우선되어야 한다. 이를 위하여 아이디어·표현의 이분법(idea/expression dichotomy)에서 비롯된 합체의 원칙(Merger Doctrine)을 적용하는 데 필요한 논의를 적극적으로 펼쳐야 할 것이다.

5

저작권 보호와 저작물 이용을 위한 주제: 복제

Ⅰ. 복제 개념의 혼란을 멈추기 위하여

저작자는 경제적 가치를 실현하는 데 복수의 복제물을 확보하는 반면, 이용자는 원저작물을 복제한 저작물을 대가를 주거나 대가 없이 저작물을 이용한다. 저작권법의 역사적 발전과정에서 복제는 가장 먼저 저작권의 보호대상이 되었을 뿐만 아니라, 저작물 이용과 관련하여 현행 저작권법 제2관 저작재산권의 제한(제23조부터 제37조의2까지) 전체가 저작물의 복제와 연관된 규정이다. 실제 저작권법은 저작물 이용을 복제로 바꾸어 법률관계를 이해할 수 있을 만큼 복제를 기반으로 권리체계를 정립하였다.

어떤 저작물을 동일하게 또는 똑같게 다시 만드는 것을 복제(reproduction)로 이해할 수 있으나, 저작권법에서 말하는 복제란 보호대상(표현)을 유형의 매체에 수록하거나 고정하는 것이다. 그런데 저작권 관련 기술의 발전에 따라 다양한 수단과 방법이 동원되어 있다는 점에서 실제 복제를 정의하기가 간명하지 않다. Anne 여왕 저작권법이 제정되었을 당시(1710년)에는 인쇄 등이 주된 복제 방법이었지만 점차 사진·녹음·녹화·복사 등으로 발전하였고, 20세기 중반 이후에 컴퓨터를 이용하면서 기억장치에 저장하는 것으로 확대·변화하였다. 다양한 매체가 등장할 때마다 복제의 정의규정에 복제수단·방법을 포섭하려고 노력하지만, 온전히 그 문제를 해결하지 못하고 있다.

복제를 제대로 정의하지 못하면 복제의 실체가 있지만, 법적으로 포섭하지 못하여 규율하는 데 문제가 생기게 된다. 현행 저작권법은 그 정의규정을 여러 차례 개정함으로써 복제권에 대한 중요성뿐만 아니라, 저작물 이용환경의 변화를 반영하였다. 이와 함께 그간 저작권법 연구는 선행연구에서 복제의 정의규정이 어떻게 변화·발전하였는지 또는 그로 인하여 빚어진 새로운 법률문제가 어떠하였고, 어떻게 해결되었는지에 대하여 관심을 기울여 왔다.

하지만, 현행 복제 정의규정에서 드러난 문제점을 파악하고 이를 해결하려는 논의를 적극적으로 전개하지 못하였다. 겉으로 드러나지 않은 사항인 복제 정의규정의 불명확성 또는 해석론의 체계성 혼란 등으로 인하여 빚어진 문제가 숨어 있었다. 이러한 점과 관련하여 여기에서 현행 저작권법의 '복제' 정의규정을 검토하면서 무엇이 법리상 문제로 드러났는지를 분석하고, 이 복제 규정 및 잘못된 전문용어(technical terminology)가 저작권법 전체에 어떤 영향을 끼쳤는지 살펴본 후 그 문제에 대한 해결방안을 모색하는 일이 중요하다.

Ⅱ. '복제'의 정의 내용에 대한 법리 검토

현행 저작권법 제2조 제22호에 규정한 복제란 "인쇄·사진촬영·복사·녹음·녹화 그 밖의 방법으로 일시적 또는 영구적으로 유형물에 고정하거나 다시 제작하는 것"을 말한다. 이 정의규정은 구체적 예시 방법을 통하여 복제가 무엇인지 명확히 밝히고자 하였다. 복제란 어떤 대상을 유형물에 고정하는 것임에 주안점을 두고 있다.

현행 저작권법은 유형물에 고정하거나 다시 제작하는 것 가운데 어느 것이든 개념상 복제로 포섭될 수 있음을 규정하였고, 유형물에 고정하는 것은 일시적이든 영구적이든 개념상 복제에 포섭된다. 이를 반영한 복제의 구체적 종류를 나열하면, i) 일시적으로 유형물에 고정하는 것, ii) 영구적으로 유형물에 고정하는 것, iii) 다시 제작하는 것의 세 가지이다.

이러한 복제 개념은 다른 입법례와 비교할 때 그 차이를 드러낸다. 미국 저작권법은 복제를 정의하면서 예시물로 복제물과 음반을 규정하고 있다.[1] 프랑스 저작권법은 매체에 고정하는 것을 복제로 정의하고 있으며,[2] 독일 저작권법은 복제권을 유형적 형태로 이용되는 배타적 권리의 하나로 규정하였다.[3] 한편, 일본 저작권법은 고정이라는 용어를 정의 규정에 사용하지 않았지만, 유형적으로 재제(再製)한다고 규정함으로써[4] 고정의 개념을 간접적으로 포함하였다.

현행 저작권법은 위와 같이 다른 입법례와 간단히 비교할 때, 복제 개념의 설정 또는 복제의 구체적 나열에서 독특하다. 다른 입법례의 복제는 '유형적 고정' 또는 '유형물에의 고정' 등으로 개념을 정의하고, 이를 구체적 사례에 적용하여 복제 여부를 판단하고 있다.[5]

이들 규정은 저작물을 유형물에 수록하여 이를 새롭게 반복적으로 이용할 수 있도록 한다는 점에 공통점을 가지고 있지만,[6] 저작물을 다시 제작한다는 의미를 띤 내용을 규정에 포함하고 있지 않다. 이런 점은 현행 저작권법의 복제 정의는 복제가 무엇인지를 명확히

1 17 USC §106(1), "to reproduce the copyrighted work in copies or phonorecords".

2 프랑스 저작권법 제122조의3 제1항, "복제라 함은 … 저작물을 매체에 고정하는 것을 말한다."

3 독일 저작권법 제15조 제1항에 "유형적 형태로"(in körperlicher Form)를 명시하였다.

4 일본 저작권법 제2조 제1항 제15호, "… 유형적으로 재제하는 것을 말한다"(有形的に再製することをいい).

5 배대헌, "현행 저작권법상 '복제' 정의의 변천에 따른 법리 검토", IT와 법연구 제15집, 2017, 36면 이하.

6 Paul Goldstein and P. Bernt Hugenholtz, *International Copyright*, Oxford Univ. Press, 2013, 307.

밝히지 못할 뿐만 아니라, 복제의 규범적 의미와 다르게 해석되는 문제로 이어질 수 있다.

1. 해석상 문제를 야기하는 정의규정·실무 내용

가. 저작권법 개정과 불충분한 해석론

1957년 제정된 저작권법은 복제에 관하여 규정하지 않았다. 이에 간접적으로 복제와 관련하여 살펴볼 수밖에 없는데, 1960년에 출간된 『저작권법개론』에서 복제를 원작물을 유형적으로 재생하는 것으로 설명하였다. 광의로는 그 표현 형식의 여하를 불문하고 사람이 원작물의 재생 또는 표현을 감지할 수 있는 상태로 만드는 행위를 총칭한다고 추가설명을 덧붙였다.[7] 저작물의 복제를 직접복제와 간접복제로 나누고, 전자는 원작물의 원형을 그대로 복제하는 경우와 다른 목적 또는 용도를 위하여 내용을 개변하는 경우를 말하는 반면에, 후자는 모형을 도면화하거나 조각을 회화화의 경우와 같이 표현형식을 개변하는 경우를 말하였다.

저작권법 제정 후 처음 출간된 이 개설서에서 복제를 '유형적으로 재생하는 경우'로 파악하여 설명하였던 점과 1986년 저작권법 전면 개정 당시의 복제 정의 규정인 '유형물로 다시 제작하는 것'을 비교할 필요가 있다.[8] 유형적으로 재생하는 것과 유형물로 다시 제작하는 것은 커다란 차이가 있다. 전자는 후자를 포섭할 수 있어서 전자가 복제 규정을 유지하고 그 해석의 범위를 넓힐 수 있었다.[9] 하지만,

---

7 장인숙, 『著作權法槪論』, 교학도서, 1960, 56-57면.

8 1986년 법률 개정 이후에도 저작권법에 규정한 "유형물로 다시 제작하는 것"과 다르게 복제 개념을 "원저작물을 유형적으로 다시 제작하는 것"으로 해석함으로써 복제에 대하여 다른 해석론을 전개하였음을 확인할 수 있다(황적인 외 2인, 『저작권법』, 법문사, 1988, 265면).

9 복제 정의의 변천과 관련하여 자세히 살펴볼 필요가 있다(배대헌, 앞의 논문, 32면 이하 참조).

1986년 전면 개정된 후자(유형물로 다시 제작하는 것)는 특정한 방법 또는 대상에 주목하여 유형물로 다시 만드는 것에 한정하였다. 이로써 복제의 개념을 이전보다 좁게 해석하게 하거나 새로운 방법 또는 복제된 내용을 감지하는 데 또 다른 명확성을 요구하게 되었다. 이에 새로운 대상에 대한 해석론을 전개하는 방법론 모색에 극히 취약하였거나 다른 방법이 뒤따라야 한다는 논의를 불러왔다.[10]

1986년 저작권법 개정을 통하여 정의된 '유형물로 다시 제작하는 것'은 당시 입법에 참고가 되었던 외국의 입법례인 '유형적 재제'를 풀어 우리말로 표현하였다는 점에서 유형적 고정으로 충분히 해석할 수 있었다.[11] 그런데 '유형물로 다시 제작하는 것'을 문언적으로 한정된 해석론을 전개함으로써 추후에 문제되었던 유형물에의 고정을 포섭할 수 없었다. 그 이유를 들어 2000년 저작권법 개정에서 유형물에 고정하는 것을 새롭게 추가하였다. 이 점과 관련하여 현행 저작권법상 복제 정의를 다른 입법례와 비교할 때, 해석론으로 문제를 해결할 수 있었음에도 법리적 논의가 숙고되지 못한 채 입법 방법을 동원하여 문제를 해결하였다.[12]

요컨대, 유형물로 다시 제작하는 것을 해석할 때 유형물에의 고정을 포섭하려는 해석론적 접근을 꾀하지 아니한 채 문언적 표현에만

10 '유형물로 다시 제작하는 것'에서 유형물에 고정하는 것과 다시 제작하는 것으로의 정의 규정이 개정된 것과 관련하여 멀티미디어 환경하에서 복제 개념을 명확히 하려는 취지라는 설명을 덧붙였다(김태훈, "개정 저작권법 해설", 계간 저작권, 2000/봄, 5면).

11 결과적으로 디지털 복제와 관련하여 복제의 개념을 오판하도록 만들었다(박성호, 『저작권법』, 박영사, 2017, 322면).

12 1986년 저작권법을 전면 개정할 때 참고하였던 일본 입법례의 유형적 '재제' 용어에 고정 개념이 포함되어 있었음에도 이를 오해하여 2000년 저작권법 개정의 결과를 가져왔다.

한정한 의미를 새김으로써 2000년 법 개정을 이끌어간 것이었다.[13]

나. 2007년 대법원 판결과 이후 판결문에 드러난 복제 개념

현행 저작권법 제2조 제22호와 같은 복제의 정의규정의 해석과 관련하여 대법원은 MP3 파일을 하드디스크에 저장하는 행위가 저작권법의 정의규정에 따른 복제에 해당하는지 여부를 판단하였다.

> "저작권법 제2조의 유형물에는 특별한 제한이 없으므로 컴퓨터의 하드디스크가 이에 포함됨은 물론이지만, 하드디스크에 전자적으로 저장하는 MPEG-1 Audio Layer-3 (MP3) 파일을 일컬어 유형물이라고는 할 수 없을 것이므로, 음악 CD로부터 변환한 MP3 파일을 Peer-To-Peer(P2P) 방식으로 전송받아 자신의 컴퓨터 하드디스크에 전자적으로 저장하는 행위는 구 저작권법(2000. 1. 12. 법률 제6134호로 개정되기 전의 것, 이하 '구 저작권법'이라고 한다) 제2조 제14호에서 말하는 '유형물로 다시 제작하는 것'에 해당된다고는 할 수 없을 것이지만, 저작권법 제2조 제14호에서 말하는 '유형물에 고정하는 것'에는 해당된다고 할 것이다"고 판시하였다.[14]

13 복제의 정의규정이 어떻게 개정되었는지 간단히 정리하면 다음과 같다.

	복제 정의규정 내용
(1) 1957년 (법률 제432호)	복제에 대한 정의규정 없음 발행·출판의 선행행위로 복제를 상정함
(2) 1986년 (법률 제3916호)	제2조 (정의) 14. 복제: 인쇄·사진·복사·녹음·녹화 그 밖의 방법에 의하여 유형물로 다시 제작하는 것을 말하며, 건축물의 경우에는 그 건축을 위한 모형 또는 설계도서에 따라 이를 시공하는 것을, 각본·악보 그 밖의 이와 유사한 저작물의 경우에는 그 저작물의 공연·방송 또는 실연을 녹음하거나 녹화하는 것을 포함한다.
(3) 2000년 (법률 제6134호)	제2조 (정의) 14. 복제: 인쇄·사진·복사·녹음·녹화 그 밖의 방법에 의하여 유형물에 고정하거나 유형물로 다시 제작하는 것을 말하며, 건축물의 경우에는 그 건축을 위한 모형 또는 설계도서에 따라 이를 시공하는 것을, 각본·악보 그 밖의 이와 유사한 저작물의 경우에는 그 저작물의 공연·실연 또는 방송을 녹음하거나 녹화하는 것을 포함한다.
(4) 2006년 (법률 제8101호)	제2조 (정의) 22. "복제"는 인쇄·사진촬영·복사·녹음·녹화 그 밖의 방법에 의하여 유형물에 고정하거나 유형물로 다시 제작하는 것을 말하며, 건축물의 경우에는 그 건축을 위한 모형 또는 설계도서에 따라 이를 시공하는 것을 포함한다.
(5) 2011년 (법률 제10807호)	제2조 (정의) 22. "복제"는 인쇄·사진촬영·복사·녹음·녹화 그 밖의 방법으로 일시적 또는 영구적으로 유형물에 고정하거나 다시 제작하는 것을 말하며, 건축물의 경우에는 그 건축을 위한 모형 또는 설계도서에 따라 이를 시공하는 것을 포함한다.

14 대법원 2007. 12. 14. 선고 2005도872 판결.

이 판결을 조금 자세히 살펴보면, 이 해석은 '유형물로 다시 제작하는 것'과 '유형물에 고정하는 것'을 명확히 구별하고, 두 내용을 서로 다른 것으로 파악하였다. 유형물로 다시 제작하는 것이란 어떤 저작물을 다시 만들어낸다는 점에 주안점을 두었음을 알 수 있다. 이러한 해석은 법조문의 개정에 따른 것에서 비롯되었다.[15]

그런데 유형물로 다시 제작하는 것이란 실제 무엇을 의미하는지 명확히 알 수는 없지만, 수록할 재료가 유형물이거나 만들어진 결과물이 유형물이어야 한다.[16] 복제를 유형물로 다시 제작하는 것으로 정의규정을 그대로 적용하였을 뿐 이를 규범적으로 해석하려는 노력은 이 판결문에서 찾을 수 없다.

2000년 저작권법 개정 이후에 한국의 저작권법상 복제는 두 가지 종류로 설명되었고, 위의 2007년 대법원 판결 이후에 실무에서 이 판결은 복제의 법적 개념을 밝힌 중요한 판단기준처럼 자리 잡았다. 이와 관련하여 아래의 하급심 판결에서 그 분류가 더욱 분명하게 보인다.

---

15 이를 비교할 대상으로 이미 폐지된(법률 제09625호, 2009. 04. 22) 컴퓨터프로그램보호법(법률 제5605호, 1998. 12. 30. 개정)에 규정하였던 내용을 살펴보면, 복제란 "프로그램을 유형물에 고정시켜 새로운 창작성을 더하지 아니하고 다시 제작하는 행위"로 규정하였는데, 특기할 사항은 당시 법률에 '유형물에 고정시켜'라는 내용을 명시적으로 규정하였다는 점이다. 그런데 이 법률은 '유형물에 고정'과 '다시 제작하는' 것으로 규정함으로써 이중적으로 정의하였음을 알 수 있다.

16 위 사안의 항소심에서 복제에 대한 설명하였던 내용을 살펴보면, 당시 법원의 판단에 어떤 내용이 영향을 미쳤는지 간접적으로 확인할 수 있다.
"정보통신망(특히, 인터넷)과 디지털기술의 발달에 따라 정보통신망을 통하여 전달되는 '디지털저작물'의 등장 등 저작권 주변환경이 변화함에 따라 그 변화를 수용할 수 있는 새로운 개념의 정립이 요청되었고, 이에 따라 2000. 1. 12. 법률 제6134호로 개정되어 2000. 7. 1.부터 시행되는 개정된 저작권법(이하 '저작권법'은 위와 같이 개정된 저작권법을 말한다)은 제2조 제14호에서 '복제'를 인쇄·사진·복사·녹음·녹화 그 밖의 방법에 의하여 유형물에 고정하거나 유형물로 다시 제작하는 것을 말한다고 정의하여 복제의 개념에 "유형물에 고정하는 것"을 추가로 규정하고 있는바, 이로써 정보통신망을 통하여 송신되거나 검색된 디지털저작물 등 정보를 디지털 형태로 다시 전자적 기록매체(플로피디스켓, 컴퓨터의 하드디스크 등)에 저장하는 행위 또한 복제의 개념에 포함시킬 수 있는 새로운 '디지털 복제개념'을 도입하기에 이르렀다"(서울중앙지방법원 2005. 1. 12. 선고 2003노4296 판결).

"인터넷 이용자들이 저작권자로부터 이용허락을 받지 않은 영화 파일을 업로드하여 웹스토리지에 저장하거나 다운로드하여 개인용 하드디스크 또는 웹스토리지에 저장하는 행위는 유형물인 컴퓨터의 하드디스크에 고정하는 경우에 해당" 한다고 판단하였다.[17]

다른 하급심 판결에서도 마찬가지였다.

"영화 온라인콘텐츠 파일을 업로드하여 웹스토리지에 저장하거나 다운로드하여 개인용 하드디스크 또는 웹스토리지에 저장하는 행위는 유형물인 컴퓨터의 하드디스크에 고정하는 경우에 해당"한다고 판시하였다.[18]

즉, 컴퓨터의 하드디스크에 고정하는 것을 판단하면서 컴퓨터 하드디스크가 유형물임을 확인하고 그 하드디스크에 고정하는 것에 대한 법리적 접근을 꾀하였다.

다시 제작하는 것을 복제로 해석하는 사안도 여전히 계속되고 있다. 현행 저작권법 제2조 제22호에 규정한 복제의 정의규정에 따라 두 가지 복제의 종류 가운데 어느 하나에 해당하는지를 명확히 밝혀야 한다는 논의에 충실하여 그 법리를 전개하고 있다.

"저작권법 2조 22호는 "복제"를 인쇄·사진촬영·복사·녹음·녹화 그 밖의 방법으로 일시적 또는 영구적으로 유형물에 고정하거나 다시 제작하는 것을 말한다고 정의하고 있다. 그러므로 저작권법상 저작물의 복제라 함은, 기존의 저작물에 의거하여 그 내용과 형식을 인식할 수 있거나 감지하기에 충분한 정도로 다시 만드는 것을 말하고, 여기에서 다시 만든다고 함은 기존의 저작물과 동일성이 있는 것을 작성하는 것으로서 그 동일성의 정도에 있어서는 완전히 동일한 경우뿐만 아니라 어느 정도의 수정증감이 있다고 하더라도 저작물의 동일성을 손상할 정도가 아닌 실질적으로 동일한 경우도 포함한다."[19]

17 서울중앙지방법원 2008. 8. 5.자 2008카합968 결정.
18 서울중앙지방법원 2009. 2. 12. 선고 2008고단3683 판결.
19 서울고등법원 2014. 7. 3. 선고 2013나54972 판결.

또한, 법 제2조 제22호 및 제35조의2에 규정한 일시적·영구적 복제를 인정하는 분류(양식)에 따라 그 복제의 새로운 종류 및 개념이 고착화되고 있다. 아래의 판결문을 살펴보면, 컴퓨터 프로그램의 저장과 복제를 구별하지 않고 같은 의미를 가지는 것으로 보고 혼용하거나 저장(storage)의 용어가 적절할 것임에도 복제 용어를 반복하여 사용하고 있다.

> "사용자가 컴퓨터 하드디스크 드라이브(HDD) 등의 보조기억장치에 설치된 컴퓨터프로그램을 실행하거나 인터넷으로 디지털화된 저작물을 검색 열람 및 전송하는 등의 과정에서 컴퓨터 중앙처리장치(CPU)는 실행된 컴퓨터프로그램의 처리속도 향상 등을 위하여 컴퓨터프로그램을 주기억장치인 램(RAM)에 적재하여 이용하게 되는데 이러한 과정에서 일어나는 컴퓨터프로그램의 복제는 전원이 꺼지면 복제된 컴퓨터프로그램의 내용이 모두 지워진다는 점에서 일시적 복제라고 할 수 있다.
> 저작권법은 제2조 제22호에서 복제의 개념에 '일시적으로 유형물에 고정하거나 다시 제작하는 것을 포함시키면서도 제35조의2에서 컴퓨터에서 저작물을 이용하는 경우에는 원활하고 효율적인 정보처리를 위하여 필요하다고 인정되는 범위 안에서 그 저작물을 그 컴퓨터에 일시적으로 복제할 수 있다. 다만 그 저작물의 이용이 저작권을 침해하는 경우에는 그러하지 아니하다'라고 규정하여 일시적 복제에 관한 면책규정을 두고 있다. 그 취지는 새로운 저작물 이용환경에 맞추어 저작권자의 권리보호를 충실하게 만드는 한편 이로 인하여 컴퓨터에서의 저작물 이용과 유통이 과도하게 제한되는 것을 방지함으로써 저작권의 보호와 저작물의 원활한 이용의 적절한 균형을 도모하는 데 있다. 이와 같은 입법 취지 등에 비추어 볼 때 여기에서 말하는 원활하고 효율적인 정보처리를 위하여 필요하다고 인정되는 범위에는 일시적 복제가 저작물의 이용 등에 불가피하게 수반되는 경우는 물론 안정성이나 효율성을 높이기 위해 이루어지는 경우도 포함된다고 볼 것이지만 일시적 복제 자체가 독립한 경제적 가치를 가지는 경우는 제외되어야 할 것이다(대법원 2017. 11. 23. 선고 2015다1017, 1024, 1031, 1048 판결 참조)."[20]

20 대법원 2018. 11. 15. 선고 2016다20916 판결.

컴퓨터프로그램이 RAM에 일시적으로 저장되면 유형물에 고정되는 것으로 복제에 해당한다. 이러한 저장은 통상의 복제 개념에 내포된 영구성이 구현되지 못한다는 점(RAM에 저장됨으로써)에서 그 대상인 컴퓨터프로그램을 일시적으로 이용할 수 있음을 드러내는 것이지만, 저작권법 제2조 제22호에 따라 복제에 해당한다.

여기에서 복제는 하나의 정의(개념)일 뿐임에도 아래의 대법원 판결에 명확히 구별하고 있다. 일시적 복제와 영구적 복제(실제는 이를 영구적 '저장'임에도)로 판시함으로써 복제의 종류를 또 다른 기준으로 구별하는 것에 대한 근본적 회의를 가지게 된다.

> "저작권법 제16조는 저작재산권을 이루는 개별적 권리의 하나로 저작물을 복제할 권리를 들고 있고, 제2조 제22호는 '복제'는 인쇄·사진촬영·복사·녹음·녹화 그 밖의 방법으로 일시적 또는 영구적으로 유형물에 고정하거나 다시 제작하는 것을 말한다고 규정하고 있다. 컴퓨터프로그램을 컴퓨터 하드디스크 드라이브(HDD) 등 보조기억장치에 설치하는 것은 저작권법 제2조 제22호의 영구적 복제에 해당한다."[21]

이는 뒤에서 별도로 논의할 대상이지만, 일시적·영구적 복제라는 구별에 따른 분류가 아니라 일시적 저장이라도 복제권을 침해하는 것인지 여부에 따라 판단하여야 할 것이다.

2. 복제의 속성에 대한 현행 규정의 문제점

저작권법에 복제를 정의하거나 복제권을 적용할 때 복제의 속성(또는 실체)은 두 가지로 요약할 수 있다. 하나는 어떤 방법을 이용하든 그 대상을 베끼는 것이고, 다른 하나는 이를 반복적으로 이용할 수

21 대법원 2017. 11. 23. 선고 2015다1017, 1024, 1031, 1048 판결.

있도록 유형물에 담아놓은[수록한] 것이다.[22] 전자의 어떤 대상(저작물)을 베낀다는 것을 한자로 표현하여 再製하거나 영어 용어로 'reproduce'로 나타낼 수 있지만, 규범적 의미로 원저작물을 그대로 똑같게 옮겨놓는다고 의미하지는 않는다. 조형물을 사진으로 촬영하여도 복제이며, 저작물 그대로 베끼지 않고 다소 수정하여 베꼈다 할지라도 복제에 해당할 수 있다. 아래에서 유형물과 그 유형물에 고정하는 것을 함께 살펴보자.

가. 유형물·고정의 관계

어떤 저작물을 복제하였다는 의미는 저작권법의 개념으로 유형물에 수록하거나 고정하였음을 말한다. 세계지적재산권기구가 발간한 1978년 베른협약 WIPO 지침에서 복제를 소개할 때, 어떤 방법이든 어떤 형식이든 묻지 않고 저작물을 유형물에 고정하는 것임을 밝혔다.[23] 저작물을 유형물에 수록하였다는 점은 이를 고정하였다는 것과 같은 의미로 새기게 된다. 복제란 저작물을 베끼어 원저작물이 어떻든 간에 유형물 종류와 무관하게 유형물로 남게 한 것이다. 뒤에 반복적으로 이용할 수 있도록 하였다는 점에서 유형물의 이용효과를 확인할 수 있다. 미국 저작권법 제106조는 저작물을 베끼어 담는 복제물(copies)과 음반(phonorecords)이라는 유형물 형태만을 명시하였는데, 이는 유형물을 포괄적으로 규정한 것이었다.[24]

---

22 여기에서 '베끼는 것'이란 저작물을 그대로 옮기는 것을 말하지만, 저작권법상 규범적 의미로 새긴다면 실질적 유사성(substantial similarity)과 관련지어 살펴보게 된다.

23 WIPO, *Guide to the Berne Convention for the Protection of Literary and Artistic Works* (Paris Act, 1971), 1978, 54.
복제권은 실제 저작권을 언급할 때 가장 중요한 것임에도 이를 1886년 베른협약에는 포함되지 아니하였고 1971년 개정 협약 제9조(1)에 이를 규정하였다(이에 대하여 자세히는 배대헌, 앞의 논문, 30면 참조).

24 Stephen M. McJohn, *Intellectual Property* (3d Ed.) Wolters Kluwer, 2009, 144-45.

유형물에 고정한다는 점을 규범적으로 해석한다면, 유형물이 무엇인지에 대한 개념의 정의가 특별히 요구되지 않지만, 유형물에 관한 고정이 무엇을 말하는지 명확히 밝힐 필요가 있다.[25] 여기에서 고정이란 저작물을 유형물 형태로 만든다(embodiment: 體化)는 점을 의미하는 것이고,[26] 그 용어 개념에 영속성(duration)을 포함한다는 점에 주목할 필요가 있다.

고정이란 통상적으로 어떤 대상이 유형물에 밀착되어 움직이지 않도록 달라붙어 있는 것을 말하지만, 현행 저작권법은 직접적으로 고정의 개념을 정의하고 있지 않다. 다만, 저작권법 제2조 제5호에 음반이란 '음이 유형물에 고정된 것을 말한다'고 규정하여 고정의 의미를 간접적으로 설명하고 있을 뿐이다.

현행 저작권법상 고정이란 용어를 정의하기 전에 다른 입법례의 관련내용을 살펴보자. 고정은 유형물에 어떤 대상을 고정하는 '행위'를 말하거나 그 행위로부터 '얻어진 것'(또는 결과물)을 의미할 수 있다.[27] 전자와 관련하여 베른협약 제2조(2)에서 '유형적인 형태로 고정되어 있지 아니하는 한' 등의 경우와 같이 행위 개념으로 쓰였다. 예컨대, 얼음 조각물(ice sculpture)을 촬영할 때, 촬영행위를 통하여 그 저작물이 필름에 수록되도록 한다는 점에서 이때 고정이란 고정행위를 말하지만, 사진은 얼음이 녹은 후 저작물에 대한 기록을 보존하게 된다는 점에서 고정의 결과물이다.[28] 여기에서 얼음 조각물을 촬영한

25 유형물에 고정한다는 점은 논리적 전개의 연관성의 관점에서 살펴볼 때, 어떤 대상(저작물)을 고정한다고 말할 때 어디에 고정한다는 관용적 표현에 익숙하여 자연스럽게 특정한 유형물을 상정하게 된다. 이에 특정한 유형물에 복제물을 고정한다고 말한다면, 이는 관용적 표현에 따른 것일 뿐이다.

26 Paul Goldstein, *Copyright*, Wolters Kluwer, 2007, §7.1, at 7:12.

27 J.A.L. Sterling, *World Copyright Law*, Thomson, 2005, 178-179.

28 Rochelle C. Dreyfuss, Justine Pila(ed.), *Intellectual Property Law*, Oxford Univ. Press, 2018, 491.

사진과 얼음 조각물은 각각 다르지만 사진은 일반 조형물을 촬영한 것과 같은 복제물이다.

한편, 고정의 개념은 종래 산업사회의 법제도를 근간으로 새길 때에는 유형물을 중심으로 용이하고 분명한 의미를 파악할 수 있었지만, 디지털 환경하에 그 사정이 달라졌다. 새로운 매체의 등장에 따라 새로운 해석이 필요하게 되었다.[29] 이 점에서 고정을 저작권법에 정의하거나 규범적 개념을 명확히 해석하는 것이 필요하다.

요컨대, 현행 저작권법에 '음이 유형물에 고정된 것'을 음반으로 정의한 것 외에 포괄적으로 적용할 수 있도록 고정의 개념을 저작권법에 규정할 것인지 여부를 숙고할 필요가 있다.

나. 고정 개념에 내포된 영속성

고정은 두 가지 요건이 충족될 때 비로소 그 규범적 의미를 확보한다. 하나는 유형물이고, 다른 하나는 영속성이다.

ⅰ) 먼저, 유형물과 관련한 고정의 개념을 검토한다. 고정은 저작물을 영속적으로 지각할 수 있도록 유형물에 구현(또는 체화)한 것인데, 위에서 살펴본 구체적 예시로 복제물과 음반을 들 수 있다. 이들 대상은 유형물에 영속적으로 수록되거나 수용되어 그 대상을 통하여 저작물을 듣거나 볼 수 있게 한다는 점과 연결되어 있다.[30] 여기에서 복제되는 대상은 저작물이다. 그 저작물의 실체는, 현행 저작권법에 따를 때 인간의 사상과 감정을 표현한 창작물인 무체물(무형물)이다. 간단히 말하면 '표현' 그 자체를 말한다. 창작성을 띤 표현이 보

29 Cohen, Loren, Okediji and O'Rourke, *Copyright in a Global Information Economy*, Wolters Kluwer, 2010, 48.

30 Nimmer & Nimmer, *Copyright*, LexisNexis, 2006, §8.02[B].

호받는 저작물이며, 그 표현을 유형물에 고정할 경우에 복제가 이루어진다. 이런 점에서 고정의 목적은 저작권의 대상(표현)을 읽거나 듣는 표현을 감지할 수 있게 하는 데 있다.

ii) 다음으로 영속성 개념을 살펴본다. 표현을 유형물에 고정한다는 것은 영속적(또는 영구적)으로 수록함을 말한다. 이는 일시적으로 이용할 수 있도록 수록하는 것과 구별한다. 고정의 의미를 엄밀하게 새길 때, 영속적이라 표현할 때 얼마나 오랜 시간을 말하는지 명확하게 정의할 수 없지만, 명확히 일시적 또는 순간적인 것과의 그 차이를 인정하여야 한다.

고정 개념에 영속성을 포함하고 있는데, 짧은 시간에 저작물을 이용할 수 있다면 영속적으로 고정하는 것과 어떻게 다른가. 이런 논의가 미국 MAI System Corp. v. Peak Computer, Inc. 사건판결에서 다루어졌다. 법원은 RAM에 만들어진 복제물이 미국 저작권법 제101조에 규정한 '지각될 수 있고, 복제될 수 있고 혹은 다른 방법에 의해 전송될 수 있는 것이 가능할 만큼 충분히 영구적이거나 안정되었다'고 볼 수 있어서 이 사안에서 미국 저작권법상 복제물(copies)이 만들어졌음을 인정할 수 있다고 판단하였다.[31]

iii) 고정과 관련하여 일시적 저장의 관계를 살펴보자. 고정 개념에 내포된 영속성은 그것의 본질적 내용이다. 이 점에 따를 때, 영속성 요건의 흠결이 있는 경우, 예컨대, 일시적으로 저장하는 것에 불과하다면 이를 복제라 말할 수 있는가. 간단히 정리하면 이런 경우는 유형물에 고정한다는 개념을 충족할 수 없다는 점에서 복제에 해당하지 않는다고 말하여야 한다. 이에 현행 저작권법 제2조 제22호

31 991 F.2d 511 (9th Cir. 1993), *cert. dismissed*, 510 U.S. 1033 (1994).

에 "일시적 또는 영구적으로 유형물에 고정"하는 것이란, 그 규정이 무엇에 근거하였는지 알 수 없지만, 고정의 개념을 체계적으로 설명하지 못하여 개념의 본질적 모순을 드러내고 있다.

MAI System Corp. 사건판결에서 고정의 의미를 새길 수 있을 정도로 판단할 수 있을 때에 비로소 복제로 볼 수 있음을 판단하였다. 현행 저작권법상 복제의 정의규정은 이에 대한 문제를 안고 있다. 일시적으로 유형물에 고정한다는 것이 논리적으로 모순임에도 지금까지 특별한 논란 없이 저작권법에 안착되어 시행되어 왔다. 또한, 유형물에 고정하는지 여부의 판단을 실체적으로 파악하면 '일시적 + 복제' 용어는 잘못된 것이다. 왜냐하면 복제란 일시적이지 않은 영속적 고정을 그 구성요소로 삼기 때문이다.

3. '일시적 복제' 용어에서 비롯된 개념의 문제점

RAM에의 저장과 관련하여 일시적이라는 것을 전원을 차단할 때까지라고 설명하지만, 24시간 이상 수일 동안 전원을 차단하지 아니하는 경우와 순간적으로 RAM에 저장하는 것을 같게 볼 수 있는지에 대하여 구별하여야 할 것이다.[32] 여기에서 일시적이란 용어로 'temporary'를 가장 일반적으로 표현하고 있지만,[33] 이와 관련하여 고정의 개념을 정의할 때, 실제 영속성 판단이 필요하다. 위에서 살펴본, RAM에의 저장은 영속성을 가지고 있어서 미국 저작권법에 규정한 복제물 정의에 충족하므로 복제로 판단하는 데 아무런 문제가

32 Jane C. Ginsburg and Robert A. Gorman, *Copyright Law*, Foundation Press, 2012, 131-32; 加戸守行, 『著作權法 逐條講義』, 著作權情報Center, 2003, 53-54頁.

33 'transient'(또는 'ephemeral')는 '순간적' 또는 '과도적' 의미를 강하게 드러내어 '일시적' 의미와 구별하기도 한다(박성호, 앞의 책, 327-328면 참조).

없다.[34] 다만, 컴퓨터의 버퍼(buffer)에 순간적으로(1.2초) 저장되는 것은 영속적이지 못하다는 점이 분명하고 이를 고정으로 볼 수 없다.[35]

저작권법 제2조 제22호에 규정한 "일시적 또는 영구적으로 유형물에 고정"이란 규정내용을 살펴보면, 먼저 '영구적으로 유형물에 고정한다'는 표현에서 '영구적으로'라는 부분은 불필요하고, '일시적으로 유형물에 고정한다'는 표현도 논리적이지 않다. 이 점에서 현행 저작권법상 복제의 정의규정은 개념상 혼란을 불러올 뿐이다.

또한, 저작권법 제35조의2의 표제로 '저작물 이용과정에서의 일시적 복제'로 붙이고 있는데, 이것도 적합하지 않다. 본문에 '그 저작물을 그 컴퓨터에 일시적으로 복제할 수 있다'고 규정하고 있는 것을 복제에 갈음하여 저장으로 바꾸어야 할 것임에도 위와 같은 문제를 안고 관용적 표현을 그대로 유지하고 있다.

복제와 저장이 같은 의미를 지니는 것이 아님에도 법률규정에 이를 같은 의미를 지닌 것처럼 혼돈케 규정하였다. 일시적 저장(a temporary storage)과 일시적 복제 사이의 개념적 차이가 분명함에도 이를 구별하지 않고 있다. 일시적 저장은 어떤 사실 또는 그 행위를 말하지만, 복제는 법적 판단이 요구되는 규범적 논의대상이다. 또한, 저작권법 제35조의2의 표제 및 규정내용에 일시적 복제로 표시함으로써 규범적 논거에 합당하지 않은 복제의 종류를 형성하거나 그런 종류의 법률규정을 두어 고착시키는 문제를 만들고 있다. 복제라는 용어를 사용할 것인지 아니면 복제를 적용하기 위한 구체적 행위를 명시할 것인지를 법리를 좇아 규범적 판단에 따라 이를 반영하는 것이

34 Richard S. Vermut, "File Cashing on the Internet: Technical Infringement or Safeguard for Efficient Network Operation?", 4 J. Intel. Prop. L. 273, 319 (1997).

35 Cartoon Network v. CSC Holdings, 536 F.3d 121, 129-30 (2d Cir. 2008).

필요하다.[36]

저작권법 제23조 내지 제35조의4까지 모든 규정에서 복제와 관련 있는 내용을 명시하고 있는데, 저작권법 제34조와 제35조의2를 비교하면 문제해결을 위하여 좋은 단서를 얻을 수 있다. 제34조에서 방송사업자의 일시적 녹음·녹화로 규정한 것은 복제방법을 표시함으로써 제35조의2 일시적 복제로 규정한 것과 그 대조를 보인다. 저작권법 제35조의2를 일시적 복제로 규정한 데 문제가 있음을 간단히 확인할 수 있다. 간단히 말하면, '컴퓨터에의 일시적 저장'으로 규정하는 것이 옳다.[37]

36 이와 관련하여 미국 저작권법은 위에서 살펴본 것과 같이 실무에서 '일시적 저장'에 따른 복제를 인정하여 저작권자를 보호하지만, 이를 저작권법에 명시적으로 규정하고 있지 않다. 또한, 일본 저작권법의 경우에 순간적·과도적 축적 및 일시적 고정이란 용어를 사용하면서 이를 논의하였지만, 전자의 순간적·과도적 축적은 저작권법상 복제에 해당하지 않는다고 보고, 일시적 고정에 대하여 복제권의 논의대상으로 삼았고 이를 법률 개정에 반영하였다(島並良 外 2人, 『著作權法入門』, 有斐閣, 2014, 134-35頁).
실제 일본 저작권법 제47조의4(종전 제48조의8) 제1항 제1호(한국 저작권법 제35조의2에 상응)에 일시적 저장에 해당하는 사항을 규정하면서 이를 '일시적 복제'로 규정하고 있지 아니할 뿐만 아니라, 일시적 저장을 규정하지 않는다(第四十七条の四 電子計算機における利用(情報通信の技術を利用する方法による利用を含む。以下この条において同じ)に供される著作物は、次に掲げる場合その他これらと同様に当該著作物の電子計算機における利用を円滑又は効率的に行うために当該電子計算機における利用に付随する利用に供することを目的とする場合には、その必要と認められる限度において、いずれの方法によるかを問わず、利用することができる。ただし、当該著作物の種類及び用途並びに当該利用の態様に照らし著作権者の利益を不当に害することとなる場合は、この限りでない。
一 電子計算機において、著作物を当該著作物の複製物を用いて利用する場合又は無線通信若しくは有線電気通信の送信がされる著作物を当該送信を受信して利用する場合において、これらの利用のための当該電子計算機による情報処理の過程において、当該情報処理を円滑又は効率的に行うために当該著作物を当該電子計算機の記録媒体に記録するとき).
이 규정의 개정과 관련하여 <https://www.bunka.go.jp/seisaku/chosakuken/hokaisei/h21_hokaisei/> 참조.

37 이 점과 관련하여 법 제2조 제22호에 '전자적 매체에 저장'을 복제방법에 추가하는 것도 필요하다. 그럴 경우에 일시적 복제에 관한 논란은 상당 부분 법리적으로 해소될 수 있을 것으로 보인다.

III. '복제' 정의 규정의 개정과 관련하여

저작권법상 복제의 정의는 시대적 요구에 따른 대상을 수용한다는 입법태도를 견지하면서 여러 차례 개정되었다. 그때마다 필요한 사항을 반영하였다는 성과가 있었던 것으로 보였지만, 같은 여건하에 있었던 다른 입법례와 비교할 때, 그 내용은 체계적이지 못하였고, 법리에 따른 설명을 제시하지 못한 결과에 지나지 않는다.

현행 저작권법의 법리와 실무에서 참고가 되고 있는 미국·독일·일본 등의 관련내용에 비추어볼 때 복제의 정의규정은 한국 저작권법의 독특한 특성을 드러내고 있지만, 체계적이지 못하여 구체적이고 개별적 사안에 적용할 때 혼란을 불러온다. 위의 사건판결에서 살펴본 것처럼, 기본적인 사안에 대하여 복제 개념을 적용하여 복제권이 침해되었음을 명확히 판단할 수 있었음에도 그렇지 못하였던 것이다.

현행 저작권법에 규정한 복제의 구체적 종류를 나열하면, 일시적으로 유형물에 고정하는 것, 영구적으로 유형물에 고정하는 것 및 유형물로 다시 제작하는 것의 세 가지로 나눌 수 있다. 그런데 이러한 복제에 관한 종류를 설명하거나 정의하는 데 문제점이 있음은 분명하지만, 이를 그대로 유지한 채 개별 사정에 따라 해석론을 전개하면서 문제를 해결할 수 있는 방안을 모색할 수도 있다. 이럴 경우에 잘못된 내용을 그대로 두거나 해석론의 한계를 극복하지 못하는 규정의 문제를 여전히 방치하는 것이다. 오히려 문제를 임시적으로 봉합하려는 태도를 버리고 입법적 해결방안을 모색하는 것이 요구된다.

아래에서 복제의 본질에 어긋난 현행 저작권법의 몇 개 규정을 개정함으로써 실무에서 적용상 혼란을 거듭하거나 잘못된 법리를 판결에 반영하였던 지난 시대의 아픔을 반복하지 않도록 하는 데 주안점을 두고자 한다.

1. 법 제2조 제22호의 개정

가. '전자적 매체에 저장' 예시

정보사회의 정보전달의 매체인 컴퓨터를 통하여 정보 또는 저작물을 송수신하거나 그 밖의 전자적 매체에 저장하는 것은 산업사회에서 복사·녹음·녹화 등과 같이 일상적으로 아주 빈번히 일어나는 일이다. 어떤 저작물을 컴퓨터 등 전자적 매체에 저장하는 것을 복제의 수단 또는 방법에 포함하여 복제의 정의에서 명확히 밝히는 것이 필요하다.

이러한 관점에서 법 제2조 제22호에 "인쇄·사진촬영·복사·녹음·녹화·전자적 매체에 저장 그 밖의 방법으로 …"로 규정하여 복제의 수단·방법을 디지털 환경의 현실을 반영하여 개정할 필요가 있다.

나. '일시적 또는 영구적으로' 용어 삭제

저작권법상 복제의 개념에는 인간의 시각 또는 청각으로 감지할 수 있도록[38] 표현된 대상을 유형의 매체에 수록하는 것을 말하는 것으로 시간적 한계를 정할 수 없다. 하지만, 유형의 매체에 수록하는 것은 '영구적으로' 고정한다는 점을 내포하고 있는 것(고정의 '영속성')이므로 영구적이라는 용어를 다시 반복하여 표시함으로써 복제를 일

38 Ginsburg *et al*, supra note 32, 128.

시적·영구적 복제로 분류하는 것이 당연한 것처럼 보이게 하였다. 이는 수용하기 곤란하다.

복제는 그 규범적 의미로부터 영구적 복제로 새길 수 있다는 점에서 그 기본적 사항을 정의규정에 일시적 복제와 비교되는 것으로 명확히 할 목적으로 이를 모두 규정하고 있지만, 기본적 개념을 그대로 유지한다는 점에서 '일시적 또는 영구적으로'를 삭제하는 것이 바람직하다.[39] 다만, 일시적 저장 등에 따른 법적 문제는 별도의 규정을 통하여 이를 규율할 수 있으므로 이를 별도로 규정하면 족하다. 예컨대, 저작권법 제35조의2에 규정하는 방법이 그 좋은 예이다.

다. 건축저작물의 규정내용 삭제

1986년 법 개정 시 제2조 제14호에 건축저작물에 대한 실시권을 새롭게 규정한 것으로 외국의 입법례에 따라 실시를 복제의 개념에 포함시켰다는 점을 확인하였다.[40] 이때의 외국 입법례는 일본 저작권법 제2조 제1항 제15호를 말하는 것으로 볼 수 있다.

1986년 개정법에는 건축물 외에 "각본·악보 그 밖의 이와 유사한 저작물의 경우에는 그 저작물의 공연·방송 또는 실연을 녹음하거나 녹화하는 것을 포함한다"고 규정하였다. 그런데 연극용 각본을 가지고 상연 또는 방송하는 경우와 관련하여 2006년 저작권법 개정 시 그 취지를 설명하면서 녹음·녹화가 이미 복제방법으로 규정되어 있으므로 중복적으로 규정할 필요가 없다는 점을 들었다.[41] 2006.

39 미국 저작권법은 복제의 정의 규정에 일시적 저장에 따른 복제를 별도로 규정하지 않고, 저작권침해의 항변규정으로 법 제117조(c)에 규정하고 있다. 또한, 일본 저작권법도 복제의 정의규정에 이를 규정하지 않았다.

40 허희성, 『신저작권법축조개설』, 범우사, 1988, 95면.

41 최경수, 『저작권법 개론』, 한울, 2010, 244면.

12. 28. 전부 개정 시에 법 제2조 제22호에 이를 삭제하였다.

건축의 도면을 가지고 건축물을 완성하는 경우에도, 위 사건판결에서 살펴본 것과 같이, 법 제2조 제22호에 규정한 건축물을 특별히 규정할 필요성을 가지지 아니하고 그 내용을 확인하는 점에 그치는 것이므로 제2조 제22호 후문의 삭제가 바람직하다. 이 규정을 유지함으로써 빚어지는 규정해석의 혼란을 더 이상 방치할 수 없다.

라. 개정(안)

위에서 살펴본 유형물에의 고정에 관한 해석론과 복제 개념을 명확히 하는 데 필요한 개별항목을 종합하여 복제 정의규정의 개정 초안을 제시한다.

"복제"는 인쇄·사진촬영·복사·녹음·녹화·전자적 매체에 저장 그 밖의 방법으로 유형물에 고정하는 것을 말한다.

2. '일시적 저장'을 법문에 반영하는 개정

법 제35조의2에서 저작물 이용과정에서의 일시적 복제라고 표제를 붙이고 있는데 이는 일시적 저장으로 고쳐서 표시함이 타당하다. 마찬가지로 법 제101조의 3에서 "프로그램을 일시적으로 복제할 수 있다"는 규정에서도 복제에 갈음하여 이를 저장으로 개정하는 것이 옳다.

이와 관련하여 이미 저작권법은 일시적 저장이라는 용어를 다른 규정에서 사용하고 있음에도 불구하고 이를 일관성 있게 규정하지 못한 문제를 안고 있다. 예컨대, 법 제34조 일시적 녹음·녹화의 경우에 이를 일시적 복제라 규정하지 아니하였다는 점뿐만 아니라, 법 제

102조 제1항과 제2항에서도 '일시적으로 저장하는 행위'라는 용어를 이미 사용함으로써 복제와 저장의 개념을 구별하여 규정하는 예를 보이고 있다.

Ⅳ. '복제' 정의 규정의 문제해결 방안

다른 나라의 입법례를 참고하여 현행 법률에 반영할 때, 그 규정내용을 검토할 뿐만 아니라, 그 규정내용의 해석론과 실무적 적용례도 함께 살펴보아야 한다. 예컨대, 1986년 저작권법 개정을 통하여 "유형물로 다시 제작하는 것"으로[42] 정의한 복제의 개념은 해석론을 통하여 디지털 환경에서 빚어지는 새로운 복제의 태양을 포섭할 수 있었다. 그 규정으로 충분히 극복할 수 있었음에도 그렇지 못한 채 추가적으로 새로운 내용의 개정을 불러왔고, 결국 지난 시대의 과오의 하나가 되었다.[43] 우리가 1986년 법 개정에 참고하였던 그 입법례의 실무는 복제의 정의규정을 그대로 두었고 디지털 환경에서 빚어지는 복제에서 '고정'의 규범적 해석론을 제시하면서 문제해결을 위한 능동적 태도를 취하고 있다.

위에서 살펴본 입법론적 방안은 새로운 시대적 요청을 특별히 반영한 것이 아니라, 복제에 관한 본질론에 의지하여 지난 시간의 혼란과 잘못을 반복하지 않도록 하는 기초논의에 충실하자는 점을 반영한 것에 지나지 않는다. 새로운 복제의 개념을 창안하고, 미래의 환

42 '유형물에 고정하는 것'을 직접적으로 규정하지 아니한 점에 대한 아쉬움을 남겼다.
43 동지: 박성호, 앞의 책, 322면 참조.

경에 대응하려는 것이 아니라, 이 개정방안은 기초에 충실하지 못하여 빚어진 문제를 더 이상 방치할 수 없어서 법 개정을 통하여 저작권법 기초를 튼튼히 하자는 의도를 반영한 것이다.

디지털 환경에 대한 저작권법의 대응과 법리발전을 꾀하고자 하는 특별한 의도로 1986년 저작권법 개정을 통하여 복제에 관하여 새롭게 규정하였고, 2000년 개정을 통하여 구체적으로 복제의 태양을 추가하였다. 그런데 숙고된 해석론을 통하여 문제를 해결하기보다는 입법적 해결방안을 모색함으로써 간명한 결과를 얻었지만, 새로운 문제를 안게 되었다. 당시에 해석론을 적극적으로 전개하는 연구가 부족하였거나 새로운 환경에 황급히 대응하는 데 급급하였던 점을 간과할 수 없다.

이러한 사항과 관련하여 위에서 저작권법에 규정한 복제의 정의 내용 전체를 분석·검토하고 해석론으로 해결할 수 없거나 잘못 입법된 사항을 바르게 하는 또 다른 작업이 필요함을 확인하였다. 이에 현행 저작권법의 근간을 세워 실무적으로 가장 중시하는 대상인 복제 개념을 혼란 없이 이해·적용하는 기초를 튼튼히 세우는 데 필요한 입법론적 방안 모색에 주목하여야 할 것이다.

창작과 이용을 위한 저작권 6

정보사회에서 새롭게 새기는 공정이용(fair use) 법리

Authors Guild v. Google
사건판결을 중심으로

Ⅰ. 정보사회에 던져진 공정이용 법리

정보사회의 저작권법은 독창성과 표현을 요소로 하는 정보 생태계(information ecosystem)의 실체가 되고 있다.[1] 이제 저작권(법) 논의는 정보를 떼어 놓고 설명할 수 없는 여건에 놓여 있다. 권리자를 우선하여 보호하고 이용자를 예외적으로 보호한다는 종래의 법리적 접근에서 벗어나, 정보사회에서 저작물 이용자에 관한 법적 지위를 저작(권)자와 대등한 것으로 조정하자는 데에 또 다른 논의를 불러온다.[2] 이러한 논의는 이용자 권리(right of user)를 저작자 권리에 비견되는 권리로 보는 견해에서 출발하였다.[3] 즉, 창작(creation)과 소비(consumption)를 불가분의 대등한 관계로 본다.

창작활동으로 얻어진 저작물을 이용하는 데에 두 가지 의미를 새길 수 있다. 하나는 저작자 권리를 보호하는 것이고, 다른 하나는 그 저작물 이용을 널리 확산하는 것과 관련하여 이용자에게 부담을 덜어주는 것이다. 전자는 저작자 개인의 이익을 보호하는 데에 주된 관심을 모으지만, 후자는 일반인을 저작물 이용자로 보고 이들에 대한 혜택(public benefit)에 초점을 맞추고 있다.

도서를 정보통신망을 통하여 검색하고 이를 이용할 수 있도록 디지털 도서관을 구축하는 일은 인류 전체에 그 의미가 크다. 디지털 도서관을 구축하는 데 기존 도서를 스캔하여 e-book을 만들고 이

1 Deborah Tussey, *Complex Copyright: Mapping the Information Ecosystem*, Ashgate(2012), 1~2.

2 Julie E. Cohen, "The Place of the User in Copyright Law", 74 Fordham L. Rev. 347, 374 (2005).

3 이에 관한 대표적 문헌으로 L. Ray Patterson & Stanley W. Lindberg, *The Nature of Copyright: A Law of Users' Rights*, Univ. of Georgia Press(1991); Jane C. Ginsburg, "Authors and Users in Copyright", 45 J. Copyright Soc'y U.S.A. 1 (1997) 참조.

를 검색하는 데에 필요한 시스템을 마련하는 일이 무엇보다 중요하다. 도서를 복제한 후 검색엔진을 이용하여 이들을 검색할 수 있도록 하려면, 우선 타인의 저작물을 이용하기 위한 저작물 이용계약을 체결하여야 할 것이다. 만약 저작권으로 보호되는 저작물을 권리자의 허락 없이 복제하여 자료검색의 대상으로 삼을 경우, 통상 그 이용이 저작권 침해로 판단되어야 하겠지만, 타인의 저작물을 이용한 자는 이를 공정한 이용(fair use)이라고 항변하여 저작권침해에서 벗어나고 싶어 할 것이다.

공정이용 법리를 새롭게 새긴 Authors Guild v. Google, Inc. 사건판결에서 그 법리의 구체적 적용과 관련하여 변형적 목적(transformative purpose) 판단에 대한 예측가능성을 살펴보았다. 미국 작가협회는 구글에 대하여 2005년 9월에 저작권 침해로 인한 손해배상청구의 소를 제기한 후 미국 연방대법원이 상고를 허가하지 않기로 확정한 2016년 4월까지 11년간 미국 저작권법상 공정이용 규정의 적용 여부에 대하여 다투었다. Authors Guild 사건판결은 정보사회에서 도서검색에 필요한 시스템을 구축하여 타인의 저작물을 복제·전시(전송)하는 것이 저작권 침해에 해당하는지 여부를 판단하였다. 여기에서 이 논의대상을 가지고 정보사회로의 변혁을 통하여 추구하고자 하는 저작권법의 규범적 실체를 파악하고, 현행 저작권법의 목적과 연관된 공정이용 법리의 체계화를 살펴보았다.

II. Authors Guild, *et al* v. Google, Inc. 사건판결 내용 및 주요 쟁점

1. 사건판결의 개요

미국 작가협회(조합)와 Betty Miles, Jim Bouton, Joseph Goulden 등의 개인 작가(이하에서 통칭하여 '작가협회 등'이라 함)는[4] 구글이 자신들의 저작권을 침해하였다는 것과 이로부터 빚어진 손해의 배상을 위하여 소를 제기하였다. 이에 구글은 저작권자의 저작물을 이용하였지만 저작권을 침해한 것이 아니라는 점을 들어 항변하였다.

구글은 2004. 12. 종합적인 도서 데이터베이스를 만들어 온라인으로 도서를 검색할 수 있도록 수백만 권 도서를 스캔할 계획을 발표하였다. 이후 뉴욕 공립 도서관과 하버드대학 도서관의 장서 가운데 저작권으로 보호받지 않는 도서를 중심으로 스캔하기 시작하였다. 곧이어 미시간 대학과 다른 대학 도서관도 이 계획에 동참하여 저작권으로 보호받는 도서로 확대하여 스캔하게 되었다. 구글은 디지털 도서관을 만들어 서비스를 제공하는 데에 주된 관심을 가지고 있으므로 우선 도서를 검색할 수 있는 방안을 강구하는 데 주력하였다. 2016. 4. 현재, 2,000만 권의 도서를 스캔하였고, 온라인을 통하여 스니펫(snippet: 도서내용 발췌 부분)을 볼 수 있다.

저작권으로 보호받는 400만 권 이상의 도서에 대하여 구글은 아무런 약정 없이 복제하고 온라인에 검색할 수 있도록 함으로써 저작권 다툼을 불러왔다. 구글은 도서검색 프로그램(http://books.google.com)

4 세 작가의 저작물로 각각 *The Trouble with Thirteen*(1979), *Ball Four*(1970), *The Superlawyers: The Small and Powerful World of Great Washington Law Firms*(1972) 등을 소개할 수 있다.

으로 일반인에게 커다란 혜택(benefit)을 제공하고 있으며, 그 복제·전시는 공정이용 법리하에 문제되지 않는다고 항변하였다. 하지만 작가협회 등은 구글이 이용허락(license) 없이 자기들의 저작물을 이용하여 디지털 저작물로 만드는 데 문제가 있음을 지적하였다. 하지만 양측은 다툼해결을 위한 협상을 진행하면서 적정한 해결방안(화해)으로 종결짓는 노력을 기울였다.[5] 저작물 이용에 대하여 구글이 일정액을 저작권자에게 내놓아야 한다는 내용에 양측이 합의하였고, 구글은 1억 2,500만 불을 원고에게 지급하기로 하였다.

집단소송(class action)으로 소를 제기한 후 마련된 화해안은 미국 민사소송규칙에 따라 법원의 승인이 필요하였다. 그런데 많은 사람이 이 화해안에 반대 의사를 표명하였고, 특히 법무부는 구글이 디지털로 변환한 도서에 대하여 독점적 이용권을 가지는 것에 명확히 반대하였다. 2011. 3. 법원은 보편적 디지털 도서관을 만들어 많은 사람에게 혜택을 줄 수도 있지만, 구글에게 검색시장에 대한 사실상 독점권을 허용하는 결과와 베른협약 등의 국제조약에 대한 위반 가능성 등을 근거로 화해안이 공정하지 않다고 판시하였다.[6]

이후에 이 사안이 본안에서 다루어지면서 구글은 원 저작물을 복제하는 것이 공정이용에 해당한다고 종래와 같이 항변을 계속하였고, 이는 공익적 목적에 충실한 것이라고 주장하였다.[7] 또한, 이러한 도서의 복제가 도서시장에 불이익을 야기하지도 않는다고 밝혔다.

---

5 구글은 프린트가 되지 않는 조건으로 온라인상 볼 수 있도록 하고 일반 이용자에게 대하여 저작권으로 보호받는 도서에 대하여 이용료를 징수할 수 있도록 하는 것과 4,000개 대학의 공공 도서관에 포털 사이트를 제공할 수 있다는 제안도 내놓았다. 이러한 화해(안)에 포함된 것으로 시골 도서관에도 도서검색이 가능하도록 하였는데 이 점에서 정보사회의 디지털 도서관이 실현되도록 한 것이었다.

6 Author Guild, Google Inc., 770 F. Supp. 2d 666 (S.D.N.Y. 2011).

7 Authors Guild 사건판결 이전에 구글은 뒤에 살펴볼 Arriba 사건판결 및 Perfect 10 사건판결을 통하여 공정이용 항변으로 소송에서 불이익하지 않다는 판단을 견지할 수 있었다.

이에 대하여 작가협회 등은 구글이 저작권으로 보호받는 도서를 상업적으로 이용하여 수익을 올리려는 목적을 가지고 있으며, 그 복제에 대한 대가를 권리자에게 지급하여야 한다고 주장하였다. 구글은 도서검색 프로그램을 통하여 도서를 검색하는 자에게 오히려 도서를 용이하게 구독할 수 있게 할 뿐만 아니라, 독자에게 더 많은 책을 검색할 수 있는 계기를 마련하고 있다는 점을 주장하였다.

1심 법원은 2013. 11. 14. 구글이 원 저작물을 복제한 것에 대하여 변형적 목적을 가진 것이라는 점을 인정하였다. 비록 구글이 수익을 확보할 것이라는 점을 인정하더라도 온라인 도서검색 프로그램은 일반인에 유익을 주는 것이라는 점에서 공정이용 법리를 적용하였다. 이에 대하여 원고는 2014. 4. 11. 항소하였다.

항소심에서 원고는 도서검색 프로그램을 통한 서비스 제공을 향후에 중단한 것을 청구하지 않고 종래와 같이 계속적으로 서비스를 제공하되 저작권 침해에 대한 손해배상 및 장래의 이용료 등을 청구하였다. 원고는 피고의 주장과 같이 도서검색 프로그램이 일반대중에게 혜택을 주는 것이라는 점에서 손해 등에 대한 해결방안을 제시한 것이다. 예컨대, J-stor, Westlaw, Lexis/Nexis 등과 같이 검색데이터베이스를 운영하고 그에 대한 대가를 저작권자에게 지급할 것을 청구한 것이다. 항소심 법원은 1심 법원과 마찬가지로 공정이용 법리의 적용 여부와 관련하여 일반인에 대한 혜택(public benefit)에 관심을 집중하여 검토하였다. 항소심 법원은 2015. 10. 16. 구글이 원저작물을 복제하고 온라인에 스니펫을 보여주는 것에 대하여 1심 법원의 판결과 마찬가지로 공정이용 법리를 적용하였다.

이에 작가협회 등은 항소심 판결에 불복하여 2015. 12. 31. 연방

대법원에 상고의 허가를 구하였다. 2016. 4. 18. 연방 대법원이 상고를 허가하지 아니함으로써 항소심 판결로 종결되었다.

2. 주요 쟁점사항

가. 공정이용 법리의 적용 여부

(1) 변형적 이용(또는 목적)

피고가 원고의 책을 디지털 복제한 것은 일반인이 도서를 용이하게 검색할 수 있도록 하는 데에 그 목적이 있었다. 예컨대, HathiTrust 사건판결에서[8] 미국 대학 도서관이 보유한 장서를 디지털 복사한 후 그 도서의 전 내용을 검색할 수 있도록 한 것 역시 저작권 침해에 해당하지 않는다고 판시하였다. 법원은 도서관 장서를 디지털 복사하고 이를 검색하는 데에 이용하는 것 모두 미국 저작권법상 공정이용에 해당한다고 판시하였다. 내용 전체를 도서검색으로 활용할 수 있는 데이터베이스로 제작한 것은 본질적으로 변형적 이용(transformative use)이라 보았다.

이러한 HathiTrust 사건판결과 Authors Guild 사건판결을 견주어 살펴볼 때, 구글이 저작권으로 보호받는 저작물을 복제한 것은 이 저작물(도서)에 관한 중요한 정보를 제3자에게 이용할 수 있도록 하자는 데에서 출발하였다. 관심 있는 어떤 단어를 가지고 그 도서에 해당 용어가 있는지 또는 없는지를 찾는다. 또한, 구글의 Ngram 검색방법을 이용하는 경우에 어떤 단어가 과거로부터 현재까지 얼마나 자주 활용되었는지도 알 수 있다. 이 복제 목적은 Campbell

8 Authors Guild v. HathiTrust 755 F.3d 87 (2d Cir. 2014).

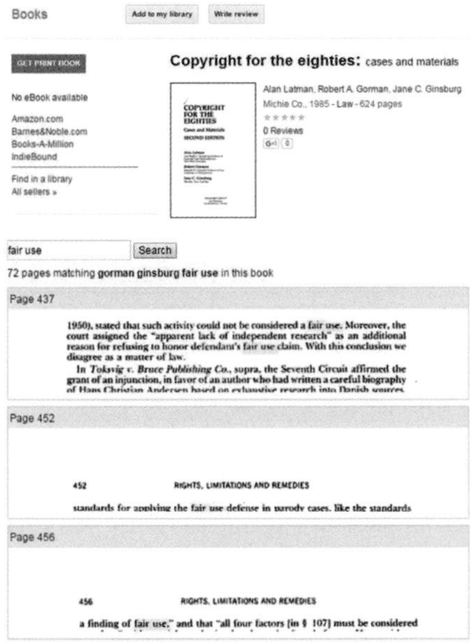

사건판결에서 판시한 변형적 목적에 해당한다(공정이용의 첫 번째 요소).[9]

위의 스니펫 뷰(Snippet View)를[10] 간단히 살펴보면, 이 사건판결에서 주된 논의는 검색된 도서를 스니펫으로 읽을 수 있도록 허용하느냐에 관한 것이다. 이 스니펫 뷰는 검색 기능을 수행하는 것이고 검색된 도서에서 어떤 검색용어가 있는지 여부뿐만 아니라, 몇 번 검색되는지를 알려준다. 또한, 검색용어가 검색자의 관심영역과 관련하여 사용되고 있는지도 보여준다.

공정이용의 법리 적용에 관한 상업적 동기에 관하여 살펴보았다.

---

9 Acuff-Rose Music, Inc. v. Campbell, 510 U.S. 569, 579~585 (1994).

10 아날로그 환경에서 도서관 도서를 검색할 때, 도서에 관한 기본적 정보를 담은 카드식 카탈로그와 견주어 생각할 수 있다(<http://books.google.com/googlebooks/perspectives/index.html>). 이때 아날로그 자료를 스캔하는 것이 복제에 해당한다는 점을 널리 수용하고 있지만(이상정, 『저작권법 강의』, 세창출판사(2015), 119면), 한때 이를 별도의 권리인 '디지털화권'으로 인정할 필요가 있다는 주장(정상기 외 2인, "정보통신망의 발달과 지적재산권법의 대응 - 저작권법을 중심으로", 계간 저작권 제39호, (1997), 7면)이 있었다(기록매체에 저장(고정)하는 것을 복제에 해당하는 것으로 인정한다는 점에 따라).

원고는 이 검색 프로그램을 통하여 직접적으로 수익을 얻지 못한다 할지라도, 구글이 수익을 이끌어내는 계기를 마련하는 방법으로 인터넷 검색시장의 지배를 강화한다고 보았다. 즉, 원고는 도서검색을 통하여 피고가 수익을 간접적으로 이끌어내는 결과를 가져올 수 있다고 보았다. 이는 두 가지 논점에 따라 검토할 필요가 있다.

하나는 상업적 목적이 있는지 여부를 판단하는 것으로 미국 저작권법 제107조에 규정한 '저작물 이용의 목적과 성격'을 논의하면서 교육목적으로 활용되는지 아니면 상업적 목적으로 이용되는지를 판단하려는 데에 주안점을 두고 있다. 다른 하나는 Sony Corporation of America v. Universal City Studios Inc. 사건판결에서 미국 연방 대법원이 '저작물의 상업적 이용은 … 불공정한(unfair) 것이다'라고[11] 판시하였던 것과 연관이 있다. 이러한 상업적 관련성이 인정된다면, 원고의 주장이 강력하게 수용되는 결과를 낳는다. 이와 관련하여 Campbell 사건판결에서 연방 대법원은 원고의 발라드 음악을 피고가 랩 음악으로 불러 수익을 올렸지만, 수익을 올렸다는 것만으로 공정이용 법리를 배제하는 것은 아니라고 판시하였다.[12] 논의되는 저작물이 변형적 목적을 띤 정도가 강하면 강할수록 공정이용을 판단하는 상업성과 같은 다른 요소를 중요하게 판단하는 정도가 약화된다고 밝혔다. 공정이용 법리를 수용한 대부분의 사건판결에서 수익을 얻는 상업적 활동이 있었다는 점을 부인하지 않는다.

결론적으로 Authors Guild 사건판결에서 구글의 상업적 동기가 명백했음에도 이보다 변형적 목적이 우세하다는 점에 따라 상업적

11 Sony Corporation of America v. Universal City Studios Inc., 464 U.S. 417, 451 (1984).
12 Acuff-Rose Music, Inc. v. Campbell, 510 U.S. 569, 579 (1994); Authors Guild v. Google, Inc., 804 F.3d 202, 219 (2nd Cir. 2015).

동기에 기하여 공정이용을 배척하여야 한다는 원고 주장이 받아들여지지 않았다.[13]

(2) 그 밖의 판단요소

먼저 '원 저작물의 성격'에 관한 판단이다. 이는 원 저작물과 복제된 저작물이 서로 다른 성격이 있는지를 비교하는 것이다. 사실적 내용을 작성한 경우에 이에 대한 복제는 저작권 침해가 문제되지 않는다. 종래 공정이용 법리를 적용하는 데에 이 두 번째 요소를 중요하게 다루지 아니하였다. 하지만, 여기에서 두 번째 판단요소를 검토할 때, 이 사안의 원고 세 명의 책이 사실적 내용을 담고 있어서(저작권으로 보호받지 못하는 대상이라는 점에서) 공정이용 법리를 적용한다는 것이 아니다. 오히려 원 저작물이 사실적 저작물이라 할지라도 이를 가지고 첫 번째 요소와 연계하여 변형적 이용을 이끌어냈다는 데 공정이용의 두 번째 판단요소의 의미를 검토하는 것이다.

다음으로 '이용된 부분이 저작물 전체에서 차지하는 양과 중요성'에 대하여 검토한다. 이는 두 가지 서로 다른 사례로 살펴보면 간단히 결론을 얻을 수 있다. 적은 양과 비교적 중요하지 아니한 부분이 이용되었을 경우와 많은 양과 중요한 부분을 담은 내용이 이용된 경우를 비교할 때, 후자의 경우에 공정이용 법리를 적용하기 쉽다. 이용된 양이 많으면 많을수록 원 저작물의 중요한 부분을 더 많이 복

13 이러한 점은 구글의 수익모델과 관련하여 검토할 필요가 있었다. 구글의 수익확대는 광고수입에 그 기초를 두고 있다. 구글의 도서검색은, 구글이 출판업체와의 사업 확장 여부를 미루어 놓는다 하더라도, 온라인 검색범위를 확충하고 광고수입의 증가를 이끌어낼 것이라는 점을 함께 고려했어야 했다(Patricia Akester, *A Practical Guide to Digital Copyright Law*, Sweet & Maxwell(2008), 137~38). 하지만, 이 점은 구글의 상업적 동기 또는 경제적 효과를 완전히 부정하지 않았지만, 공정이용 법리를 적용하는 데 의미 있게 새기는 대상에서 배제하였음을 잘 드러낸 것으로 뒤에서 검토·분석하게 될 '변형적 목적'에 관심을 집중시킨다.

제하였을 것이라고 볼 수 있다. 원 저작물을 대체하는 데 효과적이라고 볼 수 있고, 원저작자 판매·수익을 감소시킬 것이라는 점에 관련이 있다.

원 저작물 전부를 복제하여 이를 대체하는 결과를 가져온다면 공정이용 법리를 적용하기 어렵다. 하지만 이 사안에서 원 저작물 전부를 디지털 복제하였지만, 변형적 목적에 따라 원 저작물을 대체하는 데 영향을 끼치지 않는다면 이 세 번째 판단요소를 특별히 고려할 것은 없다. 따라서 원 저작물 또는 그 2차적 저작물을 대체하거나 영향을 끼치는지에 대하여 판단할 필요가 있다. 이 사안에서 구글은 원 저작물의 전체를 복제하였지만 변형적 목적에 한정하여 이용하였다. 만약 어떤 도서의 전체 가운데 일부만을 복제하여 이를 검색대상으로 삼았다면 이용자에게 신뢰를 주지 못하였을 것이다. 책 전체를 온전히 복제하였지만 일반인에게는 그 전체를 보여주지 않았다. 그 복제된 내용은 검색에 한정하여 이용되었고, 검색에 필요한 정보를 제공한 것이었다.

스니펫 뷰에 관한 침해판단으로 일반적으로 공정이용의 세 번째 판단요소를 적용할 때 그 논점이 명확해진다. '복제된 부분의 양과 중요성'은 복제된 부분이 실제로 접근·이용할 수 있었던 부분과 일치하는지를 검토하게 된다.[14] 스니펫 뷰를 통하여 더 많은 정보를 얻으면 이용자는 검색한 책을 구매하게 된다는 점에서 시장에서 원 저작물을 대체하는 문제를 야기하지 않는다.

마지막으로 '원 저작물의 가치 또는 잠재적 시장에서 복제에 따른

14 이 점과 관련하여 HathiTrust 사건판결에서 다루어진 것과 비교할 때, 오히려 공개된 내용이 많다. HathiTrust 사안의 경우에 일반 공중에 공개된 것은 없었다.

효과'를 살펴본다. 이는 복제물이 원 저작물 및 2차적 저작물과 시장에서 대체물로 경쟁하는지를 판단하고, 저작권자의 경제적 수익을 빼앗는 결과를 가져오는지를 판단하는 것이다. 저작권으로 보호하는 것은 경제적 가치를 얻을 수 있도록 한다는 데에서 출발하므로 이는 저작권으로 얻는 수익과 직접 관련시킨 것이다. 원 저작물과 복제된 것의 목적이 서로 다르면 복제된 것이 원본을 대체하는 경우가 적다.

변형적 목적을 가진 복제라 할지라도 중요한 경쟁 대체물을 복제하는 데에 원본의 중요한 부분을 공개하게 될 때, 원본의 가치에 손상을 끼칠 수 있다. 이 점과 관련하여 스니펫 뷰의 경우에 이런 결과가 생기는지를 검토해보면, 그런 결과가 생기지 않는다. 어떤 책의 정상 도서가격이 스니펫을 만들어 이용자에게 책에 대한 정보를 제공할 때 소요되는 비용보다 낮다. 이런 점에 비추어 볼 때, 스니펫은 시장에서 경쟁 대체물로 볼 수 없다. 스니펫은 책의 수익을 감소시키지 않고 저작권자의 경제적 가치에 대한 위협이 되지 못한다.

나. 스니펫이 2차적 저작물에 해당하는지 여부

원고의 도서를 디지털 파일로 변환하는 형식으로 복제하고 이를 공중이 접근·이용할 수 있게 한다는 것은 저작권법상 또 다른 중요한 논의대상이 될 수도 있다. 하지만, 구글이 허용하는 검색방법 및 스니펫 뷰는 아주 제한적으로 그 내용을 공개할 뿐이다. 구글의 검색 프로그램은 책의 저작물의 구체적 표현내용에 실질적으로 접근하지 못하게 한다.

전화기의 벨소리와 같이 노래의 일부만을 떼어내어 사용하는 경우에 스니펫은 저작권으로 보호되는 대상의 일부만을 이용하는 것과 피상적으로 비교될 수 있다. 스니펫이 표현된 내용의 단편을 공개한다 할지라도 그 검색된 결과물은 검색자가 사용한 특정 용어를 가지고 얻어진 결과에 불과하여 검색에 대한 임의적 결과에 불과하다. 이는 기존의 온라인 상점 아마존(<amazon.com>)에서의 검색결과 또는 구글 파트너 프로그램과 달라서 스니펫은 검색자에게 책의 표현 부분으로부터 어떤 의미 있는 내용을 제공하지 않는다.[15] 저작권으로 보호되는 표현을 검색자에게 전달하고자 하는 것이 아니라, 검색용어와 관련된 작은 부분을 드러내는 것에 한정하고 있다.[16]

다. 디지털 복제본을 참여 도서관에 배포하는 것이 저작권 침해에 해당하는지 여부

원고는 도서를 디지털 복제한 후 참여 도서관에 배포하는 것이 공정이용에 해당하지 아니할 뿐만 아니라, 도서관이 디지털 복제본을 공중에게 공개하는 경우에 문제가 발생할 수 있으며, 도서관이 그 디지털 복제본에 대한 관리 소홀로 해커의 공격대상이 되어 일반인이 자유롭게 이용하는 경우가 발생할 수 있다고 문제 삼았다.

이미 소장하고 있는 장서를 디지털 복제 후 참여 도서관이 이 디지털 복제본을 이용하여 각 도서관 이용자가 온라인으로 검색할 수 있도록 방법을 마련하는 것은 문제되지 않는다. 이때 참여 도서관이 직접 디지털 복제본을 만들거나 참여 도서관과 약정을 통하여 구글

15 저작권으로 보호받는 음악 가운데 벨소리로 이용하는 경우와 비교할 수 있는데, 벨소리의 경우에는 널리 알려져 많은 사람이 좋아하는 특정 부분을 선택한 것이라는 점에서 다르다. 즉, 저작자의 표현된 내용 가운데 공중이 좋아하는 부분을 발췌하여 이를 공연하는 것이라는 점에 차이가 있다.

16 이 점과 관련하여 현행 저작권법상 저작인격권 침해를 문제 삼을 수 있는지 검토가 필요하다.

이 복제작업 후 이를 참여 도서관에 배포하는 경우라도 저작권 침해가 문제되지 않는다. 즉, HathiTrust 사건판결에서 판시한 것과 같이 HathiTrust에 의하여 그들의 구성원에게 그 디지털 복제본을 이용할 수 있도록 하는 것은 공정이용에 해당한다.

III. 저작물 검색과 공정이용(fair use) 법리의 관계

1. 정보사회에서 강조되는 공정이용

저작권법의 발전사를 살펴보면, 새로운 기술이 등장할 때마다 새롭게 등장한 대상을 기존의 저작권으로 보호하거나 새로운 권리를 창설하여 보호하는 방안을 강구하였다. 그 가운데 새로운 (정보) 매체가 사회에 선보이면 그 매체를 이용한 권리보호에 충실하였다. 종래에는 다양한 매체의 등장에 따라 저작물을 어디에 고정하느냐에 관심을 모았지만, 이제는 엄청나게 많은 정보(또는 저작물)를 어떻게 찾아 이용하느냐에 사회적 관심이 모아지고 있다. 도서, 이미지, 음향 및 각종의 동영상 등을 검색하는 것이 저작물을 만드는 것만큼 중요한 일이 되었다.

이제까지 전통적인 저작권 보호·이용은 도서 같은 인쇄물 등과 관련한 저작물 이용에 주안점을 둔 정적(static) 태도에 의존하였다면, 정보사회에서의 저작권 논의는 종래보다 더욱 확대되고 있다. 처음부터 디지털로 만들거나(born digital) 디지털로 변환하여 인터넷 서비스를 이용할 수 있도록 하는 것과 불가분의 관계를 맺고 있어서 저작물도 온라인 검색의 대상이 되었다.

이러한 논의배경하에서 미국 저작권법의 공정이용 법리를 적용하는 데에 두 가지 규범적 기초를 살펴볼 수 있다. 생산적 이용(productive use)에 해당하는지 여부를 묻거나 묵시적 동의(implied consent)에 따른 저작물 이용에 해당하는지 여부를 묻는 것이다. 전자는 어떤 새로운 것이 추가되어 원 저작물보다 향상된 혜택을 얻게 되는 경우 새로운 창작적 성과를 생산적인 것으로 보는 견해이다. 후자는 적정하고 통상적인 사정하에서 원 저작물을 이용하는 경우에 저작물 이용에 묵시적 동의가 있었다고 보아 이를 바탕으로 공정이용 법리를 적용할 수 있다는 견해이다.[17]

Authors Guild 사건판결에서 타인의 저작물을 이용한 도서자료 데이터베이스 구축 및 정보검색 등을 일반인에 대한 혜택(public benefit)이라 판단하여 공정이용 법리를 적용한 실체내용을 정보사회에서의 정보접근·이용의 관점에서 검토·분석하고, 이를 현행 저작권법상 관련 문제에 적용하는 데 필요한 법리적 기초로 삼을 수 있다.

2. 변형적 이용(목적)에 터 잡은 공정이용 법리

가. Authors Guild 사건판결 이전의 사안에서의 변형성 판단

Authors Guild 사안은 2004년부터 2015년까지의 기간에 다투어졌지만 쟁점이 복잡하지 않아 법리전개는 혼란스럽지 않았다. 이 사안에서 공정이용의 네 가지 판단요소 가운데 첫 번째 요소(저작물 이용의 목적과 성격)에 논의가 집중되었다. 원 저작물을 어떤 목적으로 이용하였는지를 살펴보는 것은 Campbell 사건판결에서 판시한 변형적

17 Julie E. Cohen, *et al*, *Copyright in a Global Information Economy*, Aspen Law & Business(2002), 541.

이용(목적)과 관련이 있는데, 저작물 이용 목적이 원 저작물이 가진 목적과 달라야 한다는 점이다.

문제는 구글이 스니펫 형태로 원 저작물을 검색할 수 있는데 저작물을 이용한 것이 변형적 이용에 해당하는지를 판단하는 것이다. 변형적 이용이란 일차적으로 원 저작물의 작성·이용과 다르다는 것을 말한다. Campbell 사건판결에서 원 저작물의 목적을 대체하거나 다른 목적으로 새로운 어떤 것이 추가되거나 새로운 표현·의미·메시지를 전달하는 경우에 그 새로운 저작물을 변형적인 것으로 인정하는 기준을 제시하였다.[18] 여기에서 문제는 원 저작물이 가지는 목적을 대체하여 완전히 다른 목적을 지닌 새로운 것으로 만들어 이용하여야 하느냐는 점이다. 새로운 창작적 내용이 추가되지 않는다고 하더라도 목적이 전혀 다른 경우 이를 변형적 목적이라고 말할 수 있는지 살펴보아야 한다.[19]

Authors Guild 사건판결 이전에 이와 유사한 내용을 담은 두 사안을 간단히 비교해 보자. 먼저 Patton 사건판결을 간단히 살펴보면 다음과 같다.

> 대학교수가 학생의 학업을 위하여 대학 교재인 인쇄된 도서를 디지털 스캔작업 후 디지털 파일로 대학 내부 웹페이지에 올려놓고 이를 이용할 수 있도록 하였다. 원고는 저작권 침해를 문제 삼았고, 피고는 공정이용 법리로 항변하였다.
>
> 법원은 저작물 이용이 변형적이지 않다고 보아 피고의 항변을 배척하였다. 공정

18 Campbell, 510 U.S. 578~579 (1994).

19 여기에서 살펴보는 사건판결 외에 2000년대에 들어 미국 법원이 DTM(data mining/text mining)에 대하여 공정이용 법리를 적용하여 저작권 침해에 해당하지 않는다고 판단한 사건판결은 다음과 같다. Authors Guild v. HathiTrust, 755 F.3d 87 (2d Cir. 2014); White v. West (S.D.N.Y. 2014); Fox v. TVEyes (S.D.N.Y. 2014); Authors Guild v. Google, Inc. 770 F.Supp.2d 666 (S.D.N.Y. 2011); A.V. v. iParadigms, LLC (4th Cir. 2009); Perfect 10 v. Amazon, 508 F.3d 1146 (9th Cir. 2007); Kelly v. Arriba Soft, 336 F.3d 811 (9th Cir. 2003) 등이다.

이용 법리를 적용하려면 새로운 의미가 추가되거나 교재의 본래 이용목적(교육) 외에 다른 목적의 이용이 필요하였지만 이 사안에서 그렇지 못하였다고 판단하였다.[20]

디지털 파일로 만든 교재는 새로운 내용이 추가되지 아니하였을 뿐만 아니라, 원 저작물과 디지털 파일로 만든 교재는 모두 동일한 교육목적을 가지고 있었다. 이 점에서 디지털 파일로 교재를 복제하여 웹에 올린 것은 저작권 침해에 해당한다.

공정이용 법리를 적용하기 위하여 살펴볼 첫 번째, 네 번째 판단 요소와 관련하여 Authors Guild 사안과 유사해 보이는 다른 사안을 살펴보자.

영화에 관한 정보를 제공할 목적으로 예고편과 영화의 주요 장면을 모아 2분짜리 영화 클립 프리뷰(clip preview)를 제작하여 온라인에 공개(전시)하였다. 이에 저작권자인 원고는 피고에 대하여 저작권 침해를 문제 삼았고, 피고는 공정이용으로 항변하였다.
법원은 피고가 원 저작물을 단순히 이용하였을 뿐 새로운 창작성을 드러내지 못하여 중요한 변형적 이용에 대한 요건을 충족하지 못하였고, 이러한 클립 프리뷰가 영화의 대체물이 아니라 할지라도 2차적 저작물 시장에 손해를 끼칠 것으로 보아 공정이용을 받아들이지 않는다고 판시하였다.[21]

이 사안에서 원 저작물(영화)로부터 2분짜리 클립 프리뷰는 전체 가운데 일부에 속하지만 주요 장면만을 요약하여 영화내용을 소개하는 데에 주안점을 둔 것이었다. 여기에는 새로운 내용을 추가하지 않았고, 원 저작물과 다른 목적을 가지고 이용한 것도 아니라는 점

20 Cambridge Univ. Press v. Patton, 769 F.3d 1232 (11th Cir. 2014). 그 밖에 네 번째 요소인 시장에서의 대체물에 대한 위협이 되었다는 점이 중요하게 다루어졌다.

21 Video Pipeline, Inc. v. Buena Vista Home Entertainment, Inc., 342 F.3d 191 (3d Cir. 2003).

에서 저작물 이용이 변형적이지 못하다는 결론에 이르게 된다.

위의 사안과 Authors Guild 사안을 비교하여 살펴보면, 위의 두 사안에서는 저작물 이용이 원 저작물이 가지는 목적에 벗어나지 않는 반면, 구글은 완전히 다른 이용목적을 가지고 있었다. 원 저작물을 정보검색으로 이용하였다는 점에서 구글은 변형적 목적을 가지고 있었다. 변형적 목적(이용)이 인정되면 다른 공정이용 판단요소에 대한 중요성이 약화되어 공정이용 법리를 적용하는 데에 용이하다. 이에 피고는 저작권 침해를 면하게 된다. 이를 단순화하면, 공정이용 법리의 적용 여부는 변형적 목적(이용)을 중시하는 점에 따라 이를 인정하느냐 그렇지 않느냐에 달려 있다.

나. 정보이용과 친한 변형적 목적(이용)과 공정이용 법리

Pierre Leval은 1990년에 발표한 논문에서 변형적 이용(transformative use)을 처음 소개하였다.[22] 그는 이를 생산적 이용(productive use)과 같은 의미로 새겼다. 공정이용 법리 적용과 관련하여 주목하였던 점은 지적 창작의 결과물인 저작물이 창작자의 정신적 노동으로부터 얻어지지만 이전 저작물의 일부를 가져다 쓰는 경우에 이를 단순히 이용하는 것은 아니어야 한다는 것이었다. 그는 원 저작물을 변형하거나 다른 내용을 추가하는 경우에 생산적 이용이라 보았다. 이런 경우에 타인의 저작권을 침해하는 것이 아니라 공정이용 법리를

22 Pierre Leval, "Toward a Fair Use Standard", 103 Harv. L. Rev. 1105, 1111~12 (1990). Leval 법관은 위의 논문에서 밝힌 주제를 이 Authors Guild v. Google Inc. 사건판결에서 그 공정이용 법리의 취지를 잘 드러냈다. 그는 저작권과 문화를 연계하여 문화수준을 향상시키는 데에 관심을 기울여 저작권자의 잠재적 수입을 줄이더라도 일반인의 공정한 저작물 이용이 필요하다는 점을 강조하였다. 그는 Benjamin Kaplan 교수, L. Ray Pattern 교수가 제시한 저작물 공유(public domain) 확산에 대한 논의에 깊은 영향을 받았다.

적용하여 그 이용을 허용하여야 한다고 자신의 견해를 밝혔다.

1994년 미국 연방 대법원은 Campbell 사건판결에서 종래 중시되었던 저작물의 변형적 이용에서 변형적 '목적'이 명확히 드러나야 한다고 그 논점을 옮겨 판단하기 시작하였다. 이렇게 판단대상이 바뀜에 따라 이전에 중시하였던 원본 저작물에 변형을 가하여 새로운 저작물을 작성하였는지 여부를 더 이상 중요하게 다루지 않게 되었다. 즉, 공정이용 법리를 적용하는 데 변형적 목적이 있었는지 여부에 초점을 모았던 것이다.

Authors Guild 사건판결 이전에 공정이용 법리의 적용 여부를 다루었던 두 사건판결을 살펴본다. 먼저 Bill Graham Archives v. Dorling Kindersley Ltd. 사건판결(2006)을 간단히 살펴본다.

> 음악밴드의 포스터를 축소하고 이를 검색할 목적으로 이용하는 것이 저작권 침해에 해당하는지 여부를 다룬 사안에서 법원은 음악밴드의 포스터 이미지를 축소한 것은 그 포스터가 역사적으로 의미 있는 자료라는 점에서 이를 보존하기 위한 목적에 따른 것이었고, 포스터를 작성할 때 가졌던 미학적 목적과 거리가 멀다고 보았다. 법원은 저작물을 항구적으로 보관할 때 검색할 목적으로 검색엔진을 이용하는 것은 변형의 구체적 예시가 될 수 있고, 디지털 환경에서 일반인에게 혜택을 준다고 판시하였다.[23]

다른 사안으로 A. V. ex rel, Vanderhye v. iParadigms, LLC 사건판결(2009)을 살펴본다.

> Turnitin 서비스를 제공하는 것과 관련하여 원고의 논문 아카이빙이 이전 판결에서 살펴보았던 변형적 '목적'에 해당하는지를 검토하였다. 법원은 논문 아카이빙이 저작물의 표현적 콘텐츠와 아무런 관련이 없는 것이라고 보고 논문을 검색

23 Bill Graham Archives v. Dorling Kindersley Ltd., 448 F.3d 605 (2nd Cir. 2006).

하고 보존하기 위하여 복제하는 것은 저작권 침해에 해당하지 않는다고 판단하였다.[24]

이 사건판결과 유사한 내용을 가진 Authors Guild v. HathiTrust 사건판결(2014)은 Authors Guild 사건판결과 관련하여 좋은 예시가 된다. 구글이 스캔한 도서를 도서관이 이용하는 것과 관련하여 도서를 스캔하고 보존하는 것은 도서내용을 데이터 마이닝(data mining)하는 것으로 도서의 (표현한) 콘텐츠를 이용하는 것과 달라서 변형적 목적을 가진 것이다.[25] 지난 1994년 이후부터 2015년까지(20여 년 이상) '변형적'이라는 용어의 의미가 다르게 적용되었는데, 어떤 대상에 대한 표현을 전달하는 것인지, 정보를 전달하는 것인지의 차이를 구별하거나 살펴보는 것이 중요하다. 원 저작물과 다른 기능으로 복제물이 이용된다면 이를 변형적이라고 판단하는 데 용이하다.

3. 정보검색과 공정이용 법리를 묶어 얻는 공공의 혜택(public benefit)

가. 도서정보(스니펫) 검색과 저작물 이용의 관련성

Authors Guild 사안에서 보호받는 저작물을 복사(스캔)한 후 이를 몇 줄로 구성하여 만든 스니펫이 창작성을 띤 저작물인지 아니면 단순한 정보인지 이를 명확히 판단하는 것이 쉽지 않다. 스니펫은 원 저작물 가운데 일부(몇 줄)를 발췌한 것에 불과하고 새로운 내용을 추가한 것이 없을 뿐만 아니라, 스캔된 도서의 특정 페이지에 검색용어

24 A.V. ex rel. Vanderhye v. iParadigms, LLC., 562 F.3d 630 (4th Cir. 2009).

25 Jane C. Ginsburg, "Google Books and Fair Use: From Implausible to Inevitable", Nov./2015, <http://www.sociallyawareblog.com/2015/11/17/google-books-and-fair-use-from-implausible-to-inevitable/?utm_source=feedburner&utm_medium=feed&utm_campaign=Feed%3A+SociallyAwareBlog+%28Socially+Aware+Blog%29>.

를 표시하는 것에 지나지 않는다. 스니펫은 스캔된 어떤 도서에 관한 정보검색과 연관되어 있고, 저작권으로 보호되는 도서를 이용하여 일부 내용을 발췌하여 소개한 것에 불과하다. 그렇다면 스니펫은 새롭게 작성된 저작물로 보기보다는 단순히 검색대상인 정보로 보아야 할 것이다.

원 저작물인 도서(저작물)를 이용하는 것은 일반적으로 교육 또는 교양을 위한 것이지만, 구글이 수행한 것은 도서내용(자료)에서 특정한 용어를 검색할 수 있도록 한 것이다. 이런 경우 공정이용의 첫 번째 요소를 판단할 때, 변형적 이용(transformative use)을 적용하기 쉽다. 이때 '변형적'이라는 용어를 사용하는 것은 1990년대에 의도하였던 용례의 의미와 다르다. 디지털 환경이 성숙된 여건에서 그 용어의 의미는 이전과 완전히 다르다.[26] 종전에는 저작물 이용에 따른 변형을 논의하였지만, 이 사건판결에서는 저작물에 갈음한 정보를 살펴보는 것이다.

Authors Guild 사건판결에서 구글은 원 저작물을 이용하여 새로운 저작물을 만들어 공중에게 저작물을 이용케 한 것이 아니라, 원 저작물을 그대로 스캔한 후 기술적 방법을 동원하여 검색용어가 있는 부분만을 발췌하여 검색할 수 있도록 하였다. 이는 공정이용을 저작권법에 규정하여 저작권자의 권리행사를 제한하고 그 저작물을 널리 이용하게 하는 본래의 취지에서 벗어났다. 타인의 저작물을 복제·전시하지만, 실제 그 저작물은 정보검색을 위하여 이용된다. 하지만, 실제 검색된 정보를 가지고 필요한 도서를 검색하여 그 도서를

26 Jacqueline Lipton, *Rethinking Cyberlaw: A New Vision for Internet Law*, Edward Elgar, 2015, 45.

널리 이용하는지 여부와는 직접 관련되어 있지 않다.

Authors Guild 사건판결에서는 원 저작물을 가지고 만든 대상이 어떤 이용목적으로 쓰이는지에 주안점을 두고 있다. 논의대상은 원 저작물을 이용하여 전통적 의미의 저작물을 작성하였는지 아니면 정보를 제작하였는지를 검토하는 것이 아니라 원 저작물을 이용한 것이 공정한 이용에 해당하는지를 살펴보는 것이다. 또한, 엄격한 의미에서 정보검색과 저작물 이용을 구별할 수 있지만, 지적재산권의 보호대상을 정보 개념으로 일원화하여[27] 판단할 수 있다. 큰 범주에서 저작물도 정보에 속하다는 점에서 특별히 이론(異論)을 제기할 것이 없다.[28]

나. 스니펫(정보) 검색·공정이용의 부합된 목적

스니펫은 스캔한 도서내용 가운데 극히 일부에 불과한 것으로 검색자가 도서 내용 전체를 파악할 수는 없지만, 어떤 검색어가 검색대상 도서에 있음을 알게 한다. 스니펫에 의한 정보는 스캔된 도서에 관한 상세정보로 연결하고, 경우에 따라 그 도서를 구입하거나 이용하게 할 목적으로 다른 정보로 연결하는 매개 역할을 할 수 있다. 스니펫 이용자는 창작적 표현의 도서내용을 읽는 데에 관심을 가지는 것이 아니라, 어떤 검색용어가 스캔된 도서에 포함되어 검색목적을 달성할 수 있는지에 주된 관심을 가진다. 스니펫은 정보검색을 위하여 만들어져 정보 접근·이용을 위하여 기능한다는 점에서 기

27 저작권, 특허권 및 상표권의 보호대상을 각각 표현 정보(expressive information), 기술정보(technological information) 및 상징적 정보(symbolic information)로 설명한다(Marshall Leaffer, *Understanding Copyright Law*, LexisNexis(2005), 31).

28 하지만, 실제 이 점은 사법상 보호대상에 관한 논의와 연결되어 있어서 훨씬 복잡하고 체계적 연구를 필요로 한다.

능적 저작물로 분류될 수도 있지만, 도서정보검색을 위한 자료라고 보아야 한다.

그런데 이 사안에서 피고의 스니펫은 도서 검색을 위한 자료에 지나지 않았다. 피고가 원고 저작물을 검색자료로 이용한다면 변형적 목적이 있다고 확정하기 아주 용이한데, 그렇다면 변형적 목적이 무엇인지를 살펴보는 데로 논의가 옮겨지게 된다. 스니펫을 이용한 정보검색은 수많은 도서를 검색하는 데 드는 소요시간을 절약하고 온라인으로 필요한 도서내용을 읽을 수 있게 하거나 구매 또는 대출할 수 있도록 하므로 온라인으로 도서를 검색하는 데에 일반인에 대한 혜택(public benefits)을 가져온다. 이러한 혜택은 공정이용 법리의 기초와 같고 저작권법상 공익(public interest)으로 정의될 수 있다.[29] 스니펫은 도서검색을 위하여 공익에 기여하고, 이를 통하여 저작권법의 최종목적에 닿아 있다.

정보기술을 이용하여 도서검색 프로그램을 개발한 구글의 목적이 어디에 있는가? 하나는 일반 공중에게 정보 또는 저작물을 검색하는 데 기여함으로써 인류의 문화수준을 향상시켰다고 추단할 수 있다(공익적 목적). 다른 하나는 사기업이 영리를 추구하기 위하여 검색기능을 가진 프로그램을 일반인에게 제공한 것이다. 후자의 경우에 해당한다면, 사기업이 수익을 높이려고 타인의 저작물을 사전 허락 없이 이용한 것이므로 공정이용 법리를 적용하지 못한다. 이 경우에 저작권 침해에서 벗어나지 못한다.

29 이 점과 관련하여 Google Library Project와 Google Books를 통하여 얻는 혜택(benefits)을 5가지로 소개한 적이 있다. ⅰ) 도서검색의 효과적 방법 제시, ⅱ) 문화분석을 위한 데이터 마이닝·텍스트 마이닝, ⅲ) 도서의 접근·이용의 확대, ⅳ) 도서의 보존 및 ⅴ) 독자·연구자에 도서의 소재 및 구입 등에 대한 정보제공을 나열하였다(Authors Guild v. Google Inc., 954 F.Supp 2d 282, 287~288 (S.D.N.Y. 2013).

그런데 Authors Guild 사건판결의 항소심 법원은 구글이 원 저작물로부터 2차적 저작물인 스니펫을 만들어 도서관 장서를 자유롭게 검색하여 용이하게 접근·이용할 수 있도록 한 것이라는 점을 높게 평가하였다.[30] 즉, 구글은 자신들이 기획하는 디지털 도서관이 타인의 저작물을 이용하여 만드는 상업적 목적을 가지고 있었음에도 도서검색 등의 공익적 목적을 부각시켜 그것에 주된 목적이 있음을 밝히는 데 집중하였다.[31] 이 점은 급격한 디지털 기술발전의 시대에 빠른 법적 대응이 필요하다는 것과 관련이 깊다. 공정이용 법리로 기술과 법의 간극(차이)을 좁히려는 점과[32] 이로써 저작권법 목적과 조화를 이룬다는 점에서 사법정책적 판단을 이끌어내는 중요한 단서가 될 수 있었다.

문제는 Authors Guild 사안에서 구글이 원 저작물로부터 정보검색의 결과인 스니펫을 가지고 실제 수익을 얻으려 한 점을 배제할 수 있느냐는 점이다. 만약 구글이 스니펫을 이용하여 수익을 확보하는 데 집중한다면, 저작권 침해에 대한 책임을 면할 수 없을 것이다.[33] 타인의 저작물을 저작권자의 허락 없이 복제하고 이를 전시한 구글에 대하여 법적 비난이 가해질 것이다. 실제 검색된 도서가 그 도서의 상세소개로 링크되어 이용자에게 편익을 제공한다면, 이는 수익성을 배제하였다고 말할 수 없다. 일차적으로 도서검색에 주목

30 Authors Guild, 804 F.3d 201, 217-218.

31 구글은 이에 공정이용 법리의 핵심내용인 'transformative'의 법적 개념을 공익과 연관 짓고 이를 부각시켰다(Roger E. Schechter and John R. Thomas, *Principles of Copyright Law*, West, 2010, 475).

32 Annette Kur(ed.), *The Structure of Intellectual Property Law*, Edward Elgar, 2011, 157.

33 이와 관련하여 구글이 실제 정부의 정책수행과 같이 전혀 수익성을 고려하지 않고 도서(정보)검색 방법을 개발한 것인지를 살펴볼 필요가 있다. 구글이 고액 배상액을 내놓은 화해안을 제시하였고, 저작권 침해에서 벗어나려는 노력을 기울였던 점에 비추어 보면 구글은 수익확보를 주요한 관심대상으로 삼았음을 추단할 수 있다. 이 점으로부터 간접적·잠재적으로 수익을 꾀하려 했던 의도를 짐작할 수 있다.

하지만, 2차적으로는 수익성이라는 잠재적 요소를 가진다고 보아야 한다. 구글의 영리추구를 공익목적보다 가볍게 다룬 것은 구글의 공익성을 부각시켜 정보사회에서 필요한 역할을 감당하게 하려는 법정책적 의도와 관련이 있다.

IV. 공익적 가치 위에 선 정보사회의 저작권법

판례법으로 발전하였던 공정이용 법리를 구체화하여 법률에 채택하는 일이 용이하지 않았지만, 1976년 미국 저작권법은 실무에서 다루었던 내용을 공정이용 규정에 충분히 반영하였다. 하지만, 가정용컴퓨터 혁명, 콘텐츠의 디지털 변환, 인터넷 서비스의 상업화 등을 전혀 기대하지 못하였던 것들로부터 빚어진 문제에 대하여 그 법리 적용의 어려움을 피할 수 없었다. 예견하지 못하였지만 피할 수 없는 현실에서 소송당사자와 법원이 겪는 부담은 최첨단 사안에 대하여 개별 사안별로 해결할 수밖에 없었다.[34]

Authors Guild 사건판결에서 논의된 변형적 이용(목적), 공정이용 법리 및 저작권법에서의 공익 개념 등을 현행 저작권법과 관련지어 살펴볼 때, 정보사회의 저작권법이라는 큰 틀 속에서 저작권법 목적과 현행 저작권법 제35조의5가 실제 어떻게 적용되어야 하는지를 살펴보는 것은 중요하다.

34 Tussey, supra note 1, 120~121.

1. 공정이용의 지렛대와 정보사회 구축과제

가. 정보사회에 적용된 공정이용 법리

Campbell 사건판결에서 연방 대법원은 타인의 저작물을 변형적 이용을 위하여 복제하였다면 상업적 목적이 있었다 할지라도 공정이용 법리를 적용할 수 있다고 판단하였다. 이 사건판결 이래로 이론과 실무상 '변형적 이용'을 규범적 개념으로 정립하기 위하여 'transformativeness(변형성)' 기준에 주목하게 되면서 중요한 논의대상으로 부각되었다.[35]

Campbell 사건판결과 Authors Guild 사건판결을 비교하면, Campbell 사건판결에서는 원 저작물과 이를 이용한 저작물과의 관계를 중심으로 법리를 검토하였다. 하지만, Authors Guild 사건판결은 원 저작물을 이용하여 새로운 저작물을 만들어 놓은 것이 아니라 정보를 검색할 자료(또는 데이터)를 만들어 놓은 것이라는 점에서 차이가 있었다.[36] 원 저작물 전체를 그대로 복제하였다 할지라도 이러한 복제가 저작권 침해에 해당하지 않는다고 판단하려면, 변형적 목적이 분명하고 원 저작권의 목적과 명확히 구별되는 논거가 뒷받침되어야 했다. 즉, 원 저작물의 목적과 복제된 저작물의 목적이 서로 달라야 한다. 이런 경우에 복제된 저작물의 이용이 상업적으로 이용된다 할지라도 원 저작물 목적과 구별되는 변형적 목적이 공정이용

35 공정이용 법리를 적용하는지 여부를 판단하는 데 상업적 요소보다 변형적 요소를 주된 기준으로 삼게 되었다(Kelly Morris, "Transforming Fair Use: Authors Guild, Inc. v. Google Inc.", 15 N.C. J.L. & Tech. On. 170, 178 (2014); Patricia Aufderheide and Peter Jaszi, *Reclaiming Fair Use*, Univ. of Chicago Press(2011), 86, 88).

36 구글의 대학 도서관 장서를 스캔하는 것과 같이 대량의 디지털화 작업을 수행할 때, 세 가지 특징을 드러낸다. 개별 저작물에서 데이터를 만들고, 개별 단위에서 포괄적 묶음을 거래대상으로 삼으며, 중앙통제적 업무처리가 행하여진다는 점이다(Maurizio Borghi and Stavroula Karapapa, *Copyright and Mass Digitization*, Oxford Univ. Press, 2013, 15-18).

판단에 중요하게 작용하므로 이를 중요하게 다룬다.[37]

이 점은 원 저작자가 새로운 시장에서 수익을 확보하려 하지 않고 변형적 목적에 기한 새로운 서비스 이용을 타인에게 허용하는 것이다. 이러한 새로운 이용 또는 목적이 공정이용의 법리에 의하여 보호되지 않는다면 새로운 분야에서 도전이 행하여질 수 없다는 점에 주목한 것이다.[38] 이러한 새로운 목적 또는 이용은 저작권법 목적에 합당하여야 하며(합목적성), 이는 공공에 혜택이 된다는 점이다(공익성). Authors Guild 사건판결에서 구글은 데이터 마이닝(data mining) 또는 텍스트 마이닝(text mining)을 포함하여 실질적인 검색목적을 달성하기 위하여 도서를 데이터로 바꾸어 이용하도록 한 것이라는 점에서 변형적이다. 이는 도서검색의 새로운 장을 열어놓은 것이다.[39] 이 Authors Guild 사건판결은 저작권과 대량 디지털화(mass digitization) 사이의 잠재적 충돌을 보여준 좋은 예가 되었다.[40]

이 사건판결에서 저작권법이 공익을 이끌어낸다는 점이 높게 평가되었다. 또한, 저작물 보호에 앞서 기술적 성과를 인정하다는 점에

---

37 Raymond C. Nimmer, "'Transformative fair use' compared to 'transformative purpose infringement', some cases get this totally wrong including in Google Books" <http://www.ipinfoblog.com/archives/intellectual-property-transformative-fair-use-compared-to-transformative-purpose-infringement-some-cases-get-this-totally-wrong-including-in-google-books.html>.

38 이 논의는 공익적 목적을 충실히 반영하는지에 따라 허용 여부를 최종적으로 판단하게 되므로 그에 대한 중요성을 다시 한번 확인하게 된다.

39 구글은 어떤 도서에 특정 단어가 얼마나 반복적으로 담겨 있는지를 보여주고 이를 이용하여 도서 관련 정보를 검색하는 프로그램을 일반에 제공하였다. 구글은 Westlaw 검색서비스와 비교할 때, 어떤 판결 또는 논문에 어떤 용어가 얼마나 자주 인용되고 있는지를 보여준다는 점에서 자료검색의 공통점을 가지고 있다. 그런데 구글은 전체를 복제하였지만, 그 가운데 일부만을 보여주고 이를 이용하여 다른 서비스로 확대하여 이용할 수 있도록 한다는 점에서 서로 다르다. 이럴 경우 구글의 검색방법을 이용한 이용자는 검색한 도서를 이전보다 더 용이하게 이용할 수 있다.

40 Borghi *et al*, supra note 36, 8.

서 기술이 저작권법을 이끌어가는 현실을 잘 반영하고 있다.[41] 정보기술이 공익적 목적으로 활용되면, 이로써 복제된 저작물은 저작권법의 범위 내에서 자유롭다. 공정이용 법리의 적용 여부를 판단하는 규범적 가치는 저작권 목적에 충실한 것인지 여부에 달려 있다. 문제된 대상이 변형적 이용으로 미국법상 학문·예술을 증진시키는 데에, 즉 공익적 기여가 있는지 여부에 따라 공정이용 법리의 적용이 결정된다.[42] 저작권에 영향을 끼치는 기술개발의 결과가 저작권법 영역에서 보상받는다. 이는 저작권 목적에 합치하기 때문이다.

나. 공정이용의 지렛대를 이용한 정보검색의 기반 구축

(1) 자료검색에서 출발한 정보사회 기초

Authors Guild 사건판결 이전에 검색엔진 구글을 통하여 찾은 자료(캐시 파일)를 (캐시)서버에 저장하는 경우에 저작권을 침해하는지를 문의한 Field v. Google 사안에서[43] 공정이용 법리의 적용 여부를 판단하였다.

구글이 검색된 파일을 저작권자의 허락 없이 내용 전체를 복제하여 저장하고 이를 이용자가 볼 수 있게 함으로써 저작물의 복제 및 전시 등이 저작권법 침해에 해당하는지 다투어졌지만, 법원은 이런 구글의 복제행위 등은 변형적 이용에 해당하고 공중에 유익을 끼친다는 점에서 저작권 침해에 해당하지 않는다고 판시하였다.[44]

41 배대헌, "기술로 문화산업을 이끄는 저작권법에 대한 논의", 산업재산권 제25호, (2008), 259면 이하.
42 Campbell, 510 U.S. 579.
43 Field v. Google, Inc., 412 F. Supp. 2d 1106, 1114~23 (D. Nev. 2006). 이에 관하여 국내 연구로 김정완, "검색사이트에 관한 저작권법상의 고찰", 전남대 법학논총, 제31집 제2호, (2011. 8), 409면 이하.
44 Field 사건판결과 같은 취지의 판결로 Perfect 10, Inc. v. Amazon.com Inc., 487 F. 3d 701 (9th Cir. 2007) 참조.

이와 같은 취지를 다루었던 Kelly v. Arriba Soft Corp. 사건판결도 들 수 있다.

> Arriba Soft Corp.의 웹페이지에 있는 타인의 사진을 검색하는 데에 용이하게 할 목적으로 그 이미지를 썸네일 크기로 축소하였다. 이용자가 특정 썸네일이미지를 검색한 후 마우스로 클릭하면 이미지는 본래 크기로 볼 수 있다. 사진작가인 원고는 피고가 썸네일이미지로 축소하여 웹페이지에 보여줌으로써 저작권을 침해하였고, 원고의 사진 전부를 상업적으로 이용하였다는 점을 들었다.
> 법원은 피고가 원고의 사진을 복제하였다 할지라도 검색 외에 다른 목적으로 활용하지 않았으며, 피고의 복제는 변형적 이용에 해당하여 저작권 침해에 해당하지 않는다는 결론을 내렸다. 법원은 썸네일 크기로 축소한 이미지를 만들지 않으면 이미지 검색이 대단히 어려웠을 것이라는 점을 그 판단근거로 삼았다.[45]

썸네일 사건판결은 독일과 한국에서 저작권 침해에 해당하지 않는다는 동일한 결론에 도달하였지만, 그 논거 제시는 각각 달랐다.[46] 위의 사안은 모두 검색목적을 위하여 먼저 그 대상이 되는 검색자료를 확보한 후 개발한 정보검색 프로그램을 이용한 것으로 논의대상은 저작물 이용이 아니라 정보검색에 관련이 있다. 이러한 논의관점에 주목할 필요가 있다.

---

45 Kelly v. Arriba Soft Corp., 336 F.3d 811 (9th Cir. 2003).

46 독일 연방대법원은 원고가 자신의 저작물에 타인에 의한 검색을 차단할 목적으로 기술적 도구를 사용하지 아니함으로써 자신의 저작물을 이용할 수 있도록 묵시적으로 동의하였다고 보아 구글(피고)의 저작물 이용이 저작권 침해에 해당하지 않는다고 보았다(BGH Urteil vom 29. April 2010 - I ZR 69/08 - Vorschaubilder). 독일 저작권법상 썸네일 검색을 위한 복제가 허용되지 않는다는 점에 따라 실무상 저작권법 밖에서 문제해결방안을 찾아 유연하게 대처하였다(Hugenholtz, P. B. and Senftleben, Martin, "Fair Use in Europe: In Search of Flexibilities", (November 14, 2011), Available at <http://papers.ssrn.com/sol3/papers.cfm?abstract_id=1959554>; L. Guibault, "Why Cherry-Picking Never Leads to Harmonisation", *Journal of Intellectual Property*, Information Technology and E-Commerce Law 1 (2010), at 55). 한편, 한국 대법원은 검색목적으로 이용한 것은 사진작품을 상업적인 면에서 사용한 것으로는 보기 어려운 점 등을 이유로 (구)저작권법 제28조를 적용 여부를 판단하면서 썸네일이미지 검색 서비스는 정당한 범위 안에서 공정한 관행에 합치되게 이용한 것이라고 봄이 상당하다고 판시하였다(대법원 2006. 2. 9. 선고 2005도7793 판결).

구글은 이미 웹에서 이용하는 검색엔진을 도서검색에 확대하여 이용하기 위하여 필요한 정보기술을 개발하였다.[47] 이를 위하여 기초자료인 도서관 장서를 저작권자의 허락 없이 복제하여 이를 게시하였다. 하지만 Authors Guild 사건판결 이후에 저작권자에 대하여 아무런 경제적 부담도 지지 않게 되었다. 즉, 구글은 Authors Guild 사건판결 이후 아무런 부담 없이 타인의 도서를 복제할 수 있게 되어 도서정보를 위한 자료를 얻을 수 있는 서비스를 제공하게 되었다. 정보사회의 기초는 엄청난 자료(정보)를 검색하는 방법을 마련하여 검색된 자료를 활용하는 데에서 출발한다. 도서관 장서를 스캔한 후 e-book으로 제작하여 일반인에게 검색할 수 있도록 한 구글의 전자 도서관은 정보사회의 정보접근·이용을 위하여 필요한 정보사회의 기반이다. 이를 통하여 이용자는 도서이용을 위한 상세정보를 얻을 수 있게 되었다.

(2) 기술개발에 대한 인센티브와 그에 대한 새로운 고려사항

Authors Guild 사건판결로부터 구글은 타인의 저작물을 이용하였음에도 불구하고 저작권법 영역에서 공정이용 법리를 적용한 결과로 새로운 국면을 맞이하게 되었다. 타인의 저작물을 복제하는 데 소요되는 경제적 부담 없이 기술개발을 위한 투자와[48] 그에 따른 수익을 확보하게 되었다. 기술적 아이디어를 바탕으로 개발한 것에 대하여 보상으로 볼 수 있는 결과가 구글에게 귀속된다. 논의의 대상

47 이 점에서 구글은 종래 저작권법 기초로부터 정보사회에서 빚어지는 새로운 문제를 해결하는 방안을 강구하려 하였다(Borghi *et al*, supra note 36, 8). 이에 구글은 '상업적 목적'과 관련한 법리 다툼에서 벗어나는 것이 중요하다고 판단하였다.

48 대학 도서관 장서를 스캔하는 데 구글은 2,000만 권에 대하여 5억 불의 비용을 지출하였을 것으로 추산한다.

에 한정하여 살펴볼 때, 공정이용 법리가 없었더라면 구글이 정보검색을 기반으로 한 대기업으로 성장할 수 없었을 것이다.[49] 개발한 도서검색 프로그램의 제공 등에 따른 비용 등을 저작권법 영역에서 실질적으로 보상받았다고 보아야 한다.

구글 외에 MS가 디지털 도서관을 계획하였으나, 구글의 구체적 계획과 규모 등을 파악하고 중복된 투자와 경쟁을 피하는 것이 좋겠다는 판단에 따라 중단하였다.[50] 구글과 경쟁하여 다른 기업이 밀려나 구글의 경쟁상대가 없다면 구글은 독점적 시장지배를 이끌어낸 것이다.[51] 정보검색 시장뿐만 아니라, 디지털 도서관의 도서검색의 경우에도 더 이상 경쟁상대가 없는 사정 하에서 정보기술력은 창작자의 권리보호보다 공익적 차원에서 정보이용자에게 유익을 제공한다. 하지만, 이로부터 구글에 의한 독점적 시장지배라는 새로운 문제가 야기되었다.[52]

창작자 보호보다 공중에 의한 정보이용을 중시하는 것이므로 구글은 공익목적과 기업이익을 동시에 실현하게 된다. 공익을 확대하여 이용범위를 넓힐 뿐만 아니라, 이를 통하여 구글의 기업이익을 확대하는 계기를 마련하고 있다.[53] Authors Guild 사건판결로 구글이

---

49 James Boyle and Jennifer Jenkins, *Intellectual Property: Law and the Information Society Cases and Materials*, Center for the Study of the Public Domain(2015), 513.

50 Miguel Helft, "Microsoft Will Shut Down Book Search Program," N.Y. Times (May 24, 2008), <http://www.nytimes.com/2008/05/24/technology/24soft.html>.

51 책에 담긴 인류의 문화유산을 접근하는 것을 어느 특정기업의 손에 맡길 때, 사실상 독점이 된다는 점에서 허용되지 말아야 한다는 비판적 견해를 제시하기도 했다(Pamela Samuelson, "Google Book Search and the Future of Books in Cyberspace", 94 Minn. L. Rev. 1308, 1374 (2010)).

52 구글은 미국에서 검색시장의 70%를 점유하고 있으며, 유럽 지역에서 검색시장을 90% 점유하고 있다 (William Pride and O.C. Ferrell, *Foundations of Marketing*, Cengage(2015), 51); Borghi *et al*, supra note 36, 92 *et al*.

53 Schechter and Thomas, supra note 31, 476.

타인의 저작물을 대가 없이 이용할 수 있게 되었고, 구글의 정보기술이 정보사회의 견인차가 되어 정보사회를 펼쳐놓고 있다. 공정이용 법리의 적용은 구글에 대한 저작권법 영역에서의 보상이다.

구글은 저작권으로 보호되는 대상뿐만 아니라, 공유 저작물을 스캔하여 검색자료로 만들어 일반인이 자유롭게 접근하고 이를 이용할 수 있다. 저작권으로 보호되지 않는다는 점에 따라 공유도서를 스캔하여 검색자료로 제작하는 것은 데이터베이스를 제작하는 일이며, 이는 국가에 따라 다르지만 데이터베이스에 대한 권리를 인정받는다. 누구나 그 대상을 가지고 데이터베이스를 제작할 수 있지만, 실제로는 그렇지 못하다.[54] 구글은 이 점에서 공유(public domain) 저작물의 데이터베이스로 도서검색을 포함한 이 분야의 독점적 지위를 확보하게 되었다.[55]

구글이 전 분야의 검색영역에서 독점적 지위를 향유하게 된 것은 Authors Guild 사건판결에서 법원이 공정이용 법리를 적용하는 데 무엇보다도 변형적 목적을 중요하게 다루었다는 점과 떼어놓을 수 없다. 변형적 이용목적이 명확하면 네 번째 판단요소인 시장에서 손해가 발생할 수 있음을 크게 고려하지 않아도 된다는 점에 주목하게 된다. 변형적 이용(목적)은 공정이용 법리를 적용하기 위한 하나의 판단요소에 불과한 것임에도 불구하고[56] 공정이용 법리 적용이 정보화를 이끌어온 기간에 믿을 수 없을 만큼 확장되었고, 저작권법을 왜곡하는 데까지 확장하였다고 볼 수도 있다.[57]

---

54 Andreas Rahmatian, *Copyright and Creativity*, Edward Elgar, 2011, 100-101.

55 Borghi *et al*, supra note 36, 92 *et al*.

56 David Nimmer, *Copyright*, Lexis/Nexis, 2015, §13.05[A][1][b].

57 Library of Congress, "Orphan Works and Mass Digitization Roundtable"(March 10th, 2014), p.39/470 <http://copyright.gov/orphan/transcript/0310LOC.pdf>.

2. 새로운 사회에서 필요한 저작물 이용의 정당성

가. 정보사회에서 정립되는 '변형적' 내용(목적) 해석과 저작물 이용

공정이용 법리의 적용 여부를 논의할 때, 첫 번째 판단요소인 타인의 저작물 이용이 이용자의 상업적 목적과 얼마나 관련성이 있는지를 살펴보았다. 주요한 판단근거로 자리 잡았던 이러한 실무는 Campbell 사건판결(1994년)에서 약화되기 시작하였다. 대중적 인기를 누리던 "Oh, Pretty Woman"을 패러디한 노래도 대중적 관심을 이끌었고, 미국 저작권법 제107조에 규정한 상업적 목적을 명확히 밝힐 수 있었다. 하지만, 이 판결에서 원 저작물과 명백히 구별되어 변형적 목적의 이용이 있다면 상업적 목적에 국한된 판단에 그치지 않고 다른 결론에 이를 수 있음을 보여주었다. 법원은 상업적 요소에 국한된 안목에서 벗어나 저작물을 공정하게 이용할 수 있는 새로운 가치를 반영한 파격적 기준을 제시하였다. Campbell 사건판결에서 원 저작물과 비교하여 새로운 저작물의 이용이 변형적일 경우에 공정이용을 적용할 수 있다고 보았고, 특별한 의미를 담아 이전에 판단하였던 법리기초를 더 이상 유지하지 않았다.[58]

1990년대 들어서 새롭게 등장한 정보기술로 타인의 저작물을 이용한 경우에 법원은 이들에 대하여 공정이용 법리를 어떻게 적용할 수 있는지에 대하여 많은 어려움을 겪고 있었다.[59] 실제로 새로운 기술을 가진 벤처기업을 보호하는 방법은 이들의 저작물을 적극적으로 보호하는 것이 아니라, 타인의 저작물을 이용한 것에 대하여 저작권 침해에 해당하지 않는다는 결론을 이끌어내는 것이 필요하였다. 이

58 Gary Myers, *Principles of Intellectual Property Law*, Thomson/West(2008), 124~125.
59 Jessica Litman, "Campbell at 21/Sony at 31", 90 Washington L. Rev. 651, 673 (2015).

런 경우에 벤처기업은 공정이용 법리로 항변하는 것이 가능하였다.

하지만, 미국 저작권법 제107조를 문언적으로 해석하면 복제행위가 저작권 침해에 해당하는 경우가 많다. 거꾸로 공정이용 법리의 적용이 지나치게 확대되면, 타인 저작물을 불법적으로 이용한 자에 대하여 피난처를 제공하는 것이라는 비난을 피할 수 없다.[60] Authors Guild 사건판결에서 공정이용 법리적용을 위한 네 가지 판단요소 가운데 첫 번째 요소를 가장 중시하였는데,[61] 이로부터 다른 세 가지 판단요소의 판단가치가 상대적으로 낮아졌다. 구글이 전체 도서를 스캔하여 저작물 전부를 이용하였음에도 이 사안에서 세 번째 판단요소를 중요하게 다루지 않았다.[62]

P2P 서비스를 제공하였던 Napster 사건판결에서[63] P2P 서비스 이용자는 저작권 침해에 대한 책임을 면할 수 없었다. Sony 사건판결에서 다루었던 time-shifting을 space-shifting으로 바꾸어 동일한 법리를 적용할 수 있다고 주장하였지만, 법원은 이를 받아들이지 않았다. CD에 저장된 음악을 MP3 파일형식으로 변환하여 다른 이동식 매체에 담아 이용하는 것을 허용하지 않았던 것이다. 이는 매체를 이동하였지만 원 저작물을 이용하여 새로운 저작물로 변형한 것

---

60 Pamela Samuelson, "The Generativity of Sony v. Universal: The Intellectual Property Legacy of Justice Stevens", 74 Fordham L. Rev. 1831, 1845-50, 1862-65 (2006); Terry Hart, "Fox News v. TVEyes: Fair Use Transformed", Copyhype(Sep. 16th, 2014), <http://www.copyhype.com/2014/09/fox-news-v-tveyes-fair-use-transformed/>; Jane C. Ginsburg, Letter from the US: Exclusive Rights, Exceptions, and Uncertain Compliance with International Norms - Part II(Fair Use), Revue Internationale du Droit D'Auteur (RIDA), (Dec. 16th. 2014), <http://papers.ssrn.com/sol3/papers.cfm?abstract_id=2539178>.

61 Jane C. Ginsburg, Robert A. Gorman, *Copyright Law*, Foundation Press(2012), 182.

62 이 점과 관련하여 공정이용 법리를 적용하는 데 오로지 변형적 이용으로 충분하다고 판시한 제2항소법원의 판단에 대한 이견이 있음을 표시하고 있다(Kienetz v. Sconnie Nation LLC, 766 F.3d 756, 758 (7th Cir. 2014)).

63 A & M Records, Inc. v. Napster, Inc., 239 F.3d 1004 (9th Cir. 2001).

이 아니라고 본 것이었다.[64] 이 점에서 Campbell 사건판결에서 판시한 변형적 이용이 없었다. 하지만, Napster 사안에서도 피고는 원고의 음악 파일 전부를 그대로 복제하여 제3자에게 이용할 수 있도록 보내 주었는데, 이 점은 구글이 원 저작물을 그대로 복제하여 이용하였던 것과 크게 다르지 않다. 그러나 전자는 일반인이 음악 파일을 구입하는 데 지급하여야 했던 금액을 지급하지 않았으니 저작권자에게 손해를 끼쳤던 반면에, 후자는 그런 경제적 손실이 아직 발생하지 않았다. Authors Guild 사건판결에서 법원은 원 저작물의 복제가 변형적 목적이 있었음을 주목하였지만, Napster 사건판결에서는 그 변형적 이용과 목적을 찾을 수 없었다.[65]

이 변형적 이용(목적)을 검토할 때, 저작물을 보호하는 저작권법 기초를 다시 한번 살펴볼 필요가 있다. 어떤 이용이 우선적으로 창작(자)을 위한 인센티브와 연결될 수 있는지를 살펴보아야 한다. 다른 사람의 창작물을 저작권자의 허락 없이 이용하는 것을 허용하지 않지만, 예외적으로 허용한다는 점에서 공정이용 법리를 적용하여야 한다.[66] 이러한 공정이용의 법리적 기초와 변형적 목적이 대두된 사정을 비교할 때, 양자가 일치하지 않아 관점의 차이가 아주 크다. 저작권법은 처음부터 기술발전에 영향을 받아 발전하였다. 이 점에서 새로운 기술이 전개되고 이러한 기술을 이용하여 저작물을 작성하고 이용하는 데 영향을 끼친다면 그에 따른 변화도 자연스럽게 받아들일 수 있어야 한다. 이러한 문화적 변화에 따른 혁신은 공정이

64 Napster, 239 F.3d 1015~16.

65 Ginsburg and Gorman, supra note 61, 196.

66 Sony 464 U.S. 417 430~431.

용 법리의 핵심과 맞닿아 있다.[67]

나. 공익성을 중시한 법정책적 판단

Campbell 사건판결 이후 (특히 2000년대에 들어) 공정이용 법리를 논의하면서 저작물을 이용하는 목적이 원 저작물의 목적과 달라야 한다는 점을 명확히 하였다. 하지만, 저작물 이용의 목적이 단순히 다르다는 점에 의존하여 공정이용 법리를 적용할 수 없다. 앞에서 살펴본 Kelly v. Arriba Soft Corp., Field v. Google, Inc. 및 Perfect 10, Inc. v. Amazon, Inc. 사건판결 등을 통하여 원 저작물의 이용 목적에 대한 변형적 판단기준을 제시한 이후에 공정이용 법리를 적용하는 데에 모두 공익성이 중요한 고려요소로 판단하였다.[68] 이용하는 목적이 원 저작물의 본래적 목적과 다르다면 공정이용을 적용할 수 있다. Authors Guild 사건판결에서 드러난 것과 같이 공익적 목적이 명백하게 밝혀지면 이전보다 훨씬 용이하게 공정이용 법리를 적용할 수 있게 되었다. 이러한 점을 때로는 공정이용 법리 적용을 위한 다섯 번째 판단요소로 표현하기도 한다.[69]

---

67 Graeme B. Dinwoodie(ed.), *Methods and Perspectives in Intellectual Property*, Edward Elgar(2013), 41.

68 "we must weigh Google's superseding and commercial uses of thumbnail images against Google's significant transformative use, as well as the extent to which Google's search engine promotes the purposes of copyright and serves the interests of the public. … The Supreme Court, however, has directed us to be mindful of the extent to which a use promotes the purposes of copyright and serves the interests of the public"(Perfect 10, Inc. v. Amazon, Inc., 508 F.3d 1146, 1166 (9th Cir. 2007)).

69 Eugene Goryunov, "All Rights Reserved: Does Google's "Image Search" Infringe Vested Exclusive Rights Granted Under the Copyright Law?", 41 J. Marshall L. Rev. 487, 522 (2008); Dotan Aliar, "Making Sense of the Intellectual Property Clause: Promotion of Progress as a Limitation on Congress's Intellectual Property Power", 94 Georgetown L. J. 1771, 1840 (2006).

여기에서 공익적 목적을 가지는 경우에 공정이용 법리를 용이하게 적용하는 취지는 무엇인가?[70] Sony 사건판결 이래로 공정이용 법리를 계속적으로 확장하여 적용하였는데 이를 새로운 기술과 관련하여 살펴볼 필요가 있다. 새로운 기술이 저작권 영역에 들어오면 저작물 복제가 용이해져 이를 막는 방안도 동시에 모색되었다. 1990년대에 새로운 기술개발은 저작권자의 권리보호를 강화하는 계기가 되었고, 이용자는 이로 인하여 상대적으로 열악한 사정에 빠지게 되었다. 2000년대에 들어서 공정한 저작물 이용이 규범적으로 뒷받침되어야 양자 사이에 균형을 유지할 수 있다는 점을 다시 한번 확인하게 되었다.[71]

타인의 저작물을 이용하는 목적이 사적 이익(예컨대, 사기업의 수익확보 등)을 꾀하고자 하는 데에 있다면, 권리자에 의한 정상적인 저작권 행사가 사적 이익추구에 의하여 쫓겨나게 된다. 이는 공정하지 못하다. 사적 이익을 꾀하기 위하여 정당한 권리행사를 밀어낸다면 법의 테두리 내에서 정상적이지 않다. 하지만, 공공의 이익 또는 공적 혜택(유익)을 위하여 저작권자의 권리를 제한한다면 어떠한가? 무한히 확대할 수 없지만, 공익적 관점에서 수용하게 된다.[72] 이러한 논의가 공

70 이와 관련하여 저작권법이 공익에 기여한다는 점을 처음 명시적으로 밝힌 것은 영국 the Statute of Anne(1710년)이다. 이는 그 법률명칭에서 알 수 있듯이 "An Act for the Encouragement of Learning, by Vesting the Copies of Printed Books in the Authors or Purchasers of such Copies, during the Times therein mentioned"를 잘 드러내고 있다. 이후 19세기에 들어 영국, 미, 유럽의 저작권법은 저작자 권리와 공익 사이의 균형을 통하여 학문·문화수준을 향상시킨다는 목적을 반영하여 발전하였다(Isabella Alexander, *Copyright Law and the Public Interest in the Nineteenth Century*, Hart Publishing(2010)).

71 Gillian Davies, *Copyright and the Public Interest*, Sweet & Maxwell(2002), 305 *et al*.

72 이와 관련하여 공익 또는 공익적 가치가 구체적으로 무엇인지 명확하지 않고 불명확한 개념에 해당한다. 이에 대한 논의는 규범론적 관점에서 비판받을 수 있다(Shubha Ghosh, "Deprivatizing Copyright", 54 Cas. W. Res. L. Rev. 387 (2003)).

정이용 법리 적용에 작용하였고, Authors Guild 사건판결에 그대로 반영되었다. 공익적 검토가 없었다면 공정이용 법리를 적용하는 데에 종래와 같이 네 가지 판단요소를 개별적으로 검토하였을 것이다. 하지만, 법원은 새로운 환경에 비추어 공정이용 법리를 유연하게(flexibly) 분석하여 적용하기 위한 노력을 기울였고 세상의 변화에 따랐다.[73] 이를 비유적으로 표현하면, 세상의 변화에 유연한 태도로 대처하는 것[與世推移]이며, '새 포도주를 새 부대에' 담아야 한다는 것을 의미한다.

3. 현행 저작권법의 관련 문제 검토

가. 썸네일이미지 사안을 통해 본 관련 규정 해석론

Authors Guild 사건판결에서 다루어진 것과 유사한 사례가 국내 법원에서 아직 논의되지는 않았지만, 미국의 Kelly v. Arriba Soft Corp. 사건판결에서 다루어진 썸네일(thumbnail)이미지 관련 논의는 국내에서도 동일하게 검토되었다. 2006년 2월 대법원 판결에서 원저작자의 허락 없이 타인의 사진작품을 이미지검색을 위하여 썸네일이미지 형태로 이용한 것에 대하여 저작권을 침해하였는지 여부에 대하여 다루었다.

대법원은 "썸네일이미지를 제공하는 목적은 검색서비스를 이용하는 사람들에게 그 이미지의 위치정보를 제공하는 것"이라고 명시하면서, "상업적 성격은 간접적이고 부차적인 것에 불과"하다고 판단하였고, "이미지 검색을 이용하는 사용자들도 썸네일이미지를 작품

73 "the importance of analyzing fair use flexibly in light of new circumstances"(Perfect 10, Inc. v. Amazon.com, Inc., 508 F.3d 1146, 1166 (9th Cir. 2007)).

사진으로 감상하기보다는 이미지와 관련된 사이트를 찾아가는 통로로 인식할 가능성이 높은 점 및 썸네일이미지의 사용은 검색사이트를 이용하는 사용자들에게 보다 완결된 정보를 제공하기 위한 공익적 측면이 강한 점 등을 종합하여 보면" 공정한 관행에 합치되게 이용하여 이는 저작권 침해가 아니라는 결론을 맺고 있다.[74] 이 판결에서 주목할 점은 썸네일이미지를 제공하는 목적이 이미지의 위치정보를 제공하는 것이고, 이는 공익적 측면에서 비롯된 것임을 강조한 것이다.

이러한 판시내용은 미국의 Kelly 사건판결(2003년)과 매우 닮아 있다. 제9항소법원은 저작권법은 창작성을 증진할 목적으로 입법된 것으로 이 창작성의 증진을 통하여 창작자와 공중이 함께 유익을 얻는 것이라는 점을 전제한 후, 피고 Arriba Soft Corp.가 원고 Kelly의 작품사진을 허락 없이 이용하여 썸네일이미지로 작성하여 제공하였다 하더라도 예술적 창작성을 억압하지 않고 인터넷에서 정보검색 기술을 향상시킴으로써 공중에 유익을 끼치게 된다는 점을 강조하였다. 이러한 정보검색을 일반인에 대한 혜택 또는 공적 유익(public benefit)을 제공하는 것으로 보았다.[75]

여기에서 의문점은 공익적 측면이 강조되면 썸네일이미지의 위치정보 제공으로 따라오게 되는 상업적 성과를[76] 완전히 배제할 수 있는 것인지에 대하여 구체적으로 논의되지 않았다는 점이다. 위에서 살펴본 것과 같이, 종래 중시되었던 첫 번째 판단요소인 저작물 이용의 목적이 상업적인지 여부를 더 이상 중요하게 고려하지 않는다.

74 대법원 2006. 2. 9. 선고 2005도7793 판결.
75 Kelly v. Arriba Soft Corp., 280 F.3d 934, 942 (9th Cir. 2002).
76 간접적이고 부수적인 성과가 개발자(또는 제작자)에게 귀속하는 것을 말한다.

저작물 이용이 변형적(transformative)인 것이라 판단되면, 공정한(fair) 이용으로 추정하게 된다.[77] 저작물 이용을 허락하는 결과인 공정이용 법리는 사회적 또는 기술적 압력에 영향을 받아 규범적 해석론을 밀어내어 예측불가능성(unpredictability)이 높아졌다.

국내에서 다루었던 썸네일이미지 이용에 관한 판결은 (구)저작권법 제28조에 규정한 저작물 인용에 그 기초를 두고 있었다. (구)저작권법 하에서 제28조는 공정이용 규정의 취지를 담지 아니했음에도 불구하고 사실상 공정이용 법리의 역할을 감당하였다. 하지만, 2011년 저작권법 개정으로 미국의 공정이용 규정과 거의 같은 규정인 제35조의3을 신설하였다. 이로부터 (구)저작권법 제28조의 인용과 제35조의3에서의 이용을 구별하여야 한다는 논의가 제기되고 그에 따른 법리적 검토가 절실히 요청되었다.[78]

현행 저작권법 제35조의5가 미국의 공정이용 규정(제107조)을 수용하여 닮은 내용을 담고 있지만, 그 규정의 실체를 살펴보면 상이하다는 점을 확인하게 된다. (구)저작권법 제28조(공표된 저작물의 인용)는 말 그대로 인용이 저작권 침해에 해당하지 아니함을 규정한 것인 반면에, 저작권법 제35조의5는 공정이용 규정으로 타인의 저작물 이용을 포섭하는 포괄적인 규정이다. 그런데 썸네일이미지 이용이 현행 저작권법 하에서 문제되었을 경우에 제28조와 제35조의5 중 어느 규정을 가지고 문제를 해결하여야 하는지 개별 규정을 놓고 살펴

77 Jane C. Ginsburg, “Fair Use for Free, or Permitted-but-Paid?”, Berkeley Technology Law Journal, Columbia Law and Economics Working Paper No. 481. Available at SSRN: <http://ssrn.com/abstract=2444500>, at 3(footnote 9).

78 이를 ‘전유형 인용’으로 이름붙이고 인용의 통상적 내용인 삽입형 인용과 구별하고, 2011년 저작권법 개정으로 제35조의3이 신설됨으로써 전유형 인용을 공정이용 규정에서 다루어야 하는 대상으로 그 논의를 전개하고 있다(박성호, “인터넷 환경 하에서 저작권의 제한에 관한 연구 - 저작권법 제28조 및 제30조를 중심으로 -”, 정보법학 제19권 3호, (2015), 148~49; 대법원 2013. 2. 15. 선고 2011도5835 판결).

보아야 한다.

먼저, 두 규정의 위상에 관한 논의이다. 제28조는 종래 열거(나열)주의에 터 잡아 규정하였던 개별적 저작재산권의 제한 규정임에 반하여, 제35조의5는 저작재산권을 제한하는 포괄규정으로 제28조를 포섭할 수 있다. 제35조의5를 규정하면서 제28조 등의 개별 저작재산권의 제한규정을 폐지하지 아니하여 여전히 이들 규정과의 관계가 어려운 문제로 남게 되었다. 이에 대한 피상적인 해결방안으로 제35조의5는 제1항에서 "제23조부터 제35조의4까지 … 경우 외에 …" 해당하는 사안에 적용한다는 규정을 두고 있다. 이 규정은 종래의 열거주의를 버리지 않고 포괄(주의) 규정의 입법형식을 수용한 것인데, 이 두 가지는 서로 양립할 수 없다고 보거나 양립한다고 할 경우에는 동일한 판단기준에 의하여 법률문제를 해석하여야 한다는 점이 내재함을 충분히 반영하여야 한다. 제35조의5를 적용하는 경우에 공정이용 법리의 일반규정의 형식을 취하고 있어서 사안적용에 대한 유연성 및 개별 사안별로 문제해결방법을 모색하는 반면, 제28조의 적용여부는 종래 열거주의에 기한 엄격한 판단에 따라 결정될 것이다.[79]

이러한 사정하에서 현행 저작권법 제35조의5에 관한 논의 및 관련 법리가 정립되지 못하여 빚어지는 문제를 해결하려면 외국의 관련 규정을 비교·검토하는 것이 필요할 뿐만 아니라, 현행 저작권법 관련 규정의 체계적 해석론이 뒷받침되어야 한다.

79 저작재산권을 제한하는 포괄적인 규정인 제35조의5(공정이용 규정) 법리는 향후 상당한 기간 동안의 판결례가 축적됨으로써 보다 선명히 드러나겠지만, 열거주의에 따른 개별 저작재산권의 제한규정 해석은 점차 유연성을 가진 규정내용의 해석에 기울어 제35조의5에 수렴될 가능성이 높다.

나. 공익과 유연성 확보에 따른 문제점

(1) 공익성 확보와 공정이용

저작자는 의심 없이 저작권의 중요한 수혜자(beneficiary)이지만, 저작권 보호를 통한 최종 수혜자는 일반 공중이다.[80] 저작권 보호의 최상의 목적은 공중의 지식과 이해를 확장하는 데에 있다. 검색엔진을 이용한 인터넷 자료검색은 아주 필요한 사회적 요구를 반영한 것이라는 점에서 인터넷을 이용하는 누구에게나 유익이 되고 있다. 공적 유익 또는 공익을 꾀하고자 입법목적을 설정하였던 저작권법은 그 목적에 충실한 정보검색을 저작권 침해가 아닌 것으로 판단하여야 한다. 정보사회에서 이와 같은 새로운 기술은 사회적으로 유익한 것으로 인식하고, 이를 저작권법의 법리로써 뒷받침할 때 공정이용 법리의 적용이 당연시 될 수도 있다.[81] 다만, 목적에 충실하다는 점으로부터 바로 공정이용 법리를 적용할 수 있는지에 대하여는 추가적 논의가 필요하다.

정보사회에서 공정이용 법리는 새로운 문제에 대하여 유연하게 대처할 수 있다. 미국 저작권법 제107조에 규정한 네 가지 판단요소 가운데 저작물 이용의 목적이 변형적일 경우에 공정이용 법리를 적용하여 저작권 침해에 해당하지 않는다고 판단하게 된다. 종래 네 가지 판단요소를 엄격하게 해석하여 검토·적용하였던 것보다 아주 유연한 태도로 판단요소를 적용함으로써 다른 세 가지 판단요소를

80 "while authors are undoubtedly important intended beneficiaries of copyright, the ultimate, primary intended beneficiary is the public"(Authors Guild v. Google Inc., 804 F.3d 202, 212 (2d Cir. 2015)).

81 이 점과 관련하여 아주 간단히 정리하는 내용으로 "정보검색을 위하여 타인의 저작물을 이용하는지 여부를 물을 때, 그렇다고 답하면 그 이용이 'transformative(변형적)'에 해당하여" 공정이용 법리를 적용하게 될 것이다(Neil Weinstock Netanel, "Making sense of Fair Use", 15 Lewis & Clark L. Rev. 715, 768 (2011)).

중요하게 다루지 않는 결과를 빚어냈다. 이 결과 저작물 이용에 관한 시장에서의 손해 또는 그 경제적 평가를 가볍게 다루게 된다.[82]

이러한 논의는 저작권법이 최종적으로 누구를 위한 법인가를 묻는 것으로 이어져 그 답을 구하게 된다. Authors Guild 사건판결에서 법원은 저작물 이용과 관련한 최종 수혜자를 일반 공중이라고 판단하였다.[83] 이 경우 구글의 검색방법은 일반인의 정보검색을 위하여 필요한 것일 뿐만 아니라, 일반인이 구글 검색엔진을 이용하여 도서를 검색할 때 아무런 경제적 비용을 부담하지 않는 것도 중요하게 고려한 사항이다. 이 두 가지를 하나로 묶으면 일반인은 정보검색에 혜택(benefit)을 얻는 것이며, 도서검색의 수혜자(beneficiary)가 된다. 구글이 저작권 침해를 면한 것은 일반 이용자에게 혜택이 주어진다는 점을 우선적으로 고려한 것이라 볼 수 있다. 이전의 공정이용 법리는 저작권자와 이용자 사이의 법률관계를 중심으로 판단하였다. 그런데 이 사건판결에서 새로운 기술과 관련하여 저작권 침해를 면하려면 저작권법의 목적에 합당하고 일반인에게 정보접근·이용을 강화해주는 혜택(public benefit)을 이끌어내었다는 점을 중시하였다. 즉, 피고의 저작물 이용을 외부요소와 연결 지어 공정이용 법리의 적용 여부를 판단하는데 이때 공익(public interest) 요소로 판단한다.[84] 요컨대, 공정이용의 법리 적용에 합목적성과 공익성을 실제

82 Campbell, 510 U.S. 579.

83 만약 구글의 행위가 저작권 침해에 해당한다면, 이에 따른 경제적 손해를 이용자인 일반인에게 전가시켜 그 비용을 분담시키는 결과가 빚어질 수도 있다. 또한, 정보검색의 새로운 기술개발이 늦추어질 수도 있을 것이다.

84 Pamela Samuelson, "Unbundling Fair Use", 77 Fordham L. Rev. 2537, 2620 (2009). Samuelson 교수는 이 글에서 공정이용을 논의한 사건판결을 검토하면서 정보검색과 관련한 공정이용 사안은 1976년 저작권법 개정 당시에 예견할 수 없었던 이용에 해당하는 것으로 분류하였다. 여기에 살펴본 사건판결을 하나로 묶어서 Samuelson 교수는 'Access to Information-Promoting Fair Uses'로 나누어 검토하면서 종래의 공정이용 사안의 판단과 아주 다르다는 점을 지적하고 있다(Samuelson,

판단요소로 고려하였다.

이를 비판적 관점에서 살펴보면, 법원은 새로운 기술이 등장한 사정하에서 사회적 혜택(social benefit)을 중시하여 그 변형성을 지나치게 강조하였고, 저작권자가 그 사회적 혜택(또는 유익)을 훼방하지 못하도록 할 목적으로 시장에 대한 영향력을 낮게 평가한 것이다.[85] 구글은 검색엔진을 제공함으로써 부수적으로 경제적 수익을 높였지만 법원은 이를 중요한 고려사항으로 판단하지 않았다.[86] 이러한 법원의 판단은 종래 공정이용 법리를 적용하여 그 법리를 발전시켰던 이전의 논의와 아주 다르다.[87]

(2) 공정이용 법리 적용과 유연성의 관계

현행 저작권법 제35조5를 실제 사안에 적용할 때, 미국 법원의 유연성에 대한 태도를 그대로 수용하는 데에 어려움이 있다. 소위 법관법(judge-made law)이라 말하는 미국 실무내용과 비교할 때, 국내에서 저작권법 제35조의5를 적용한 법관의 재량을 동일하게 수용할 수 있을까? 법관에 의한 입법내용의 확장은 현행 법체계 내에서 수용하기 어렵다. 보다 구체적 판단을 통한 해결방안을 제시할 때까지 현행 저작권법 제35조의5가 미국 저작권법 제107조의 내용을 수용하였다는 사실을 받아들인다 하더라도 실무에서 미국 법원의 법률문제 해결을 위한 유연한 태도를 그대로 수용하는 데에는 어려움이 있다.

---

77 Fordham L. Rev. 2610~2613).

85 Ginsburg, "Fair Use for Free, or Permitted-but-Paid?", at 3~4.

86 "… The purpose of the copying is highly transformative, the public display of text is limited, and the revelations do not provide a significant market substitute for the protected aspects of the originals. Google's commercial nature and profit motivation do not justify denial of fair use …"(Authors Guild, 804 F.3d 229).

87 Kelly, 336 F.3d 820~822; Perfect 10, Inc., 508 F.3d 1165.

Authors Guild 사건판결에서와 같이 새로운 환경에서 공정이용 법리의 적용 여부를 판단할 때, 유연한 적용기준으로 문제해결의 즉응력을 높이는 반면, 개별 사안별로 문제를 해결하는 데에 불확실성(uncertainty) 및 예측불가능성(unpredictability)이 강하게 작용하는 문제점이 드러난다. 미국 저작권법 제107조의 실무내용에서 드러난 것처럼 규정의 유연성(flexibility)이 크면 클수록, 규정의 적용에 따른 판단결과의 예측불가능성이 더 커진다.[88]

유연성을 확보하였으나 공익이라는 명확하지 못한 개념을 채용하여 공정이용 법리를 적용하고 있다는 점에서 문제를 지적할 수 있다.[89] 기준의 유연함은 새로운 산업을 육성하는 데에 크게 기여할 수 있지만, 유연함이 불확실성과 결합할 때 개별사안을 해결하는 데에 높은 비용이 뒤따르게 된다. 이런 사정하에서 중소기업은 문제해결에 소극적인 태도를 취하는 반면, 대기업은 비용지출에 대한 어려움에서 벗어나 유연한 적용기준을 찾는 데 적극적으로 임하게 되어 대기업이 공정이용 법리를 적극적으로 원용하여 저작권 침해에서 벗어날 가능성이 높다. 결국 중소기업은 정보사회에서 기술개발에 소극적으로 임할 수밖에 없는 사정에 놓였다고 추론할 수 있다. 이 점은 법규정의 해석·적용상의 문제에 비롯된 것이 아니라, 정보사회의 기술개발을 이끌어내는 것과 관련되어 있으므로 정책적 해결방안을 모색하는 것이 필요하다.

88 Jane C. Ginsburg, “Fair Use for Free, or Permitted-but-Paid?”, Berkeley Technology Law Journal, Columbia Law and Economics Working Paper No. 481. at 3.

89 Lipton, supra note 26, 45.

다. 현행 저작권법 제35조의5 적용에 관한 법리 검토

(1) 공정이용 규정(제35조의5)과 공표된 저작물의 인용(제28조)과의 규범체계성 논의

현행 저작권법에 공정이용 규정(제35조의5)이 신설되기 전, 이 규정과 아주 유사한 기능을 하였던 공표된 저작물의 이용(제28조)을 적용하여 왔는데, 이와 관련된 논의전개를 위하여 서울고등법원 2010. 10. 13. 선고 2010나35260 사건판결을 간단히 살펴본다.

어린아이가 가요를 따라 부르며 춤을 흉내 내는 것을 촬영하여 이를 포털 사이트에 올려놓아 저작권을 침해하였다는 주장에 대하여 저작권을 침해하지 않았음을 확인하는 소를 제기한 경우, 법원은 동영상의 주된 내용은 어린 딸이 가수의 노래와 춤 동작을 흉내 낸 것이 타인의 저작물을 그대로 끌어다 쓴 것(인용)으로 그 인용된 양이 최소한도의 인용으로 보이는 점, 실연자를 언급함으로써 합리적인 방법으로 출처를 명시하고 있다는 점 등을 종합하여 저작권법 제28조에 합치하므로 저작권 침해에 해당하지 않는다고 판단하였다.

그런데 이 사안을 조금 자세히 살펴보면, 원고가 복제권 및 전송권을 침해하지 않았다는 것을 확인하기 위하여 공표된 저작물 인용이라는 결론에 이르는 논의과정에서 어색한 (판단)내용이 있음을 확인할 수 있다.

먼저 원고가 복제한 저작물을 어떤 목적으로 인용하였는지 판단하는 것과 관련하여 그 인용이 창조적이고 생산적인 목적을 위한 것이면[90] 저작권법 제28조에 의하여 허용된다고 전제하면서, 가창하는 것을 녹화한 것은 "원고가 가수 △△△의 춤을 흉내 내는 원고 딸의

90 이는 인용의 목적에 해당한다.

귀엽고 깜찍한 모습과 행동을 생동감 있게 표현한 것으로서 창작성 있는 저작물"이라고 판단하였다. 여기에서 복제한 목적, 즉 무엇을 위하여 복제하였는지 밝히고 있지 않다.

위에서 언급한 인용은 가수의 노래와 춤을 따라한 것인데 무엇이 창조적이고 생산적인 목적에[91] 해당한다고 판단한 것인지 의문이 든다. 창작적이고 생산적인지에 대하여 아무런 설명이 없고, 목적이 무엇인지도 밝히고 있지 않다. 실제 원고의 어린 딸이 가수의 노래를 따라 부른 것에서 생산적 요소를 찾을 수 없다. 오히려 다른 판단요소를 검토하기 위한 전제사실로 이를 생산적인 것으로 확정한 것이라 추단할 뿐이다. 또한, "창작성 있는 저작물"에 해당한다고 말할 때, 여기에서 창작성의 실체는 무엇인가? 저작권법에서의 창작성을 독창성으로 표현할 때, 타인의 것을 베끼지 않았어야 한다는 것에서 출발한다.[92] 베끼지 않았어야 한다고 하면서 흉내 내는 것을 창작성이 있는 것이라 말하는 모순을 범하고 있다.[93]

이 사건판결에서 다룬 내용이 창조적·생산적이지 않지만, 이를 저작권 침해로 판단하는 데에도 어려움이 있다. 이 사안을 통하여 알 수 있는 것은 공표된 저작물의 인용에 관한 논의보다 공정이용 법리를 적용하는 것이 옳았지만, 당시가 공정이용 법리를 저작권법에 규정으로 채택하기 전이라는 점을 감안할 때 불가피하게 받아들일 수 있다. 이러한 다툼은 현행 저작권법하에서 제35조의5에 따라 공정

91 여기에서 말하는 '창조적이고 생산적'이라는 표현은 미국 저작권법의 공정이용의 법리 적용을 위하여 근거로 제시하였던 '생산적 이용(productive use)'과 유사한 개념으로 이해할 수 있다.

92 인간의 사상 또는 감정을 표현한 것으로 타인의 것을 베끼지 않았을 뿐만 아니라, 기존의 다른 작품과 구별할 수 있는 정도의 창조적 개성으로 족하다(대법원 2005. 1. 27. 선고 2002도965 판결; 오승종, 『저작권법』, 박영사(2016), 67면).

93 같은 취지: 한지영, "저작권법상 인용에 관한 고찰", 창작과 권리 제68호, (2012), 131면.

이용 법리로 문제를 해결할 수 있을 것이다.

현행 저작권법 제28조는 i) 공표된 저작물을 대상으로, ii) 인용하여야 하고, iii) 정당한 범위 안에서 공정한 관행에 합치하여야 하는 요건을 명시하고 있다. 이를 제35조의5와 비교하면, 공정이용의 경우에는 공표되지 아니한 저작물도 이에 포섭되고, 인용보다 넓은 개념으로 이용 개념이 확대되며 공정한 관행에 합치하는지 여부를 묻지 않는다.

현행 저작권법 제35조의5를 신설하기 전에는 위에서 살펴본 사례와 같이 제28조가 공정이용에 관한 대안으로 아주 폭넓게 실무에서 활용되었다.[94] 하지만 제35조의5가 신설된 이후에 종래처럼 포괄적으로 적용되었던 사안을 구별할 필요가 있는데, 그 구별기준은 인용·이용을 엄격히 새기는 것이다. 또한 이 점은 제35조의5 제1항에서 "제23조부터 제35조의4까지, 제101조의3부터 제101조의5까지의 경우 외에 …" 공정이용 법리를 적용하는 것이므로 법률규정의 적용에 있어서 선후 문제를 명시하였다.

이 두 조문을 형식적 안목에서 볼 때에 제28조와 제35조의5의 적용 대상을 명확히 구별하여 각각 인용과 이용에 다른 결론을 이끌어 낼 수 있을 것처럼 보이지만, 실제는 그렇지 못하다. 어떤 논의대상을 인용에 해당하는 사안으로 분류하여 제28조의 요건을 충족하지 못하여 저작권 침해의 결론에 이르게 된다고 할지라도 같은 대상을 제35조의5에 따라 판단하면 저작권 침해에 해당하지 않을 수 있다는 점이다.[95] 동일한 사안이 같은 법률의 어떤 규정을 적용하느냐에

94 박준석, "한국 저작권법 상의 '저작권 제한'에 관한 고찰", 계간 저작권 제100호, (2012), 134면.
95 탄력성을 띤 공정이용 법리의 적용이라는 점을 감안하면 더욱 그렇다.

따라 다른 결론에 이르게 된다는 것은 모순이다.

저작권법 제23조부터 제35조의4까지 규정의 적용은 저작재산권의 제한이라는 관점(열거주의에 기한 법리에 기초하여)하에 각 조문의 적용에 경직성을 드러내는 반면에, 제35조의5는 포괄적 적용 및 사안에 대한 유연한 적용을 이끌어내는 법리적 기초를 가진 규정이다. 이에 전자에 해당하는 대상을 제23조부터 제35조의4의 규정으로 먼저 적용하고, 그렇지 못한 경우에는 보충적으로[96] 제35조의5를 적용하여 문제를 해결할 수 있다고 파악할 수 있다. 이런 해석론은 제35조의5의 입법취지 및 법리적 문제점을 고려하지 아니한 결과에 불과하다.

이런 문제의 해결을 위하여 열거규정의 적용 여부와 무관하게 제35조의5를 적용할 수 있다고 보는 것이 합당할 것이다.[97] 제35조의5의 해석론을 보다 체계적으로 전개하려면 저작권 보호가 강화되는 사정 하에 이용의 범위를 확대하거나 보호와 이용 사이의 균형을 모색하는 것이 필요하다. 이전에 제28조 규정이 공정이용 법리를 원용하여 실무상 운용하였던 점을 고려할 때, 제35조의5를 신설하는 데 입법정책적 관점뿐만 아니라, 저작자 보호와 공정이용이라는 저작권법의 본질에 충실하려는 노력이 실무에서 충실히 반영되어야 한다.[98] (하지만, 제35조의5가 제23조부터 제35조의4를 포섭할 수 있음을 외국법을 통하여 알 수 있었으면서도 실제 제35조의5를 보충적으로 적용하는 것처럼 규정하여 어떤 사안이 중

96 제35조의5에서 "… 경우 외에 …"로 규정한 것에 따른 것이다.

97 같은 취지: 최호진, "개정 저작권법 제35조의3(저작물의 공정한 이용)에 따라 공정이용을 판단할 때 발생할 수 있는 문제점에 대한 고찰과 해석론의 제시", 계간 저작권 제99호, (2012), 90~92면.

98 제35조의5에 대한 개정효과를 "저작권의 합리적 보호와 더불어 저작물의 공정한 이용을 도모함으로써 저작물 이용을 활성화하고 건전한 저작권 생태계 형성을 유도"하는 것이라고 설명하였다(문화체육관광부·한국저작권위원회, 『개정 저작권법 해설서』, (2012), 33면).

복적으로 적용되는 것을 피할 수 있을 것으로 내다보았던 것으로 짐작된다.) 이 규정의 신설과 함께 새로운 문제가 등장하였는데, 이 문제를 해결하는 방안으로 제35조의5에 규정한 "경우 외에"를 '적용 여부와 관계없이' 또는 '적용 여부와 무관하게' 등의 해석론을 전개하는 법리 검토가 필요하다.[99] 이러한 해석론은 현행 저작권법의 조문내용과 정면으로 배치하는 것처럼 보일지라도 이 해석론을 주의깊게 검토하고, 적극적으로 이를 반영하는 법률 개정으로 뒷받침하여야 할 것이다.

(2) 복제행위가 전송(또는 배포)으로 이어지지 않는 경우 저작권 침해 여부 논의

웹페이지에서 자료를 검색하게 하려면 우선 검색대상이 된 자료를 복제하고 이를 데이터베이스로 만드는 작업이 선행되어야 한다. 여기에서 인터넷이 출현하기 전의 아날로그 환경에서의 복제와 비교하면 그 차이를 쉽게 확인할 수 있다. 아날로그 환경에서 복제는 배포를 위하여 반드시 필요한 것이었다. 배포권 침해가 발생하려면 그 이전에 반드시 복제행위가 앞서서 있게 된다. 따라서 넓은 의미로 저작권 침해는 복제행위와 밀접히 관련되어 있다. 하지만, 온라인 환경에서 복제는 적법하기도 하고 불법적이기도 하다. 어떤 경우에는 복제행위가 불법적인 것으로 문제되지만, 그렇지 아니한 경우도 있기 때문에 복제행위가 있다고 하여 저작권 침해가 뒤따라온다고 판단하지 못한다. 따라서 복제행위 그 자체를 불법적인 것으로 단정하는 일률적 판단은 적절하지 않다.[100]

99 최호진, 앞의 논문, 92면.

100 Paul Ganley, "Google Book Search: Fair Use, Fair Dealing and the Case for Intermediary Copying", (January 13, 2006), at 8, <http://dx.doi.org/10.2139/ssrn.875384>.

어떤 저작물을 복제하였다 하더라도 복제가 저작권을 침해한 것으로 연결되지 않는다. 그 복제된 저작물이 다른 사람에게 배포되지 않는다면 단지 복제한 것에 지나지 않는다.[101] 복제는 저작권 침해를 논의하는 필요한 사항이기는 하지만, 충분조건(sufficient condition)에 해당하지는 않는다. 이런 논의를 구글의 도서관 장서를 복제하는 것에 견주어 판단하면, 복제된 도서를 전혀 사람이 읽지도 않고 접근하는 일 없이 단지 프로그램을 통하여 검색하는 데 활용할 뿐이다. 이를 복제권과 관련지어 저작권 침해 여부를 문의하는 것이 합당한 것인지 근본적인 논의를 전개하게 된다.[102]

일반 공중에게 전혀 공개되지 않고 어떤 경우라도 그 내용을 읽을 수도 없는데 단지 기계가 읽을 것을 복제하였다는 점 때문에 저작권 침해를 문제 삼는다면, 이는 재고할 필요가 있다.[103] 이 점에서 공정이용 법리를 적용하고 저작권 침해에 대한 책임을 묻지 않는다. 저작자와 이용자의 균형을 유지하면서 공공의 복지(public welfare)를 향상시키려는 노력을 기울이는 것이 중요하다.[104] 정보사회에서 정보의 접근·이용을 확대하고 더욱 간편한 검색방법을 만드는 기술을 개발하는 것은 저작권법 영역에 있지 않지만, 이를 이끌어내는 작업은 공익적 관점에서 개인의 저작권을 보호하는 것보다 우위에 놓을 수 있는 것이다.

101 임원선, 『실무자를 위한 저작권법』, 한국저작권위원회(2014), 137면(각주 148번 참조).

102 박준우, "실질적 유사성과 공정이용법리의 공통기원, 그리고 '규범적 복제'의 정의", 계간 저작권 제114호, (2016), 58면 이하.

103 Borghi *et al*, supra note 36, 52.

104 Leaffer, supra note 27, 29~30.

V. 디지털 세상의 변화에 적응하는 저작권법을 위하여

저작권법 목적이 저작자의 창작활동을 독려하고, 일반 공중이 그 저작물을 자유롭게 이용할 수 있게 하는 데에 있음을 우리는 잘 알고 있다. 이러한 저작권법 목적은 공정이용 법리의 적용 여부를 판단할 때 아주 잘 드러난다. 여기에서 살펴본 Authors Guild 사건판결을 곰곰이 생각해보면, 저작권법 목적이 무엇이고 이를 적용한 성과가 무엇인지 우리에게 잘 전달된다. 정보사회에서 (도서)정보를 검색하는 데 필요한 데이터베이스를 제작하고 이에 접근하여 이용할 수 있도록 한다면, 타인의 저작물을 이용한 것이라 할지라도 저작권 침해에 해당하지 않는다고 판단하였다. 말 그대로 저작자 권리를 희생하여 일반 공중의 저작물 이용을 이끌어낸 것이었다.

이 Authors Guilds 사건판결에서 법원은 타인의 저작물을 이용하여 얻게 되는 경제적 가치보다 그 저작물을 이용하여 일반 공중에게 베풀게 되는 혜택을 훨씬 중요한 것으로 판단하였다. 이를 변형적 이용(transformative use)이라는 판단기준으로 요약하면, 변형적 이용이 강할수록 상업적 요소 등과 같은 공정이용의 다른 요소는 그 중요성이 약화된다. 이런 사정은 Kelly 사건판결, Perfect 10 사건판결 및 HathiTrust 사건판결에서 정보사회의 기반을 공고히 하는 데에 필요로 하는 규범의 해석이라는 데에 동일한 메시지로 전달되고 있다.

현행 저작권법 제35조의5는 정보사회의 이용자 (권익)보호라는 관점에서 새롭게 추가된 조문이라는 점이 명백하다. 이 공정이용 조문을 적용한 사례가 쌓여 법리를 이끌어내고 이를 발전시키는 데에는 일정 기간이 필요하다. 하지만, 저작권법에 신설한 공정이용 법리를 적용하는 데에 망설이고 움츠리는 태도를 경계하여야 할 것이다. Authors Guilds 사건판결을 통하여 얻는 메시지는 일반인에 대한 혜택(public benefit)을 이끌어내는 판단이 정보사회의 기반을 놓는 사회적 결단으로 이어진다는 점이고, 이것이 저작권법 목적에 충실히 다가서는 것이라는 점이다.

우리는 이제 현행 저작권법 제35조의5를 통하여 저작자의 창작활동을 독려하고 그 창작물을 널리 이용하는 저작권법의 목적을 실현하는 새로운 장을 열 수 있게 되었다. 이미 출발하였다. 기술에 의존한 규범세계의 한계를 뛰어넘지 못하였던 종래의 틀에서 빠져나오지 못하면, '정보의 접근·이용을 이끌어내자'는 구호만 강조하는 구태에 머물러 있게 될 뿐이다.

창작과 이용을 위한 저작권

7

창작자와 중간매개자 사이에서 빚어진 공정성 논란

'구름빵' 사건판결을 중심으로

Ⅰ. '구름빵' 사건을 통해 본 저작권법의 문제

동화 '구름빵'의 작가로 널리 알려진 동화작가 백희나가 2020년 4월에 아스트리드 린드그렌 기념상을 수상하였다. 아동문학계의 노벨상으로 불릴 만큼 권위를 가진 이 상을 수상한 작가에게 언론매체는 그에게 쏠리는 또 다른 관심거리를 소개하는 데 집중하였다. 주식회사 한솔교육과 체결한 저작물개발용역계약으로 창작된 동화 구름빵의 저작권이 누구에게 귀속하는지 여부를 다루는 법적 다툼이었다.

이 '구름빵' 사건은 저작자와 출판사 사이에 저작물개발을 위한 용역계약(도급) 체결에서 비롯되었는데, 계약내용인 그림책 1권을 개발하여 이를 출판사에 인도하고 그 저작물의 저작인격권을 제외한 일체의 권리(저작재산권, 2차적저작물작성권 등)를 출판사에 양도한다는 약정내용을 주된 논의대상으로 다루었다. 원고인 저작자는 저작재산권 전부를 출판사에 넘기고 그 대가로 일정액을 받은 것이 소위 '매절계약'에 해당하고, 이는 저작자에게 지나치게 불리한 계약이라는 점을 들어 이런 계약에서 빚어지는 문제를 해결하여야 한다는 주장을 전개하였다. 사회적 관심대상이 된 이 사건에서 이런 계약을 사후에 바로잡거나 처음부터 그와 같은 계약이 체결되지 못하도록 제도적 장치를 마련할 필요성이 있다는 논의로 이어졌지만, 특별히 이에 관한 다른 구체적 방안이 강구되지는 못하였다.

동화작가와 아동용 서적 출판사는 2003년 저작물개발용역계약을 체결한 후 1권의 동화책을 세상에 선보였고, 이후 그 동화로부터 여러 2차적저작물 및 캐릭터를 널리 소개하였다. 동화작가(원고)는 특약에 따라 계약이 해지되어 저작물의 저작재산권이 출판사로부터 저작자에게 귀속된다는 점을 기초로 저작권침해금지와 그간 발생한 손해에 대하여 배상 청구하였다. 이에 대하여 출판사(피고)는 원고의 주장을 반박하면서 피고가 문제 된 저작물의 저작재산권자임을 밝히고 있다. 이 사건은 2019. 1. 1심법원의 판결, 2020. 1. 항소심 선고가 있은 후 이에 불복하였고, 2020. 6. 25. 대법원의 심리불속행 기각 판결로 종결되었다.[1] 이 사건에서 실제 다루어진 핵심 쟁점은 계약서에 명시된 특약사항인 계약해지로 저작재산권이 저작자에게 귀속하는지 여부를 판단하는 사항, 성명표시권·동일성유지권 등 저작인격권 및 캐릭터에 대한 권리 귀속 등이었다.

'구름빵' 사건이 언론매체를 통하여 대중에게 알려진 이래로 이와 관련 있는 다양한 논의가 전개되고 있는데, 그 연구결과 가운데 최근에 발표된 것으로 '구름빵' 사건의 항소심 판결내용과 계약자유원칙의 수정 등을 소개한 연구자료뿐만 아니라,[2] 창작 노동보호를 위한 저작권법의 구체적 개정(안)을 제시한 연구결과를 내놓았다.[3] 저작권계약의 변경요구권에 관한 비교법적 연구성과를 체계적으로 소개한 글도 눈에 띈다.[4] 여론에 힘입은 국회도 입법적 노력을 기울였는데, 2018. 11. 노웅래 의원의 발의안[5] 및 2015. 4. 배재정 의원이 대표발의하였으나,[6] 저작권법을 개정하는 성과에 이르지는 못하였다.

1 "저작권 패소 '구름빵' 작가 "미약한 작가 권리에 처참"", 조선일보 2020. 6. 26. 관련 기사, <http://news.chosun.com/site/data/html_dir/2020/06/26/2020062603909.html> 참조.

2 전재림, "구름빵 사건과 계약자유원칙 수정에 대한 최근 논의", Copyright Issue Report 2020-02, 한국저작권위원회, 2020.

3 남희섭, "창작 노동 보호를 위한 저작권법의 과제", 언론과 법(제18권 제3호), 2019, 175면 이하.

4 이영욱, "공정한 저작권계약을 위한 입법적 보완방안에 관한 연구", 박사학위논문(고려대), 2015; 김인철, "미국 저작권법상의 종결권 도입에 대한 소고", 법학논고(경북대), 제49집, 2015, 673면 이하.

5 노웅래 의원 대표발의안: 2018. 11. 23. 발의, 의안번호 2016777호.

6 배재정 의원 대표발의안: 2015. 4. 30. 발의, 의안번호 14969호.

2020. 6. 대법원 심리불속행 기각 판결에 따라 결과적으로 이 사건의 실체적 논의내용은 하급심에서 다툼의 대상이 되었던 저작권계약의 해지 의사표시의 효력발생 여부와 저작인격권·2차적저작물작성권 및 캐릭터권 등의 귀속관계에 관한 것이었다. 이 사안의 근본적인 논의 대상은 계약 교섭력 차이와 저작권산업(문화산업)의 발전을 꾀하는 저작권법 목적 규정(법 제1조)의 문제점, 저작권정책 전개 하에 무명·신인작가와 출판사 사이의 계약관계 개선의 어려움으로 드러난 대립적 구조 및 법리적 모순점 등이다. 그 가운데 종래 계약법 틀(framework)을 유지하는 계약자유 원칙에 따른 계약체결의 문제점을 해결하기 위하여 저작권계약의 불공정한 사항에[7] 대하여 법리·실무상 해결방안을 찾는 것이 무엇보다 중요하다.

II. '구름빵' 사건의 사실관계 및 쟁점 검토

1. 사건의 개요

동화작가 백희나의 동화 '구름빵'에 관한 법적 다툼은 저작권침해금지 등의 청구에 관한 것이다. 원고 백희나는 구름빵의 저작재산권이 자기에게 있다는 점에 따라 소를 제기하였지만, 실제로 이 사건은 그 저작재산권이 누구에게 있는지를 다루는 데 집중하고 있다.

원고는 2003. 9. 8. 주식회사 한솔교육(피고1)과 그림책 1권(구름빵)

7 여기에서 저작권 계약내용 및 계약당사자의 교섭력 등과 관련한 논의는 현대 계약법이 가지는 검토대상으로 그 기저에 정보의 편재에서 빚어진다는 문제로부터 살펴보게 되지만, 종래 법률행위 자유라는 사법상 원칙을 특별법의 거래대상에 한정하여 검토한다. 따라서 이 논의는 사법체계 전반에 걸쳐 논의되는 관점의 차이 또는 대상의 한정에서 비롯되는 법리적 접근에 따른다.

을 개발하여 결과물을 건네 주고 그 개발대가로 850만 원을 받기로 하는 저작물개발용역계약을 체결하였다. 개발내용은 그림책 1권의 글과 그림이며,[8] 원고·피고1은 저작권과 관련하여 저작물 인도 시에 2차적저작물작성권을 포함한 저작재산권 일체의 권리를 피고1에게 양도된 것으로 본다는 데 합의하였다. 또한, 계약서 제12조에 원고 또는 피고1이 정당한 사유 없이 본 계약상 의무를 위반하여 계약의 목적을 달성할 수 없는 경우와 계약당사자의 승인 없이 본 계약의 일부 또는 전부를 타인에게 위임하거나 양도하였을 경우 등을 계약의 해지사유로 특약하였다.

피고1은 2010. 5. 27. 재단법인 강원정보문화진흥원(피고2)과 주식회사 디피에스(피고3)와 이 사건의 저작물을 원작으로 한 애니메이션을 공동으로 제작하여 공동의 수익사업에 합의하여 애니메이션 공동제작 및 공동사업계약을 체결하였다. 또한, 피고1은 피고2와 계약에 따라 창작된 저작물의 출판권을 갖고 판매액의 5%를 피고2에게 지급하기로 계약을 체결하였다. 그 밖에 피고1은 극단 J와 뮤지컬 공연과 저작물 이용대가를 받는 연극공연계약을 체결하였고, 피고3은 애니메이션(간단히 '만화')을 제작하였고, 이 만화는 국내 방송사에서 방송되었고, 외국에 수출되었다. 또한, 피고1은 위의 만화를 출판하였으며, 피고2는 제조업체와 물티슈·미끄럼틀·기저귀 등에 캐릭터를 사용한 상품을 제조·판매할 수 있도록 캐릭터 사용계약을 체결하였다.

원고는 2015. 4. 2.부터 수차례에 걸쳐 피고들에게 이 사건 계약

8 이 사건의 저작물에는 책 표지와 앞뒤 내지 사진을 포함하여 총 36장의 사진이 포함되어 있고, 그 사진은 피고 한솔교육의 직원이 촬영하였다.

에 정한 해지사유가 발생하였다는 점에 따라 이 사건 애니메이션 계약의 수정을 요구하였다. 하지만, 기한 내에 원고의 요구가 받아들여지지 않아 이 사건 계약이 해지되었으므로 캐릭터 및 이 사건 저작물의 2차적저작물에 대한 복제·배포·전시·공중송신 행위를 중단하라고 2017. 5. 26.에 통보하였다.

원고는 피고1과 주식회사 한솔수북(피고1-1)에[9] 대하여 출판물목록에 기재된 서적의 인쇄·제본·판매·배포·광고·인도할 수 없으며, 서적의 완제품·반제품 및 출판자료의 폐기와 공연할 수 없도록 하고, 손해배상액 1억 원과 그 이자의 지급을 청구하였다. 또한 피고2와 피고3에 대하여 전시시설·선전물 등에 캐릭터를 더 이상 사용하지 못하도록 하였고, 캐릭터를 사용한 상품의 판매·광고 등을 금지하며, 애니메이션의 복제·배포·공중송신 등을 금지하였다. 여기에 손해배상액 1억 원과 그 이자 지급을 청구하였다. 1심법원은 원고의 피고들에 대한 청구를 모두 기각하였고, 항소법원 역시 원고의 주장을 모두 기각하였다.[10] 이후 대법원에서 2020. 6. 25. 심리불속행 기각 판결로 종결되었다.[11]

2. 쟁점사항 검토

원고는 피고1과 체결한 계약서의 계약해지에 관한 특약사항(계약서 제12조 제3항)인 '상대방의 승인 없이 이 시간 계약의 일부 또는 전부를 타인에게 양도한 경우'에 해당하는 사실이 있음을 주장하였다. 원

---

9 피고 1로부터 출판사업 부문을 분할하여 설립된 회사로 한솔교육의 자회사임.

10 서울중앙지법 2019. 1. 11. 선고 2017가합588605 판결; 서울고등법원 2020. 1. 21. 선고 2019나2007820 판결.

11 대법원 2020. 6. 25. 선고 2020다217816 판결.

고는 피고1이 피고1-1에게 저작물의 저작재산권을 이전하여 이 사건 계약의 전부를 양도하였고, 피고2와 피고3에게도 2차적저작물작성권을 양도하였다고 주장하면서 특약에 따른 계약해지를 통지하였다. 이에 계약이 해지되어 이 사건 저작물의 저작재산권이 원고에게 귀속하게 되었다고 주장하였다.

원고의 주장과 같이 계약이 해지되었다면, 저작재산권이 원고에게 귀속되어 원고가 저작재산권을 행사할 수 있을 것이다. 이에 원고·피고가 체결한 계약내용을 살펴보고, 그 특약으로 정한 해지사유가 적용되는지 여부를 판단하는 것이 이 사건에 관한 법리검토의 출발이다. 1심법원은 계약해지 여부의 판단, 캐릭터 저작권침해 여부 판단 및 성명표시권의 침해 여부 판단에 대하여 모두 기각하였고, 항소심법원은 1심법원의 판결을 그대로 인용하였다. 항소심에서 추가적으로 다룬 사항은 계약서 제5조 제1항이 무효라고 원고의 주장이었다.

가. 이 사건 계약과 계약해지 판단

이 사건 계약은 원고가 그림책 1권을 개발하여 인도하면 피고1은 그 대가로 일정액을 지급하기로 약정하였다는 점에서 도급계약의 일종이다. 도급계약은 당사자 일방이 어느 일을 완성할 것을 약정하고 상대방이 그 일의 결과에 대하여 보수를 지급할 것을 약정함으로써 그 효력이 생긴다(민법 제664조). 1심법원은 원고가 저작물을 작성하여 피고1에게 인도하였고 이에 그 대가를 받았으므로 도급계약이 종료된 것이라고 보았고, 이에 계약을 해제할 수 없다는 점을 확인하고 계약해지의 특약이 적용되는지 여부를 판단하였다.

원고로부터 양수한 피고1의 저작재산권이 피고1-1에게 포괄적으로 승계되었다는 점은 피고1-1에게 계약의 전부를 양도한 것으로 원고는 이 점에 따라 계약서 제12조 제3항에 따라 계약이 해지되어 저작재산권이 자기에게 귀속한다고 주장하였다. 또한, 원고는 피고2와 피고3에게 계약의 일부(2차적저작물작성권)를 양도하여 부분적 계약의 양도가 있었다고 주장하였다.

1심법원과 항소심법원은 이에 대하여 피고1-1은 피고1로부터 출판사업에 대한 권리·의무를 포괄적으로 승계하였지만, 상법 제530조의10에 따라 권리승계의 법적 효과가 생긴다는 점에서 당사자의 의사표시에 의한 승계와 구별하였다. 이에 원고가 주장하는 해지사유를 적용할 수 없다고 밝혔다. 또한, 항소심법원은 피고2와 피고3과 체결한 애니메이션 계약은 저작재산권(2차적저작물작성권)의 권리행사에 관한 것일 뿐,[12] 피고1의 계약당사자 지위가 피고2와 피고3에게 양도된 것이 아니라고 판단하였다. 이 점은 1심 판결을 그대로 인용한 것이었다.

나. 캐릭터 저작권침해 여부 판단

이 사건 캐릭터는 법리적으로 특별히 이견을 제기하지 않는 저작권법상 보호대상이다. 그 캐릭터에 대한 저작권은 원고 저작물의 저작권과 별개로 그 권리가 원고에게 유보되었는지를 검토하는 것이 필요하다.

1심법원과 항소심법원은 이 사건의 그림책의 경우 어문저작물,

12 계약서상 문언에도 저작권의 양도가 아닌 계약의 양도로 표현하고 있다. 이 용어와 관련하여 일반인이 계약의 양도(또는 계약상 지위의 이전 등)와 저작재산권 계약(또는 그 권리의 양도)과의 법적 의미의 차이를 구별할 수 있을지 의문이 든다.

미술저작물 및 캐릭터저작물 등이 결합한 것으로 원고는 이 저작물 일체의 권리를 피고1에게 양도하였고, 이와 함께 캐릭터 저작권도 피고1에게 이전되었다고 보았다. 그 이유로 2차적저작물을 작성할 때 원저작물의 캐릭터의 사용 및 변형을 수반하는 경우가 대부분이라는 점에서 캐릭터 저작권이 원고에게 유보되었다고 보기 어렵다고 판단하였다.[13]

다. 저작인격권의 침해 여부 판단

이 사건의 저작물에 원고 외에 피고1에 소속하였던 사진작가 K의 성명을 표시하여 원고의 단독저작권을 배제하려는 것이라는 주장과 함께 원고는 자기의 성명표시권이 침해되었다고 주장하였다.

이에 대하여 1심법원과 항소심법원은 원고가 이미 K에 대하여 저작권 부존재 확인의 소를 제기하여 K에게 이 사건 저작물에 대한 저작인격권이 존재하지 않고 원고가 단독저작자임을 다른 판결에서[14] 확인하였다고 밝혔다. 다만, 사진작가의 사진촬영 등과 같은 작업을 수행하였음에도 이 사건 저작물에 사진작가 K의 성명을 표시하지 아니할 경우에 K의 성명표시권 침해가 문제 될 수도 있는 사정에 있었다. 하지만, 법원이 K의 저작인격권이 인정되지 않는다고 판결한 이후 이 사건 저작물에 K 성명이 표시된 적이 없었고, 이후에 표시할 우려가 있다고 볼 수도 없다. 이런 사정에 따라 피고1 및 피고1-1이 원고의 성명표시권을 침해하였다고 볼 수 없다고 보았다.

피고2의 홈페이지 등에 구름빵 원작자로 원고를 표시하였지만,

13 이에 대하여 박성호, "그림책 <구름빵>의 캐릭터 저작권은 양도되었는가?", 저작권문화, 2020/9월호(313호) 참조.

14 서울서부지법 2016. 1. 14.선고, 2015가합32059 판결.

피고3의 구름빵 만화 엔딩 크레딧에 원작자로 원고와 피고1-1을 병기하였고, 피고2의 자체소식지 협력사 소개란 또는 보도자료에 피고1을 원작자로 기재한 부분이 있었다. 원고는 이 점을 들어 성명표시권이 침해되었다고 주장하였다. 또한, 원고는 2차적저작물에도 원저작자를 표시하여야 함에도 표시하지 않았다는 점을 들어 성명표시권 침해를 주장하였다.

1심법원은 2차적저작물에 원저작자를 표시하지 않았다 할지라도 저작권침해가 아니라고 판단하였다.[15] 이에 항소심법원은 위의 엔딩 크레딧에 원고와 피고1-1을 동시에 표시한 것은 피고1-1이 저작권자라는 점에서 문제가 되지 않는다고 보았다. 2차적저작물에 원저작자를 표시하지 않아도 성명표시권을 침해하지 않는다는 1심법원의 판단에 대하여 1심판결과 다르게 2차적저작물이 저작권법 제12조의 대상이 된다 할지라도 저작물의 소개나 광고내용을 담고 있는 게시물은 법 제12조에 명시한 '원본이나 그 복제물 또는 저작물의 공표 매체'가 아니므로 성명표시권의 대상이 아니라는 점을 분명히 하였다. 이에 항소법원은 피고2의 자체소식지 협력사 소개란 또는 보도자료에 원작자로 원고를 표시하지 아니하였다 하더라도 원고의 성명표시권을 침해한 것이 아니라는 결론을 내렸다.

라. 이 사건계약 제5조 제1항의 무효 여부

원고는 항소심에서 계약서 제5조 제1항에서 2차적저작물작성권과 편집저작물 등을 포함한 저작재산권 일체를 피고1에게 양도한다

15 이 점과 관련하여 1심 법원은 2차적저작물에 원저작자를 표시하지 않는다 하더라도 저작인격권이 침해하지 않는다고 판단하였지만, 항소심은 이에 대하여 간접적으로 이를 수용하지 않는 판단을 전개하였다. 이에 대한 항소심의 판단에 따라 더 이상 논란을 불러오지 않게 되었다.

고 표시한 것에 대하여 불공정하여 무효이고 약관규제법에 위반하여 이 계약내용을 무효라 주장하였다.

이에 대하여 항소심법원은 2003년 원고가 신인작가였음을 감안할 때, 이 사건의 저작물의 상업적 성공에 대한 위험을 적절히 분담하려는 측면을 갖고 있다고 보고, 이 조항이 원고에게 부당하게 불리한 조항이 아니라고 판단하여 불공정한 법률행위 또는 약관규제법 위반을 이유로 무효로 판단할 수 없다고 판시하였다.

III. 저작자 보호와 문화산업 발전이 상호 대립하는 구조와 법리적 모순

1. '구름빵' 사건의 배경과 관련한 법리 탐색

이 사건판결에서 드러난 쟁점을 들여다보면, 원고·피고 사이의 저작재산권과 저작인격권에 관한 다툼이 어디에서 출발하고 있는지를 추적하게 되고, 그 다툼이 당사자가 체결한 저작물개발용역계약에서 비롯되었다는 점을 확인하게 된다. 동화작가는 저작물개발을 위한 용역을 수행하고, 출판사는 이에 대한 대가를 지급하는 쌍무계약을 체결하였다. 어떤 일의 완성과 그에 대한 보수지급이라는 대립적 행위는 양 당사자의 합의에 기초하고, 계약법의 일반원칙인 계약자유 원칙이 그대로 적용되어 계약법적 관점에서 법리상 문제점을 발견하지 못한다.

원고의 피고에 대한 의사표시와 관련하여 원고가 계약체결 당시에 의사표시에 흠이 있었는지 아니면 착오가 있었는지 여부가 1심 및 항소심 변론과정에서 전혀 다루어지지 않았다. 예컨대, 허위표시, 강박에 의한 의사표시 또는 계약내용에 대한 이해 부족으로 인하여 빚어진 무효 주장 등 자기의 의사표시에 대한 아무런 문제를 드러내지 않았다. 원고는 계약서 제12조에 특약한 사항에 따른 계약해지를 통보하였고 그 효과로 저작재산권이 원고에게 귀속된다는 점을 주장할 뿐이었다. 계약법 법리에 좇아 원고·피고 사이의 의사표시와 그 계약내용의 이행에 문제가 없다면 원고의 주장과 같이 계약의 해지 여부를 살펴보고, 법리적으로 결론을 얻으면 다툼이 끝난다. 그런데 이 사건은 사회문제가 되었다.

이러한 법정 안팎에서 다투는 대상은 어디에서 비롯된 것인가. 무명의 동화작가와 주식회사 한솔교육이 저작물개발용역계약을 체결하였던 시점(2003. 9.)으로 거슬러 올라가 보면 그 사정을 조금 더 현실적으로 파악할 수 있다. 동화책 출판뿐만 아니라, 어린이교육의 전반에 걸쳐 교육사업을 전개한 한솔교육이 무명의 동화작가와 저작물개발용역계약을 체결할 때, 동화작가가 저작재산권 양도와 관련하여 구체적으로 어떤 의사를 전달할 수 있었는지 여부를 추단해 보자. 계약체결 여부가 출판사에 의하여 결정된다는 현실적 안목에서 동화작가가 계약서 내용에 얼마나 적극적으로 자기 의견을 피력할 수 있었을까?[16] 더구나 저작재산권 양도와 계약서 내용 가운데 '계약의 일부 또는 전부를 양도'한다는 법적 의미를 정확히 이해하고 각각을 구별하여 계약을 체결한 것일까?

이와 같은 논의와 관련하여 현행 저작권법 제1조(저작권법 목적)에 규

16 "백희나 작가는 저작권 양도에 대해서는 알고 있었으나 수정을 요청했음에도 거절당했다."고 밝힌 적이 있다("구름빵 법적 공방, 3라운드 궁금증", 이데일리 2020. 5. 12. 기사).

정한 저작자의 권리보호가 얼마나 체계적으로 구현되고 있는지를 살펴보고, 저작권법의 궁극적 목적으로 문화의 향상·발전과 저작권 산업의 발전을 동시에 규정하여 빚어낸 법리상 모순이 무엇인지를 검토하여 저작자 권리보호에 어떤 영향을 끼치는지 살펴볼 필요가 있다.

2. 미해결과제로 내려온 300년 전의 저작권 문제와 현행 저작권법의 현실

현대 저작권법은 저작자의 권리보호와 저작물 이용을 통하여 문화의 향상·발전을 꾀하고자 하는 데에 주안점을 두었고 이를 목적으로 삼았다. 이 저작권법 목적은 어디에서 기원하는가.

17세기 말 영국에서 출판허가법(Licensing Act)의 효력이 상실되면서 종래 출판업자는 기왕의 카르텔 형성을 통한 시장지배력을 유지하는 방안을 모색하였다. 처음에는 출판업자의 경제적 지위를 유지·확보하기 위한 입법적 방안을 찾았으나, 출판업자는 위에서 살펴본 것처럼 John Locke와 John Milton 등의 반대에 부딪혀 저작자 권리를 보호하는 규범 틀을 만드는 데에 주목하였다. 이들의 관심은 저작자 보호형식을 취하여 저작자에게 권리를 부여하지만, 경제적으로 열악한 사정에 있는 저작자의 저작물을 넘겨받아(그들의 권리를 양수하여) 권리를 행사함으로써 종래의 경제적 지위를 유지하려는 노력을 기울였던 것이다. 간단히 말하면, 저작자의 권리보호라는 관점이 아니라 자신들의 이익확보의 수단으로 저작자 권리를 이용하려는 것이었다.[17]

17 NN Feltes, "International Copyright: Structuring 'The Condition of Modernity' in British

이런 논의의 배경은 저작자 스스로 자기의 권리를 행사하는 것이 아니라, 자기의 권리를 출판업자에게 양도하여 일정한 대가를 받는 저작자의 사회·경제적 열악한 사정과 직접적으로 연관되어 있었다. 더구나 무명의 신인 작가의 경우에 자신의 저작물을 출판하기 위하여 출판업자와 어떤 교섭으로 대등한 법률관계에서 비롯된 계약을 이끌어낼 수 있었을까.

17세기 중반의 사정과 저작자 보호에 열악한 문제는 저작권 개념을 창안하고 법률 제정을 논의하였던 300여 년 전과 비교하였을 때 그 본질적 내용이 특별히 달라지지 않았고 발생하는 문제의 실체도 저작자가 계약의 교섭력과 관련되어 있어서 여전히 동일하게 문제로 파악할 수 있다.[18] 무명작가 또는 신인작가와 대형 출판사의 관계로 간단히 축약하여 살펴보면, 사회·경제적으로 열악한 여건이 개선되지 못한 사정 하에 이를 극복할만한 제도적 장치가 마련되지 않았다는 현실을 들추어낸다면 그 사정은 조금도 개선된 것이 없다고 보아야 한다.[19]

1710년에 제정된 Anne 여왕 저작권법은 저작자 권리를 보호하는 규정을 신설하고 일정기간이 경과하면 그 권리가 소멸하여 당해 저작물을 공중이 자유롭게 이용할 수 있도록 규정하였다. 실제 이 법률은 저작자의 권리보호와 저작물 공유를 규정하여 종래 출판업자가 가진 인쇄출판물 시장에서의 카르텔에 의한 시장지배의 폐해

Publishing", Woodmansee and Jaszi (eds), *Construction of Authorship*, Duke Univ. Press, 1994, 271; D. Halbert, *Intellectual Property in the Information Age: The Politics of Expanding Ownership Right*, Quorum Books, 1999, 5.

18 배대헌, 『저작권의 발명과 발전』, 한국학술정보, 2013, 29면.

19 Samuel Johnson은 "No one but a blockhead writes except for money"로 금전적 수익을 위하여 저작활동을 한다는 점을 감추지 않았다(Dustin Griffin, *Authorship in the Eighteenth Century*, Univ. of Delaware Press, 2014, 177).

를 규제하고자 하는 데에 주안점을 두었다.[20] 하지만, 이 법률의 시행 과정에서 법률제정의 취지가 출판시장에서 제대로 반영되지 못하였거나 출판업자의 경제적 영향력으로 인하여 저작자를 보호하는 권리의 법적 성질에 대한 다툼이 이어졌다.[21] 이와 관련하여, 앞에서 살펴본, Millar v. Tayler 사건판결(1769년)과 Donaldson v. Beckett 사건판결(1774년)이 그것이다.[22]

이 사건의 원고와 한솔교육이 체결한 계약은 저작물개발용역인데, 그 저작물의 개발(작성) 후 피고 한솔교육의 저작권 행사와 관련한 내용에 주목하게 된다. 저작물을 한솔교육에 인도한 후 저작재산권뿐만 아니라, 저작인격권을 행사하는 경우에도 한솔교육의 결정에 따라야 한다고 계약서에 명시하였다. 예컨대, 계약서 제5조 제2항에 '저작자는 한솔교육이 필요한 시기에 임의로 저작물을 공표할 것을 허락한다'고 표시하였다. 무명 저작자의 사회·경제적 지위는 계약체결에 대등한 법률관계를 이끌어내지 못하고 현실적 필요에 따라 상대방이 제시한 내용에 불가피하게 따를 수밖에 없다. 이에 대하여 특히 소위 '매절계약'의 폐해를 지적한다(이를 논의항목을 바꾸어 아래에서 살펴본다).

3. 소위 '매절계약'과 무명·신인작가의 상업적 성공

통상적으로 용역에 대한 대가지급을 총액 또는 일괄지급(lump

20 저작권법은 시장규제의 관점에서 보면 현대적 의미로 거래규제(trade regulation)를 목적으로 제정되었다(Lyman Ray Paterson, *Copyright in Historical Perspective*, Vanderbilt Univ. Press, 1968, 143).

21 법률에 의하여 정하여진 보호기간에 한정된 권리로 보는 견해와 저작자의 정신활동의 결과인 저작물에서 비롯된 권리이므로 이는 영국의 Common Law에 의하여 인정되는 권리라고 보아 보호기간의 제한이 없다고 보는 견해의 대립이다.

22 이를 보통 "battle of the booksellers"라고 말한다.

sum) 방식으로 합의할 때, 일의 완성에 따라 계약상 목적물을 인도하고 약정한 대로 대가를 지급하는 데에 특별히 문제 될 것은 없다. 이는 사법상 도급계약의 일반적 방식이다. 이 사건의 계약에 있어서는 어떤가.

매절계약의 체결로 빚어진 데 문제가 있다고 지적하면서, 언론매체는 이를 허용해서는 안 된다는 주장에 대한 방안을 모색 중에 있음을 보도하였다.[23] 일괄지급 방식을 문제 삼는 것은 단 한 번의 대가지급으로 만족할 수 없다는 데에서 출발하고, 일정한 수익이 발생하면 이를 저작자에게 일종의 인센티브로 방식으로 그 수익을 나누어야 한다는 데에 주안점을 두고 있다.

이런 논의는 일괄지급 방식에서 비롯된 계약내용의 문제점을 지적하고 있고, 이를 개선하는 방안의 하나로 모색될 수 있지만, 문화산업계의 현실에 눈을 돌리면 이 문제는 간단하지 않다. 무명·신인작가를 발굴하여 고액의 일괄지급 방식을 채택할 때 상업적 성공(commercial success)을 확신할 수 없는 사정 하에서 그 위험을 전담하는 대가로 저작권을 양수한다고 설명할 수 있다. 상업적 성공에 대한 불확실성(또는 모험적 거래)에 일정한 보상방법이 뒤따르지 않는다면, 안전한 문화상품만이 거래됨으로써 새로운 저작물이 소개되지 못할 뿐만 아니라, 일정한 계획 또는 의도된 저작물의 안정성에 기반을 둔 결과를 피할 수 없을 것이다. 이 점에서 독창성 또는 개성이 존중되는 저작물이 외면당하는 결과를 낳게 될 뿐이다.

일괄지급방식에 대한 저작권 양도·양수가 문제로 지적되고 그 해

23 "신인작가 불공정 계약 개선… '창작자 권익 향상 의도'", 2020. 5. 14. 서울신문 기사, <https://go.seoul.co.kr/news/newsView.php?id=20200514012023&wlog_tag3=naver#csidx27fe6d0d96bae1fb6aefc6f321de2fb> 참조.

결방안으로 사후 보상체제(예컨대, 상업적 성공에 대한 보상금지급청구 등)가 마련된다 할지라도 저작자의 경제적 사정이 나아질 것이라는 명확한 근거를 제시하지 못한다면, 소위 매절계약의 체결이 쟁점의 중심에 있는 것이 아니다.

구름빵 사건은 구체적 사안내용을 파악하기보다는 문제에 대한 사회적 인식을 제고하는 언론매체에 의한 엄청난 엄호를 받았으며 그 문제의 해결방안 모색이라는 데에 사회적 관심을 지속적으로 이끌어냈다. 향후에 일괄지급방식에 갈음하여 정기지급방식 또는 사후 보상금지급방식이 선택될 경우에 무명·신인 작가의 저작물 이용에 대한 경제적 보상은 일괄지급방식을 채택하는 경우보다 더 열악해질 개연성이 높을 수 있다는 점도 배제할 수 없다.

4. '관련 산업의 향상·발전'과 저작자 보호의 차이

현행 저작권법 제1조에 "저작자의 권리와 … 저작물의 공정한 이용을 도모함으로써 문화 및 관련 산업의 향상·발전에 이바지함을" 법의 목적으로 규정하고 있다. 위에서 살펴본 이 목적 규정은 규정해석 및 정책 전개와 관련하여 문화산업의 진흥을 우선적으로 고려한 것이라 말할 수 있다. 저작권법 제1조는 저작권법 전체를 해석하는 기준이 될 뿐만 아니라, 관련 정책을 전개하는 방향성을 제시한다는 점에서 대단히 중요하다.

그런데 저작권법을 통하여 관련 산업발전을 적극적으로 도모하게 되면 저작자의 창작활동보호에 소극적이고 이로써 저작자 보호가 소홀해져 저작자에게 귀속되어야 할 경제적 가치가 문화산업을 육성하는 데에 우선적으로 고려하게 된다는 우려를 가져온다.[24] 또한, 공유의 영역에서 자유롭게 이용할 수 있었던 대상은 더 이상 자유롭지 못하게 됨으로써 이용자는 추가적 부담으로 이용할 수밖에 없는 사정에 빠지게 되었다. 저작자 보호·공유의 저작권의 규범적 영역이 저작권산업의 강력한 경제적 세력과 대립관계로 맞서게 되면 저작권산업계가 저작권법의 규범적 영역까지 차지하려는 현상으로 이어질 수 있다. 이러한 현상을 미국의 저작권 관련 입법에서 찾아볼 수 있다.[25]

견해에 따라 저작권법상 문화산업을 발전시킨다는 목적을 두지 않는다 할지라도 산업계의 재편에 따라 그 사정을 피할 수 없을 것이라고 볼 수도 있다. 이러한 소극적 태도에 따른 해석론을 전개할 수도 있지만, 저작권 본질과 그 법리를 면밀히 분석·검토하여 보면 그렇지 않다. 이를 위하여 저작권법과 문화산업진흥 기본법을 간단히 비교하면 그 논의 단서를 찾을 수 있다. 저작권법은 본질적으로 저작자의 창작활동을 중시하고 문화의 수준을 향상·발전시키려는 국가의 노력을 담은 것이다. 저작권법은 문화산업 진흥을 위하여 입법된 법률이 아니다. 산업진흥을 위한 법률의 규정내용은 문화경제학에 기반을 두고 문화산업을 육성하는 것에 주안점을 두고 있다. 현행법 가운데 '문화산업진흥 기본법'은 저작권법과 아주 달라서 그 목적이 "문화산업의 지원 및 육성에 필요한 사항을 정하여 문화산업 발전의 기반을 조성하고 경쟁력을 강화함으로써 국민의 문화적

24 Ruth Towse, "Creativity, Copyright and the Creative Industries Paradigm", KYKLOS Vol.63 Issue 3, 2010, pp. 473-475.

25 Fiona Macmillan, *New Directions in Copyright Law*(Vol. 6), Edward Elgar, 2007, 5-6. 그 예로 Audio Home Recording Act of 1992, DMCA, Sonny Bono Copyright Term Extension Act of 1998 등을 들 수 있다.

삶의 질 향상과 국민경제의 발전에 이바지함을 목적"이라고 명시하고 있다.

현행 저작권법 제1조에 규정한 산업발전에 관한 법문의 내용은 문화산업진흥 기본법에 이미 규정하였다는 점에서 해당 내용을 저작권법에 중복적으로 규정하는 것은 바람직하지 못하다. 이에 현행 저작권법 제1조를 개정하기 위한 논의가 전개되어야 한다. 통상 입법론의 전개는 해석론을 보충하거나 해석론적 접근으로 법률규정의 체계적 해석을 이끌어내지 못하는 경우에 제시되지만, 이 경우에는 입법정책과 관련되어 있음이 통상의 입법론을 전개하는 것과 다르다. 저작권법 제1조의 목적 규정이 실제 위에서 밝힌 법리적 검토와 다른 논의과정을 통하여 마련되었다 할지라도 현행 저작권법 목적 규정은 저작자 보호와 관련 산업발전을 동시에 규정하게 됨으로써 상호 대립하고 법익이 상치하는 문제를 가지게 되었다.

Ⅳ. 쟁점의 해결방안 모색

구름빵 사건에서 다루어진 주된 다툼은 표면적으로 당사자가 체결하였던 저작권계약에 따른 계약 해지 여부를 판단하는 사항이었지만, 실제로 저작권계약에 따른 통상의 법적 효과가 무명·신인작가에게 불공정한 계약이라는 계약내용의 이면을 들추어낸 것이었다. 무명·신인 작가가 출판사와 저작권계약을 체결할 때, 상대방보다 열악한 계약 교섭력을 가져 공정한 계약을 체결할 수 없고 이로부터 추가적으로 경제적 불이익을 감수할 수밖에 없는 사정에 놓여 있음을 피할 수 없다.

이에 대한 문제 해결의 큰 틀은 무명·신인 작가의 곤궁한 경제적 사정으로부터 빚어지는 여건을 파악하여 저작권법 안팎에서 해결할 수 있는 방법이 있는지를 찾아보는 것과 저작권법 안에서 제도적으로 창작자를 보호하기 위하여 공정한 저작권계약을 이끌어 내는 방법을 갖추는 것이다. 전자는 저작권법 이외의 타 법률의 보완이 뒤따라야 하지만, 실제 정책적 결단이 입법사항에 반영되느냐 여부에 달려 있다. 후자는 사법의 일반원칙이 저작권법에 수정·변형되어 특별한 사정이 반영되는 법리적 해석을 바탕으로 한 입법적 해결책을 이끌어내는 것이다.

그런데 저작권계약에 관한 법률개정을 이끌어내려면 현행 저작권법 틀이 이를 수용할 수 있다는 점을 전제로 하는 것인데, 현행 저작권법은 이와 관련하여 저작권법의 목적 규정에 내재적 한계를 지니고 있다. 저작자 보호와 문화산업 발전을 병존시켜 상호 간 이해 충돌을 야기함으로써 문제해결을 곤란하게 한다.

1. 저작권의 포괄적 양도의 불공정성 개선

포괄적 양도를 전면적으로 무효화시키거나 이를 허용하지 않는 법적 방안을 모색하는 것은 원론적으로 바람직하지 않다. 당사자의 의사표시에 법률이 간섭하면, 저작물을 이용하거나 저작권 양도·양수에 나쁜 영향을 끼쳐 경제적으로 우월적 지위에 있는 당사자가 목적하는 대로 변질된 저작물을 양산하게 될 수 있다. 이 문제를 해결하려는 데 저작자 보호와 문화의 향상·발전이라는 저작권법의 핵심적 가치(저작권법 목적)를 동시에 도출하려는 정책적 고심이 뒤따라야 한다.

이와 관련 있는 국내 논의로 추가보상청구권을[26] 저작권법에 새롭게 도입하여 사후의 성공으로 얻은 수익을 저작자에게 분배할 수 있는 방안을 제시하기도 한다. 즉, 어떤 저작물이 시장에서 크게 성공하였지만, 기왕에 체결한 계약으로 인하여 그 경제적 성과의 혜택을 누리지 못한 저작자가 사후에 경제적 보상을 청구할 수 있도록 하는 방안을 저작권법에 신설하여야 한다는 취지를 법률에 반영하자는 것이다.[27]

유럽연합(EU)은 이에 대하여 관심을 갖고 기왕의 저작권관련 계약을 사후에 변경할 수 있는 제도적 장치를 마련하는 논의를 전개하였고 이에 대한 지침을 마련하였다.[28] 또한, 독일은 종전 저작권법 제36조에 소위 '베스트셀러 조항'(Bestseller Clause)을 규정하였다. 이 규정으로 계약의 변경청구권을 행사하려면, 저작자는 저작물의 이용대가에 '중대한 불균형'(grobes Mißverhältnis)이 있음을 입증하여야 했다. 이런 입증의 곤란을 해결하기 위하여 2002년 개정된 독일 저작권법 제32조는 처음부터 계약상 불균형을 조정하기 위하여 새롭게 설치하였고, 적절하지 않은 보상에 관한 합의는 사후에 변경될 수 있음을 명

26 'Bestseller Clause'로 칭하기도 한다. 개정(2002년) 전 독일 저작권법 제36조 및 프랑스 지적재산권법 제131조의4가 대표적이다. 독일은 200년 법률개정 후 저작권법 제32조(적절한 보상; angemessene Vergütung)와 제32조a(공정조항; Fairnessparagraf)를 규정하여 종래의 요건을 완화하여 그 적용범위를 확대하였다. 이와 함께 미국 저작권법 제203조에 규정한 'Termination Right'는 유럽 국가 저작권법에 규정하였던 Bestseller Clause에 상응한다.

27 "'구름빵' 눈물 다시없게 추가보상 길 연다", 서울신문 2010. 5. 13. 자 기사 참조.

28 *See* The Society of Authors(SoA), "The EU Copyright Directive explained", <https://www.societyofauthors.org/News/News/2019/June-2019/The-EU-Copyright-Directive-explained>. Article 20(Contract Adjustment Mechanism) of Directive (EU) 2019/790 of the European Parliament and of the Council of 17 April 2019 on copyright and related rights in the Digital Single Market and amending Directives 96/9/EC and 2001/29/EC, <https://eur-lex.europa.eu/eli/dir/2019/790/oj> 참조.

시하였다. 이와 함께 법 제32조a에[29] 규정한 계약의 변경 요구는 사후적 행위 기초의 변동에 따라 발생한 '현저한 불균형'(auffalliges Mißverhältnis)을 조정하기 위하여 마련된 규정이다.[30] 이들 규정은 사전에 포기할 수 없고, 강행규정이다.[31]

그런데 실제 이 계약의 변경청구를 통한 적절한 보상액의 확보방법이 무명·신인 작가에게 바람직한 결과를 가져오는가. 유명·베스트셀러 작가와 비교할 때, 오히려 후자의 유명·베스트셀러 작가에게 유리한 제도로 변질되어 본래의 목적에 충실하지 못한 결과를 가져올 수 있다. 베스트셀러 작가는 출판사와 계약할 때, 높은 로열티를 약정할 뿐만 아니라, 사후에 적절한 보상액을 충분히 확보할 수 있다. 예컨대, 신경숙의 소설 '엄마를 부탁해'가[32] 200만 권 이상 판매된 사정 하에 저작물의 출판계약 등을 상상해 보자. 이 소설의 경우에 판매가의 10% 로열티(인세)로 합의한다면, 작가의 수익금이 얼마나 되는지 상상할 수 있다. 기성작가와 무명·신인 작가의 저작권 관련 계약을 체결할 때 어떤 차이점이 눈에 띄는가.

독일 저작권법의 규정(법 제29조 제1항)과 같이 당사자의 의사표시로 저작권을 양도하지 못하도록 금지하지 않는 한, 실제 출판업자는 무명·신인 저작자와 저작권 양도계약을 선호한다. 그렇지 않고 출판업자가 사후에 추가적으로 보상청구를 받아들일 것을 전제로 한 무명·신인작가의 시장에의 등판 기회를 만들려 할지 의문이 든다. 오히

29 '저작자의 추가보상청구권'으로 설명하면 이해하기 쉽다.

30 개정 전 법 제36조에 따르면 급부와 수익 사이에 중대한 불균형(grobes Mißverhältnis)을 입증했어야 하는데 중대한 불균형을 적용하는 데에 어려움이 많았다. 이에 법률 개정 후 법 제32a는 현저한 불균형만을 요구하여 적용하는데 어려움을 구제하였다.

31 독일 저작권법 제32조 및 제32조a, 제32조b 참조.

32 소설 「엄마를 부탁해」(창작과 비평, 2008)의 종이책 정가는 13,000원이며, eBook 가격은 9,100원이다.

려 무명·신인작가의 활동은 더욱 막히게 되고 결과적으로 적절한 보상을 얻게 할 목적을 달성하지 못하게 된다.[33]

Bestseller Clause와 같은 사후보상청구권 등의 신설에 대하여 소극적 태도를 보이는 연구결과에 주목할 필요가 있다. 이런 연구의 결론은 아무런 방법도 모색하지 않는 것이 나쁜 방법을 고안하는 것보다 낫다는 견해를 제시하기도 한다.[34] 이와 관련하여 이 사건 항소심판결에서 "2003년 당시 원고가 신인작가였던 점을 감안하여 이 사건 저작물의 상업적 성공 가능성에 대한 위험을 적절히 분담하려는 측면"을 고려하여 판단하였다. 신인작가를 발굴하여 베스트셀러 작가로 만들 때까지 마케팅 비용과 작가지원이 필요한데 이러한 노력을 인정하여야 한다는 주장이 뒤따른다.

법률의 개정은 여론과 정치적 타협에 의하여 영향받는다. 여기에서 논의되는 문제의 해결방안으로 모색되고 있는 추가보상청구권을 저작권법 개정을 통하여 도입하는지 여부도 마찬가지이다. 예컨대, 종래 Bestseller Clause를 채택할 것인지 아니면 독일 저작권법 제32조와 제32조a와 같은 규정을 도입할 것인지 등을 검토하는 것과 함께 이에 따르는 입법적 준비사항이 필요하다.

33 *See* Martin Kretschmer, "Copyright and Contract Law: Regulating Creator Contracts: The State of the Art and a Research Agenda", 18 J. Intell. Prop. L. 141, 164 (2010); Yifat Nahmias, "The Cost Of Coercion: Is There A Place For 'Hard' Interventions In Copyright Law?", 17 Nw. J. Tech. & Intell. Prop. 155, 215-216 (2020).

34 *See* Katerina Stechova, "How to Best "Sell" the "Best-seller" Clause?: A review on whether the Contract adjustment mechanism proposed by the EU draft Digital Single Market Directive can secure fair (additional) remuneration for authors and performers", A Thesis for PhD(Univ. of London), August 2017.

2. 2차적저작물작성권에 대한 특별한 관리 또는 법적 장치 마련

이 사건에서 다투고 있는 원저작물 구름빵의 2차적저작물작성권의 양도·양수에 관한 논의의 핵심은 계약서 제5조에 이를 포함하여 저작자의 모든 저작재산권이 피고1에 이전되어 빚어진 것이라는 원고의 주장과 관련 있다.

이 사건에서 불거진 매출액의 실제 금액이 얼마인가. 한솔수북은 지금까지 매출액은 알려진 4,400억 원과 큰 차이를 드러내는 20억 원이며, 실제 수익금은 2억여 원 정도라고 밝혔다. 실제 문제된 동화책 1권의 가격은 3,000원이었는데, 개발비로 지급한 850만 원은 4만 부의 인세에 해당하는 금액이었음을 공개하였다.[35] 이 사건에서 원고가 명백히 밝히고 있지는 않지만, 2차적저작물작성권이 양도되지 않았다면, 원고는 이 권리를 통하여 높은 수익을 얻을 수 있었다고 추단하고 있는 것은 아닌가.

현행 저작권법 제45조에 저작재산권의 양도를 규정하면서 저작재산권 전부 또는 일부를 양도할 수 있고, 전부를 양도할 경우에는 특약이 필요하다고 규정하고 있다.[36] 특약이 필요하다는 점을 법률에 명시하였지만, 그 방법은 아주 간단하다. 저작재산권법 전부라고 말하는 것 외에 2차적저작물작성권을 별도로 양도대상의 저작재산권으로 명기하면 특약으로 볼 수 있다. 저작권의 의사표시에 따른 저작권양도를 금지하는 독일과 같은 법제가 아니라면, 향후에도 저작재산권이 당사자의 의사표시로 이전될 수 있는데 현행 규정을 그

35 "백희나 vs 한솔수북 … '구름빵' 계약 진실은 뭘까?", 연합뉴스 2020. 4. 8. 자 기사 참조.

36 저작권법 제45조(저작재산권의 양도) ① 저작재산권은 전부 또는 일부를 양도할 수 있다.
② 저작재산권의 전부를 양도하는 경우에 특약이 없는 때에는 제22조에 따른 2차적저작물을 작성하여 이용할 권리는 포함되지 아니한 것으로 추정한다.

대로 존치할 경우에 이런 문제는 여전히 발생하게 될 수 있다.

2차적저작물작성권을 법률행위로 이전하는 경우에 이에 대한 당사자의 의사표시를 별도의 서면으로 요구하거나 그 특약을 당사자가 명확히 인식할 수 있도록 일정한 방식을 요구하는 것도 고려할 수 있다. 이를 법률에 명시적으로 규정하기보다는 이를 시행령에 위임하여 그 구체적 내용을 정하여 시행할 수 있도록 하는 방안을 마련하는 것이다. 예컨대, 저작권법에 '2차적저작물작성권을 양도하는 경우에 필요한 사항은 대통령령에 따로 정한다' 등의 내용을 규정하는 것이다.

3. 저작자 등 예술인을 위한 저작권법 및 관련 계약법에 관한 이해증진 방안 모색

이 사건판결에서 알 수 있듯이, 원고와 한솔교육은 체결된 계약내용과 다른 문제가 있음을 주장하고 있지 아니할 뿐만 아니라, 원고의 계약해지 통지 후 원고의 저작권이 침해되었다는 주장에 따라 한솔교육(실제로는 한솔수북)에 대하여 저작권침해금지 및 손해배상을 청구하였다. 이는 기왕의 법률관계인 원고와 한솔교육이 체결하였던 계약이 유효하고 그 계약에 따라 계약해지를 주장하였고 이를 전제로 침해금지청구권을 행사한 것이었다.

백희나 작가가 저작물개발용역계약과 저작권 양도·양수의 법적 의미를 명확히 파악하였는지 알 수 없다. 저작권 양도·양수의 합의뿐만 아니라, 저작물이용계약에 대한 합의의 차이와 두 법률관계를 명확히 구별할 수 없을 만큼 합의내용이 불분명한 경우 그 의사표시에 대한 법률관계의 해석이 뒤따른다.[37] 또한, 저작물개발용역계약과 완성된 저작물에 대한 저작권의 양도·양수의 법률적 차이를 구별할 필요가 있다.

이 사건 계약서 제12조 제3항에서 '계약의 일부 또는 전부를 … 양도하였을 경우'를 계약해지사유로 특약하였다. 여기에서 계약의 양도에 대하여 간단히 살펴보자. 대법원은 계약 당사자로서의 지위의 승계를 목적으로 하는 계약인수 약정의 성립요건을 다음과 같이 판시하였다.

> "계약당사자로서의 지위 승계를 목적으로 하는 계약인수는 계약으로부터 발생하는 채권·채무의 이전 외에 그 계약관계로부터 생기는 해제권 등 포괄적 권리의무의 양도를 포함하는 것으로서, 계약인수가 적법하게 이루어지면 양도인은 계약관계에서 탈퇴하게 되고, 계약인수 후에는 양도인의 면책을 유보하였다는 등의 특별한 사정이 없는 한 잔류당사자와 양도인 사이에는 계약관계가 존재하지 않게 되며 그에 따른 채권채무관계도 소멸한다. 이러한 계약인수는 양도인과 양수인 및 잔류당사자의 합의에 의한 3면 계약으로 이루어지는 것이 통상적이고, 관계당사자 3인 중 2인의 합의가 선행된 경우에는 나머지 당사자가 이를 동의 내지 승낙하여야 그 효력이 생긴다."[38]

이 사건에서 2003. 9. 계약체결 당시 및 그 후 계약내용과 관련하여 원고는 사실적으로 어떤 주장이 있었는지 잘 드러나지 않지만, 2015. 4. 이후 계약의 해지에 따라 저작자가 자기에게 저작권이 귀속

---

37 이에 관하여 대법원은 "저작권에 관한 계약을 해석함에 있어 과연 그것이 저작권 양도계약인지 이용허락계약인지는 명백하지 아니한 경우, 저작권 양도 또는 이용허락되었음이 외부적으로 표현되지 아니한 경우에는 저작자에게 권리가 유보된 것으로 유리하게 추정함이 상당하며, 계약내용이 불분명한 경우 구체적인 의미를 해석함에 있어 거래관행이나 당사자의 지식, 행동 등을 종합하여 해석함이 상당하다." 고 판시함으로써 저작자 보호를 꾀하고 있다(대법원 2012. 1. 27. 선고, 2010다50250 판결; 대법원 1996. 7. 30. 선고, 95다29130 판결).

38 대법원 2013. 11. 14. 선고 2012다97840 판결; 대법원 2012. 5. 24. 선고 2009다88303 판결; 대법원 1987. 9. 8. 선고 85다카733, 734 판결.

한다는 주장하면서 법적 다툼이 시작되었다. 이러한 계약 문제의 핵심은 무엇인가. 양 당사자의 교섭력(bargaining power)의 차이에서 오는 불공정한(unfair) 법적·사실적 지위가 문제이다. 이를 '다윗과 골리앗'(David and Goliath)의 관계로 설명함으로써 그 상황을 선명하게 보여준다.[39]

양 당사자의 교섭력 차이를 극복할 수 없다면, 계약의 공정성을 이끌어내는 방안으로 강제적 방법을 동원할 수밖에 없을 것이다. 이러한 교섭력 차이를 좁히려면, 우선적으로 계약 당사자의 법적 판단 또는 그 역량을 강화해야 한다.[40] 제도적으로 이를 이끌어내려면, 저작권에 관한 기초뿐만 아니라, 저작권 관련 계약법을 이해하는 것이 중요하다. 이를 도모하기 위하여 저작권 교육 또는 인식 제고 방안의 적극적 모색 등 정책적 결단이 필요하다. 우선적으로 교육적 방안의 모색이 필요한데, 저작권과 계약법의 법적 인식 제고를 이끌어내는 구체화된 프로그램을 이끌어내야 한다.

4. 저작권법의 목적 규정 가운데 '관련 산업의 향상·발전'의 개정방안

이 사건판결로부터 살펴본 저작권 관련 주된 논의사항은 법리적 검토가 아니라, 정책적 방안을 모색하는 데 집중되고 있다. 법리적 쟁점이 다루어졌다면 그 쟁점의 실체를 파악하여 문제를 해결하려는 노력을 기울여야 하지만, 저작재산권의 양도(이전)와 관련된 계약해지 여부에 대한 내용해석에 집중되어 있을 뿐 저작권법의 법리는 크게 다투어지지 않았다. 다툼의 실체를 조금 좁혀보면, 계약내용에 대한 형식적 합의와 사후적으로 그 법률관계에 문제가 있다는

39 William Cornish, "The Author as Risk-Sharer", 26 Colum. J. L. & Arts 1, 5 (2002).
40 이에 관한 예시로 '눈물그만상담센터'(<www.tearstop.seoul.go.kr>)의 문화예술·프리랜서 항목 참조.

주장에 따라 계약 체결 당시로 되돌릴 수 있는지 여부를 확인하는 것이다.

계약법의 형식적 논리에 이 사건 계약이 특별히 문제 되지 않는다 하더라도 양 당사자 간 공정한 계약체결이 있었는지를 묻는다면 어떤가. 이는 근대민법 3대원칙을 수정하여 계약공정의 원칙을 실현한다는 점에서 중요한 논의대상이다. 무명·신인작가와 출판업자 사이의 계약은, 계약의 교섭력·경제적 지위 및 이에 부수적인 여건 등을 고려할 때, 무명·신인작가에게 불리하지 않도록 해석되어야 한다. 이러한 해석은 저작권법에 이를 해석할만한 근거규정으로 뒷받침되어야 한다.

계약자유의 원칙(또는 법률행위 자유의 원칙)에서 계약공정의 원칙으로의 저작권계약의 변혁을 이끌어내려면, 그에 상응하는 규정을 신설하여야 할 뿐만 아니라, 현행 저작권법에 문제점으로 지적된 규정을 개정하여야 하는 이중적 개정사항을 안고 있다. 예컨대, 유럽 국가에서 채택하였던 소위 Bestseller Clause와 같은 규정을 신설한다면, 이에 대한 문화산업 또는 저작권산업계의 반대를 어떻게 설득하여 그 목적을 달성할 수 있을까? 우선 출판업계의 반대에 부딪혀 무명·신인작가의 곤궁한 지위가 더욱더 열악해질 수밖에 없다. 그들이 가장 먼저 반대하는 논거의 표지는 '관련 산업의 향상·발전'을 명시한 저작권법 제1조 목적 규정에 둘 것이다.

Anne 여왕 저작권법을 제정할 당시부터 지금까지 저작권 관련산업을 발전시키는 것과 연계하여 이 법률을 제정하고 운용한다는 점을 저작권법 목적으로 받아들일 수 없었다. 이 점에 관하여 뒤에서 자세히 살펴본다. 이 저작권 관련 산업의 발전은 저작권법이 아닌 문화산업 진흥법의 입법목적이다. 산업진흥법은 특정한 저작물 관련 산업을 육성하고 발전시키는 정책목적을 가지고 입법된 것이므로 그 산업을 발전시키는 데에 필요한 각종의 정책적 방법을 규정하고 있다. 즉, 문화 관련 산업정책을 반영한다. 예컨대, 문화산업진흥 기본법, 대중문화예술 산업 발전법, 만화진흥에 관한 법률, 영상진흥기본법, 이스포츠(전자스포츠) 진흥에 관한 법률, 콘텐츠산업 진흥법, 영화 및 비디오물의 진흥에 관한 법률, 공예문화산업 진흥법, 음악산업진흥에 관한 법률, 인쇄문화산업 진흥법, 출판문화산업 진흥법, 게임산업 진흥법 등 저작권법 제4조에 예시한 개별 저작물 산업을 육성하기 위한 아주 다양한 저작권산업 진흥법을 마련하였다.

저작권 관련 산업계의 영향력이 증대되어 저작권법 관련 논의를 주도하게 될 경우 저작권관련 규범의 세계는 문화산업계의 경제적 영향력으로 커다란 혼란을 피하지 못할 것이다. 그 밖에 저작자로부터 권리를 넘겨받거나 이용자에게 문화상품을 용이하게 판매할 수 있는 디지털 세계에서 문화산업이 규범질서를 주도하여 사실상 힘을 발휘한다면 새로운 문제가 빚어져 또 다른 어려움을 겪게 될 것이다. 더 늦기 전에 저작권법의 본래 목적으로 돌아가는 것이 무엇보다 중요하고 현실적인 문제해결을 위한 방안이다.

Ⅴ. 창작자 보호를 위한 진정한 방법

이 사안은 1심에서 다루었던 쟁점에 대한 판단이 항소심에서 그대로 인용되었고, 대법원의 심리불속행 기각 판결의 결과로 저작재산권·저작인격권 및 캐릭터권에 대한 법리적 검토에 한정하여 다루었다.

하지만, 지금까지 구름빵 저작자를 포함한 무명·신인 작가의 경제적·규범적 지위에 대한 사회적 고려라는 관점에서 이 사건을 검토하게 되면, 계약내용의 변경 여부에 주목하게 된다. 항소심에서 저작물 개발대가로 판매부수에 비례하지 않고 정액으로 지급하면서 2차적저작물작성권까지 포함한 일체의 저작재산권을 양도한 것에 대하여 저작자는 이를 무효라 주장하였지만, 항소심 재판부는 이를 받아들이지 않았다.[41]

그 논거로 계약 당시 신인작가의 저작물에 대한 상업적 성공 가능성에 대한 위험 분담을 감안할 때, 법원은 저작자에게 부당하게 불리한 내용이라 볼 수 없다고 밝혔다. 이러한 판단은 이 사건의 계약에 대한 사후적 변경을 고려하지 않고, 현행 계약법 체계 내에서 당사자의 의사표시 효력을 인정한 결과이다. 지금까지 법원의 판단은 무명·신인작가와 출판사의 계약체결 시에 양 계약당사자가 계약교섭력 차이 없이 대등한 법적 지위에 있었음을 전제로 해석하여 왔다. 1심법원 및 항소심 법원의 판단에 대한 다른 논의 없이 대법원이 하급심을 그대로 인용한 결과를 가져왔다는 점에서 이 사건에서 다루어진 논의대상은 해석론으로써 해결할 수 없고 입법론적 방향을 모색하여야 함을 명확히 확인하였다. 이에 저작권법에 저작권계약 규정을 개정하거나 외국의 입법례를 추가적으로 도입할 논의로 이어질 수 있지만, 실제 그 방안의 모색은 간단하지 않다.

41 이 사건의 저작권계약에 관한 핵심적 논의사항은 하급심 판결에서 모두 다루어졌음에(대법원의 심리불속행 기각으로 인하여) 주목하게 된다.

현행 저작권법 제1조(목적 규정)에 명시한 저작자 보호와 문화산업의 발전 가운데 한쪽에 힘을 실어야 하는데, '관련 산업'을 삭제하지 않는다면 어떤 개정방안도 단순한 미봉책에 지나지 않는다. 저작자 보호와 저작물의 공정한 이용의 균형을 찾는 저작권 법리의 본질에서 벗어나 관련 산업과 저작자 보호라는 시소(seesaw) 놀이터로 잘못 이끌리어 괴이한 논의에 집중하지 말아야 할 것이다. 이에 관하여 다음 장에서 자세히 살펴본다.

창작과 이용을 위한 저작권

8

저작자 권리·
저작물 이용 그리고
저작권법의 목적

Ⅰ. 문화산업을 이끄는 목적 규정의 문제

앞에서 살펴보았던 저작권법의 역사적 발전과정을 돌아볼 때, 금속활자와 인쇄기술을 가진 인쇄출판업자 길드가 시장지배력을 바탕으로 독점적 지위를 누리면서 경제적 영향력을 행사하였다. 1900년 전후에 개발된 축음기를 이용한 문화적 여건은 또 다른 사정을 이끌었다. 이로부터 음반·방송 산업이 등장하였고, 이와 관련하여 저작자의 법적·경제적 지위를 확보함과 동시에 일반 공중의 저작물 이용도 보호할 수 있는 방안을 모색하였다. 보호와 이용 사이의 균형을 찾는데 관심을 쏟았다.

2000년을 넘어 정보사회로 진입하면서 더욱 급진전하는 디지털 기술은 저작물 작성과 그 이용에 영향을 끼치는 새로운 관심대상으로 부상하였다. 디지털 기술은 저작물과 관련된 권리의 보호뿐만 아니라, 저작물 이용의 폭을 확대하면서 저작물을 매개한 저작인접권의 영역에서도 이전과 비교할 수 없을 만큼 커다란 변화를 불러오고 있다.

현행 저작권법은 제1조에서 저작자의 권리를 보호하고 저작물의 공정한 이용을 도모함으로써 문화 및 산업의 향상·발전을 이루려는 목적을 명시하고 있다. 이 목적 규정은 문화정책의 수립·집행에 영향을 끼치고, 저작권 관련 중요한 법리적 근거로 삼고 있다. 그런데 현행 저작권법은 문화의 향상·발전이라는 목적 외에 저작권 관련 산업발전을 덧붙여 목적으로 정하고 있다. 이런 목적 규정을 설치하게 된 배경은 1986년 12월 말에 제정되었던 컴퓨터프로그램 보호법(1987년

7월 시행)이[1] 2009년 4월 저작권법에 통합·폐지되면서 그 법률의 목적 규정에 명시하였던 '산업발전'을 현행 저작권법에 옮겼다. 이전 목적 규정의 내용과 합하여 '문화 및 관련 산업의 향상·발전'으로 개정하였다.[2] 이를 외국의 저작권법 목적(규정)과 비교하면, 독특한 목적 규정임을 확인할 수 있다.

여기에서 저작권법·(폐지된) 컴퓨터프로그램 보호법을 저작권법으로 통합하고 이 법률의 목적 규정에 산업발전을 포함시켰다는 점은 단순히 명목적 의미를 넘어서 중요한 규범적 의미를 가진다. 관련 산업의 향상·발전을 위하여 저작권 정책뿐만 아니라, 법률규정의 해석이 필요할 때, 목적 규정은 법리적 판단을 위한 논거 또는 기준으로 작용하게 된다. 2009년 저작권법의 개정을 통하여 달라진 목적 규정은 저작권법의 실질적 내용 개정을 불러온 것이며, 이전에 전혀 경험하지 못한 새로운 사정에 빠지게 되었다.

미국·독일·일본 저작권법의 목적 규정과 구별되는 '관련 산업의 향상·발전'이라는 저작권법의 목적이 저작자의 권리와 공정한 저작물 이용이라는 균형 모색의 관점에서 어떤 문제가 있는지를 살펴보자. 이에 대한 해결방안으로 저작권법의 본질에 충실한 목적 규정으로 재정비하는 것이 필요하다는 논의를 소개한다.

1 이 법률 제정을 논의하던 1980년대 초 국내 사정을 되돌아볼 때, 한국은 무엇보다도 관련 산업과 기술을 진흥하는 것이 필요하였다. 당시 미국 일본 등 대부분 국가가 컴퓨터 프로그램 저작물을 저작권법을 통하여 보호하였으나, 한국은 대외관계에서 비롯된 사정에 따라 특이한 입법방법을 채택하였다

2 저작권법 제1조에 '관련 산업'을 새롭게 추가할 때의 개정과정과 그 내용을 살펴볼 때, 특별한 의미를 부여한 것으로 볼 수 없다는 견해를 제시하기도 한다(김윤명, "문화산업 진흥을 위한 법체계 연구", 정보법학, 제18권 제2호, 2014, 136-147 참조).

II. 2009년 저작권법 개정 이전의 목적 규정과 문화산업 관련 내용

각국의 저작권법은 먼저 저작자의 권리를 보호하고 그 저작물의 이용과 관련하여 중간 매개적 지위에 있는 저작인접권자의 권리를 보호하고 이용자의 저작물 이용을 도모하도록 한다는 데 그 법률의 목적을 가진다. 이러한 저작권법의 목적은 거의 일치하지만, 각국의 입법방법 및 문화적 여건에 따라 실제 운용상 차이를 드러낼 수 있을 것이다. 저작물의 공정한 이용에 사회적 관심을 모아 공유 또는 공익(공적 혜택)에 터 잡아 이를 강조할 수도 있다.[3]

한편, 2009년 저작권법의 목적 규정을 개정함으로써 저작권 관련 산업을 향상·발전시키는 데 이바지하는 규정이라는 외관을 가지고 있다고 소개할 수 있지만, 실제 이 목적 규정의 개정 이전에 이미 저작권 산업과 관련 있는 개별 규정을 설치하여 시행하였다. 산업의 향상·발전이 저작권법의 목적에 규정되면, 저작권보호의 관점과 연계됨으로써 저작물의 공정한 이용이라는 공익적 관점과 상대를 이루게 된다. 이럴 경우에 후자가 뚜렷이 후퇴할 것이라는 우려가 있을 수 있다.

기술개발은 저작권법의 변화를 선도하여 왔다. 지난 200년간 역사를 간단히 살펴보면, 기술개발의 결과는 20여 년이 지난 후 저작

3 미국 저작권법의 목적을 간단하지만 아주 명확하게 드러낸 두 개의 연방 대법원 판결을 간단히 소개한다. 하나는 '창작적 효과를 얻기 위하여 인센티브를 만드는 것'(to create incentives for creative effort)이며(Sony Corp. of America v. Universal City Studios, Inc., 464 US 417, 450(1984)), 다른 하나는 '창작물에의 접근을 통하여 일반 공중을 풍요롭게 하는 것'(enriching the general public through access to creative works)임을 밝히고 있다(Fogerty v. Fantasy, Inc., 510 U.S. 517, 527 (1994)).

권법에서 반영되어 법률의 개정을 이끌었다.[4] 이전에 전혀 경험하지 못한 새로운 대상을 종래의 법률에 따라 보호할 것인지를 판단할 때, 저작권법 목적 규정은 문제해결을 위한 방향제시가 되었고, 실제 해석론을 전개하는 기준이 되었다. 새로운 기술이 사회에 소개되어 이를 이용한 산업발전에 주된 관심을 모을 경우에 저작물의 공정한 이용이 배제되어 단기간 얻는 경제적 효과를 주목할 수 있다.

1. 현행 저작권법상 공익적·경제적 가치가 강화된 몇 개의 규정

저작물을 이용하여 경제적 가치를 실현하고 그 이익을 지키려는 노력의 성과를 저작권법에 구체화하려는 노력은 최근의 논의에 따른 것이 아니라, 위에서 살펴본 저작권법의 역사에서 잘 드러났고, 지금도 계속되고 있다. 영미의 저작권법이 저작재산권을 확충하여 발전하였다는 점은 다른 국가의 저작권법과 비교되는 사항이다. 저작재산권 보호가 공익적 가치를 구현하려는 점과 서로 반대되는 개념이지만, 저작자의 권리보호와 동시에 저작물이용을 통하여 얻어지는 공익적 가치를 동시에 중요하게 다루었다. 이 점에서 살펴보면, 영미의 저작권법은 공익적 가치와 경제적 목적을 지닌 개별 조항을 한 곳에 담아 계몽주의에 기한 정책·독점거래의 폐해를 막고자 했던 입법목적을 구현한 것이었다.[5]

2009년 법률개정 이전의 저작권법 제1조에서 관련 산업의 향상·발전이라는 내용을 저작권법의 목적으로 명시하지 않았지만, 저작권법의 본질적 목적에 충실하였다. 이 저작권법은 저작자의 경제적

4 Paul Goldstein, *Copyright's Highway*, Hill And Wang, 1994, 32-33.
5 Jane C. Ginsburg & Robert A. Gorman, *Copyright Law*, Foundation Press, 2012, 3-4.

가치를 보호하는 것과 저작물 이용을 통한 공익적 가치를 증대하고 이를 활용함으로써 저작권의 재산적 가치를 실현하는데 특별히 어려움이 없었다.

현행 저작권법은 저작재산권의 재산적 가치를 실현하고 공익적 목적을 담은 여러 규정을 두고 있지만, 몇 개 규정은 통상적 의미보다 강화된 내용을 담고 있다. 이들 규정이 저작물이용과 관련하여 산업정책을 구현하는데 필요하거나 그 산업정책이 반영되어 현행 저작권법에 편입되었다고 하더라도 2009년 저작권법 개정 이전에 이미 시행되고 있었다. 아래에서 저작권법에 규정하고 있는 몇 개의 조문을 살펴보면 명확히 확인할 수 있다.

먼저, 데이터베이스제작자의 권리를 보호하고 있다. 이는 저작권의 본질과 구별되지만, 2003년 저작권법 개정 시 새로운 장을 신설하여 이를 보호하는 규정을 두었다. 또한, 저작인접권의 규정인데, 이는 1961년 로마협약을 통하여 각국 저작권법에 이미 편입되었고 우리의 경우에도 큰 문제없이 1986년 저작권법을 개정할 때 포함시켰다. 둘째, 배타적 발행권 및 출판권(법 제57조 이하) 경우에 전형적인 저작권산업과 관련 있는 대표적인 대상이다. 특히 출판권은 저작권법의 발전사를 살펴볼 때, 저작권법의 주요법률 규정으로 오래 전부터 법률에 편입되었다. 특별히 저작권 관련 산업의 발전을 위하여 새롭게 고려해야 할 대상이 아니다. 셋째, 저작권법 제50조 내지 제52조에 명시하고 있는 저작물이용의 법정허락 규정은 저작물을 이용하여 경제적 수익을 확보하려는 방법과 관련이 있지만, 저작물이용을 확대하려는 목적이 공익상 필요하다는 점에 따른 것이다.

2. 저작권침해에 대한 항변 등의 해석론 검토

타인의 저작물 이용이 저작권침해 해당하는지 여부를 판단할 때, 우선 저작권자로부터 정당한 이용허락을 받았는지를 살펴본 후, 이용허락을 받지 아니하였다 할지라도 법률에 열거된 저작재산권의 제한을 위한 개별규정(법 제23조부터 법 제35조의4까지) 또는 저작물의 공정한 이용규정(법 제35조의5)을 가지고 항변할 수 있다. 저작재산권의 제한규정을 들어 저작권침해에서 벗어나거나 공정이용 규정을 통하여 타인의 저작물 이용이 문제가 되지 않는다고 판단하는 데 관련 규정의 해석론이 뒤따르기 마련이다.

가. 법 제29조 제2항에 규정한 '판매용 음반'의 해석

종전 저작권법 제29조 제2항에 "청중이나 관중으로부터 당해 공연에 대한 반대급부를 받지 아니하는 경우에는 판매용 음반 또는 판매용 영상저작물을 재생하여 공중에게 공연할 수 있다"고 규정하였다. 여기에서 규정하였던 이 규정의 판매용 음반과 관련한 사건판결에서 문제된 CD가 판매용 음반에 해당하는지 여부를 아주 중요하게 다루었다. 판매용 음반으로 해석되면, 저작재산권의 제한규정이 적용되어 이를 이용한 '스타벅스' 커피숍이 저작권을 침해하지 아니한 것으로 되지만, 그렇지 않을 경우에 저작권침해 책임을 져야 했다.

대법원은 판매용 음반이란 시판용 음반에 한정하여야 한다는 해석론을 제시함으로써 "판매용 음반을 대중에게 틀 수 있도록 허용한 취지에는 음반의 재생에 의한 공연으로 그 음반이 시중에 널리 알려져 판매량이 증가하게 돼 저작권자 또한 간접적인 이익을 얻게 된다는 점도 고려됐을 것"이라며 "판매용 음반은 시중에 판매할 목적으로 제작된 음반을 의미하는 것으로 제한해 해석해야 한다"고 판시하였다.[6] 판매용 음반을 시판용 음반으로 좁게 해석함으로써 시판용 음반이 아닌 것을 이용하였던 피고(스타벅스 커피숍)는 저작권법 제29조 제2항에 규정한 저작재산권의 제한에 따른 항변 사유를 주장할 수 없었다. 결국 저작권을 침해하는 책임을 피할 수 없었다.

이 사건판결에서 드러난 본질적 문제는 무엇인가. 종전 저작권법 제29조 제2항에 규정한 음반을 유형물에 고정된 음(정확히는 '음원')의 개념으로 이해하지 않고 음이 고정된 유형물로 이해하였다는 점이다(유형물인 CD(compact disk)로 판매용 음반 개념을 판단).[7] 또한, 판매용 음반을 해석하는 논거로서 그 기초에 음반의 판매량이 증가하면 음반시장 및 저작권자의 수익이 확대될 것이라는 점을 가정한 것이었다. 판매용 음반으로 공연하면(틀면) 거기에서 나오는 음악을 듣고 일반인이 그 음반을 구매하게 될 것이라는 점에 주목한 것이었다. 역으로 판매용이 아닌 것을 공연하면(틀면) 그 음악을 (일반인이) 들어도 음반의 판매(구매)에 영향을 끼치지 않는다고 판단한 것이었을 짐작할 수 있다. 이런 상상은 종래 유형물을 매체로 한 산업사회에서 가능한 것이리라.

여기에서 다루어야 할 가장 주요한 논점은 무엇일까? 음반제작자 및 음악저작권자가 수익이 무엇과 관련되어 있느냐는 점이다. 이는 종전 저작권법 제29조 제2항을 적용할 때 주된 고려사항으로 정보사회의 저작물의 이용매체를 가지고 판단하면 논의가 복잡하지 않다. 일반인이 커피숍 매장에서 듣는 음악이 CD에 고정된 음악인

6 대법원 2012. 5. 10. 선고 2010다87474 판결.

7 이해완, 『저작권법』, 박영사, 2015, 645면.

지 아니면 커피숍 본사의 요청에 의하여 내부적으로 제작한 음반에서 나오는 음인지 관심을 가지지 않는다. 일반인은 어떤 음악을 듣고 좋다고 여기면 그 음악을 다시 들을 수 있는 방법을 찾을 뿐이다(CD를 구입하든 아니면 온라인에서 내려받아 음악을 듣는지 여부를 묻지 않고). 그렇다면 여기에서 논의하는 음반은 소비자의 구매에 의하여 영향을 받는 음반을 말하는 것이어야 할 것이다. 간단히 상업적 목적으로 발행된 음반(a phonogram published for commercial purpose)인지 여부를 판단하면 된다.[8] 따라서 상업적 목적으로 발행된 음반에 시판을 목적으로 한 것뿐만 아니라, 배경 음악용으로 제작된 음반도 포함된다고 볼 수 있다.[9]

이 사건판결에서 종전 저작권법 제29조 제2항을 적용할 때 저작권자와 음반제작자 수익이 증대되는지를 중요하게 고려하였다. 이 점을 가지고 음반 산업계의 경제성을 고려한 것이라 판단할 수 있다. 하지만, 음반제작으로부터의 수익확보 및 음악저작물의 재산적 가치 등은 이미 저작인접권과 저작권으로 보호하고 있다. 이와 별도로 저작권법에서 음반산업을 거론할 특별한 의미가 없다.

나. 저작권법 제35조의5(공정이용)의 해석론 검토

저작권법상 저작권침해 주장과 그에 대한 항변은 저작권논의의 실체적 내용에 해당한다. 침해주장에 대한 항변은 저작재산권의 제한과 관련하여 현행 저작권법 제23조 이하에 개별사항을 나열하여 규정하였고, 일반규정이라고 부를 수 있는 공정이용 규정은 법 제35

8 2016. 3.에 저작권법 개정에서 이 점을 반영하였다. 현행 저작권법에 규정된 "판매용 음반 또는 판매용 영상저작물"을 "상업용 음반 또는 상업적 목적으로 공표된 영상저작물"로 개정하였다.

9 이는 WPPT 제15조에 규정하고 있다. 오승종, 『저작권법』, 박영사, 2016, 773면; 박성호, 『저작권법』, 박영사, 2014, 556면.

조의5에 규정하고 있다. 이 저작재산권의 제한규정은 저작권법 제1조(목적)에 명시한 저작물의 공정한 이용과 관련하여 저작자 권리인 저작권을 제한하여 저작물이용의 폭을 넓힌다는 점에서 그 의미를 가진다. 이러한 저작재산권의 제한과 관련한 개별문제의 해결을 위하여 저작권법 제1조에 규정한 목적은 개별 법률규정의 입법취지 또는 저작재산권을 제한하는 규정의 해석에 필요한 중요 판단기준이 된다.

여기에서 현행 저작권법 제1조에 규정한 산업발전이라는 새로운 저작권법의 목적이 개별 사안에서 판단기준으로 적용된다면, 어떤 문제가 생길까? 간단한 예를 들어 이 점을 살펴보면, 가요를 검색하기 위하여 전체 가요의 가사를 복제하여 이를 업로드한 후 이용자가 키워드로 검색하여 그 노래의 제목·키워드가 포함된 가요내용을 볼 수 있는 프로그램을 개발하여 서비스를 제공하는 경우를 상정해보자. 이 때 저작권자가 가요의 가사를 이용하는 데에 허락없이 복제하여 저작권을 침해하였다는 점을 들어 손해배상을 청구한다면 상대방은 이에 대하여 어떤 방안을 강구할 수 있는가.[10]

원고가 프로그램 제작자인 피고를 상대로 복제권 등을 침해하였다고 주장할 경우에, 피고는 현행 저작권법 제28조 및 제35조의5를 들어 자신의 저작물 이용이 저작권침해가 아니라고 항변할 것이다. 이 때 피고는 가요를 검색할 목적으로 프로그램을 제작한 것은 침체된 국내 음악관련 산업을 일으킬 뿐만 아니라, 이로부터 이와 유사한 검색프로그램 제작이 계속적으로 개발되어 새로운 산업으로 파

10 이는 제6장에서 살펴본 Authors Guild v. Google Inc., 804 F.3d 202 (2d Cir. 2015) 사건판결을 가공한 사안이다. 여기에서 Google 사건판결에 논의되었던 도서 스니펫에 갈음하여 국내 가요의 가사로 대체하였다.

급되어 경제에 순기능을 한다는 점을 강조하고, 음악 및 검색관련 산업의 발전을 견인할 수 있음을 주장할 수 있을 것이다. 현행 저작권법 제1조(목적 규정)에 규정한 '저작권 관련 산업을 발전'시킨다는 점으로부터 저작권법 목적을 구현하는 데 허용될 수 있다는 주장이다. 현행 저작권법 제28조 및 제35조의5에 저작권보호와 공정한 저작물이용 사이에 후자에 기울어져 타인의 저작물을 허락 없이 이용하였다 하더라도 이를 공정한 이용으로 보아 저작권침해에 대한 책임을 묻지 못하게 된다.

이럴 경우에 어떤 문제를 불러오는가. 음악산업과 관련되어 이를 타인의 저작물을 복제할 수 있도록 허용하여 결과적으로 저작권법 제1조에 따른 관련 산업의 발전을 꾀한다는 점에서는 저작권침해에 해당하지 않는다고 판단한다. 결과적으로 검색프로그램을 제작한 개인 또는 영업주체의 경제적 이익이 우선적으로 보호된다.[11]

현행 저작권법 제28조 및 제35조의5에 규정한 공정한 이용에 따른 적용 여부를 묻는 해석론은 저작권법 본질론에 그 근거를 두어야 한다. 그렇지 않고 추가된 다른 요소에 의한 침해 여부의 판단은 본질적 논의를 왜곡시켜 공정한 저작물이용을 이끌어내지 못하고 이로 인하여 문화의 향상·발전을 이루지 못하는 결과를 가져온다. 공익적 관점에서 원 저작물의 복제를 허용할 것인지를 살펴보지 않고 관련 산업의 발전을 위하여 복제를 허용하는 것이다. 공익을 위한 목적 규정이 사익을 꾀하는 수단으로 전락하게 될 수 있다. 저작권

11 이는 피고에 대하여 '사적 복제'임에도 이를 소위 공정한 이용으로 둔갑하게 하여 저작재산권을 제한하거나 저작권자의 권리행사를 봉쇄하는 결과를 불러온다. 산업발전의 명분으로 저작재산권이 행사되지 못하도록 하여 저작물의 공정한 이용에 속하지 아니함에도 그 반대의 결과를 가져오는 자의적 해석을 이끌어낼 수 있다.

법 본질이 훼손되면서 산업적(경제적) 가치에만 경도되는 문제에 빠지게 된다.

이 점과 관련하여 2016년 3월 저작권법 개정 시 그 개정취지에서 밝히고 있는 내용 가운데 "공정이용 조항은 다양한 분야에서 저작물 이용행위를 활성화함으로써 문화 및 관련 산업을 발전시키는 중요 목적을 수행하여야 할 것"이라고 그 취지를 소개하였다.[12] 여기에서 이미 저작권법 제1조에 규정한 관련 산업을 발전시키는 것이 저작권법 목적으로 확인하면서 설명하였던 것인데, 논리적 모순임을 위의 설명과 같이 지적할 수 있다. 저작권 관련 산업정책은 앞서 살펴본 것과 같이 실제 문화산업진흥과 관련한 법률의 입법목적과 깊은 관련을 맺고 있는 것으로 문화산업의 지원·육성에 필요한 정책과 연계하여 살펴보는 것이 필요하고, 이를 통하여 문화산업의 발전을 꾀할 수 있을 것이다.[13]

III. 저작권법의 목적 설정을 위한 논의의 기초

저작권법은 저작자의 창작활동을 북돋아 독창성을 지닌 저작물을 세상에 내놓을 수 있도록 함과 동시에 공공의 이익을 고려하여 공유의 영역(public domain)을 정하고 이를 통한 문화의 향상·발전을 꾀하고자 하는 데 목적을 두었다. 이러한 저작권법 목적은 일면에서는

12 법률 제14083호(2016. 3. 22. 저작권법 일부 개정, 시행일 2016. 9. 23.).

13 문화산업진흥 기본법 제1조(목적)에 "이 법은 문화산업의 지원 및 육성에 필요한 사항을 정하여 문화산업 발전의 기반을 조성하고 경쟁력을 강화함으로써 국민의 문화적 삶의 질 향상과 국민경제의 발전에 이바지함을 목적으로 한다"고 규정하고 있다.

저작자의 권리보호에 관한 역사적 발전과정에서 구체화된 것이라는 점이며, 다른 일면에서 공공에 유익을 끼치는 국가 책무를 함께 고려한 것이라는 점이 돋보인다.

그런데 문화산업을 육성하려는 정책적 기조에 의하여 저작권법에 문화산업의 발전을 강조하면 이용자와 저작권자 사이의 이해관계의 균형을 깨고 이로부터 대중의 자유로운 문화향유를 위한 기본권을 저해할 수도 있다는 우려가 있을 수 있다.[14]

1. Statute of Anne 이후 저작권법 발전과 정보사회의 현실

18세기 초에 Anne 여왕 저작권법이 제정된 이래로 18세기 중엽부터 시작하였던 저작자 권익에 관한 다툼은, 앞서 살펴본, 18세기 말엽에서 19세기 초기에 밀려들어온 낭만주의 운동에 영향을 받아 저작권 보호를 위한 규범적 개념을 정립하는 많은 영향을 끼쳤다. 저작자는 자신의 저작물을 창조적 천재(creative genius)에 의한 창작(저작) 활동의 결과물이라고 주장하였다.[15] 이는 저작자 개인의 정신적 창작활동을 높이 평가하여야 한다는 점을 강조한 것이었고, 이를 권리로 보호하여야 한다는 법리전개의 기초가 되었다.

법적으로 창작성 또는 독창성이라는 개념을 도출할 수 있는 바탕을 마련하기에 이르렀다. 이에 결정적인 역할을 한 사람은 Walter Scott와 William Wordsworth이었다.[16] 스코틀랜드 출신의 시인·소설가인 Scott는 자신의 많은 저작물로부터 경제적 보상을 충분히

14 손승우, 『지식재산권법의 이해』, 동방문화사, 2016, 21면.
15 Carys J. Craig, *Copyright, Communication and Culture*, Edward Elgar, 2011, 13-15.
16 Charlotte Waelde, *et al, Contemporary Intellectual Property: Law and Policy*, Oxford University Press, 2011, 33 (footnote 11).

확보하려면 작가의 창작활동을 높게 평가하여야 한다고 하였다. 또한, Wordsworth는 1710년에 제정된 Anne 여왕 저작권법을 검토할 때, 저작자가 누릴 수 있는 법적 지위와 경제적 수익이 출판자에 비하여 열악한 사정에 놓여 있음을 지적하였다.[17] 이후 영국 저작권법은 근대적 저작권법으로 탈바꿈하면서 저작자의 창작활동을 보호하고 이를 경제적 보상 또는 그 가치실현으로 이끌어내는 노력을 기울였다.

정보사회에서의 저작권 보호로 관심을 돌리면, 정보의 접근·이용 확대가 무엇보다 중요한 논의대상이다. 저작자의 창작활동뿐만 아니라, 정보이용자의 이용범위를 확대하는 것이 넓은 의미에서 공유의 범위를 확대하는 것이다. 이러한 노력은 이전의 산업사회에서는 볼 수 없었던 강력한 사회운동으로 전개되기도 하였다. 더군다나 인터넷과 같은 개방형 정보통신망으로의 자유로운 접속은 디지털 세상을 만들고 디지털 정보로 모든 것을 통합하는 소위 '디지털 융합'(digital convergence)을 실현하였다. 이러한 저간의 사정에 비추어 볼 때,[18] 정보사회의 저작권 논의는 저작자의 창작활동을 북돋는 것 못지않게 이용자의 저작물을 포함한 정보의 접근(access to information)에 기울어져 정보 공유로 이어져 그 내용을 강조하게 된다.[19]

산업사회에서 구현된 저작권 보호는 정보사회에 들어서 더욱 더 관심을 고조시키고 있다. 디지털 저작물의 접근이 자유롭고 그 이용이 용이해지면서 일반인의 이용을 이끌어내는 데에 저작인접

17 배대헌, 『저작권의 발명과 발전』, 한국학술정보, 2013, 56면.

18 John Vince & Rae Earnshaw, *Digital Convergence: The Information Revolution*, Springer, 1999, 19 *et seq.*

19 Dana Beldiman(ed.), *Access to Information and Knowledge: 21st Century Challenges in Intellectual Property and Knowledge Government*, Edward elgar, 2013, 169.

권자의 적극적인 영업방법이 두드러지게 드러나고 있다. 디지털 기술의 운용에 관한 전문성을 지닌 기업이 타인의 저작물을 일반인에게 이용케 하거나 일정한 법률관계에 터 잡아 경제적 수익을 높이려는 데에 관심을 집중시키고 있다.

한편, 저작자의 새로운 창작활동을 꾀하는 것이 아니라 기성의 저작물 또는 창작성의 가치를 도외시하고 대중의 요구에 부응하여 기존의 저작물을 이용하는 방법의 변화를 꾀하고 있다. 이러한 점을 고려한다면 정보문화의 수준을 향상한다는 점은 소위 '문화산업'이라는 신산업에 의하여 창작활동과 다른 방향을 지향하면서 저작권법 본질로부터 멀어져 가고 있다고 말할 수 있다.[20]

2. '관련 산업의 향상·발전'과 저작자 보호의 차이

현행 저작권법 제1조에 "저작자의 권리와 … 저작물의 공정한 이용을 도모함으로써 문화 및 관련 산업의 향상·발전에 이바지함을" 법의 목적으로 규정하고 있다. 이 목적 규정은 규정해석 및 정책 전개와 관련하여 문화산업의 진흥을 우선적으로 고려할 가치로 인정하는 근거를 마련한 것이다. 저작권법 제1조는 저작권법 전체를 해석하는 기준이 될 뿐만 아니라, 관련 정책을 전개하는 방향성을 제시한다는 점에서 대단히 중요하다.

관련 산업발전을 저작권법의 목적으로 규정한다는 것은 저작자의 창작활동보호에 소극적이거나 이로써 권리자 보호가 소홀해지고 권리자에게 귀속되어야 할 경제적 가치가 문화산업을 육성하는 데에 우선적으로 고려할 수 있다는 우려를 낳는다. 또한, 공유의

20 배대헌, 앞의 책, 270면.

영역에서 자유롭게 이용할 수 있었던 대상은 더 이상 자유롭지 못하게 됨으로써 이용자는 추가적 부담을 하지 않고 더 이상 이용할 수 없는 사정에 빠지게 되었다고 비판할 수 있다. 또한, 저작자 보호·공유의 저작권의 규범적 영역이 저작권산업의 강력한 경제적 세력과 대립관계로 맞서게 되면 저작권산업계가 저작권법의 규범적 영역까지 차지하려는 현상으로 이어질 수 있다. 이러한 현상을 미국의 저작권 관련 입법에서 찾아볼 수 있다.[21]

견해에 따라 저작권법상 문화산업을 발전시킨다는 목적을 두지 않는다 할지라도 산업계의 재편에 따라 그 사정을 피할 수 없을 것이라고 볼 수도 있다. 이러한 소극적 태도에 따른 해석론을 전개할 수도 있지만, 저작권 본질과 그 법리를 면밀히 분석·검토하면 그렇지 않다. 이를 위하여 저작권법과 문화산업진흥 기본법을 간단히 비교하면 그 논의 단서를 찾을 수 있다.

저작권법은 본질적으로 저작자의 창작활동을 중시하고 문화의 수준을 향상·발전시키려는 국가의 노력을 담은 것이다. 저작권법은 문화산업 진흥을 위하여 입법된 법률이 아니다. 산업진흥을 위한 법률의 규정내용은 문화경제학에 기반을 두고 문화산업을 육성하는 것에 주안점을 두고 있다. 현행법 가운데 '문화산업진흥 기본법'은, 저작권법과 아주 달라서, 그 목적이 "문화산업의 지원 및 육성에 필요한 사항을 정하여 문화산업 발전의 기반을 조성하고 경쟁력을 강화함으로써 국민의 문화적 삶의 질 향상과 국민경제의 발전에 이바지함을 목적"이라고 명시하고 있다.

현행 저작권법 제1조에 규정한 산업발전에 관한 법문의 내용은

21 Fiona Macmillan, *New Directions in Copyright Law*(Vol.6), Edward Elgar, 2007, 5-6.

문화산업진흥 기본법에 이미 규정하였다는 점에서 해당 내용을 저작권법에 중복적으로 규정하는 것은 바람직하지 않다. 이에 현행 저작권법 제1조를 개정하기 위한 논의가 전개되어야 한다. 통상 입법론의 전개는 해석론을 보충하거나 해석론적 접근으로 법률규정의 체계적 해석을 이끌어내지 못하는 경우에 제시되지만, 이 경우에는 입법정책과 관련되어 있음이 통상의 입법론을 전개하는 것과 다르다.

3. 문화의 향상·발전이 견인하는 문화산업 발전

현행 저작권법은 그 목적인 문화의 향상·발전(문화적 수준의 향상)을 위하여 두 가지 방법을 동원하였다. 하나는 저작자의 창작활동을 북돋는 방안이며, 다른 하나는 창작활동으로부터 얻어진 저작물을 일반 대중이 접근하여 이용할 수 있도록 하는 방안을 강구한 것이다. 양자는 개별적으로 검토되어지는 것이 아니라, 상호 연계되어 검토되어야 한다. 이 때 이용자의 권리가 함께 충분히 고려되어야 할 것이다.[22]

새로운 기술개발이 저작자의 창작 및 저작물 이용에 영향을 주었고, 권리보호를 강화할 필요성에 따라 저작권의 보호범위의 확대와 함께 무단으로 타인의 저작물을 이용하는 것을 통제하는 데에 또 다른 관심을 집중시키고 있다. 저작자의 권리보호는 일반인에게 저작물 이용에 대한 경제적 부담을 뒤따르게 한다. 이 점은 저작물을 용

22 전자는 저작자의 권리보호로, 후자는 저작인접권으로 보호하는 방안이 저작권법에 체계화되었다. 저작자와 중간매개자(인접권자)의 권리에 대한 보호규정이 체계화하였지만, 저작물을 이용하는 당사자인 이용자(또는 소비자)에 대한 보호논의는 지금까지 체계화하지 못하였다. 이 점에 대하여 L. Ray Patterson & Stanley W. Lindberg, *The Nature of Copyright : A Law of Users' Rights*, University of George Press, 1991에서 이 내용을 상세히 다루고 있다.

이하게 접근하게 한다는 관점에서는 극복하여야 할 과제로 남는다. 이에 저작권 관련정책은 저작물 이용에 따른 일반 대중의 경제적 부담을 낮추거나 부담을 없앨 수 있도록 하는 방안을 강구하는 데 노력을 기울여 이를 규정하고 있다. 현행 저작권법은 일정한 요건이 갖추어진 경우에 저작권을 제한함으로써 이를 해결하고 있는데, 법제에 따라서는 공정이용 법리를 통하여 적정한 범위에서 타인의 저작물을 이용할 수 있도록 규정하고 있다.

저작권에 관한 경제적 안목이란 우선 저작권이 사적 재산권이라는 점으로부터 다양한 분석이 가능하다. 저작권은 단순히 경제적 가치를 지닌 재산권이라는 고전적 논의를 넘어서 문화산업의 한 축을 지탱하는 역할로서 문화시장을 여는 견인차가 되고 있다. 저작물의 보호범위가 기술의 발전과 함께 확대되면서 디지털 환경하에 저작권 외에 저작인접권 보호를 강화하는 국제적 추세에 따라 정보통신매체를 이용한 저작물이 자유롭게 거래되고 있다.[23]

최근 들어 국내 연예인의 활동이 국외로 그 활동영역을 확대하면서 문화산업이 더욱 각광받기 시작했다. 산업으로 인식하는 정도가 이전과는 비교할 수 없을 만큼 달라져 가고 있다. 저작물로 속을 채운 문화라는 그릇을 시장에 내놓아 이를 판매할 때, 창작활동을 통하여 얻는 저작물을 저작권의 실체라고 말하는 저작권 보호의 기본적 가치를 버리지는 못하지만, 시장에서 판매되는 대상으로 소비자 선택을 이끌어내어 수익을 확보하여야 한다는 점에서 상업적 요소가 가미되기 마련이다.[24]

23 이에 관한 국제조약으로 WCT, WPPT 등이 체결되었고, 각국의 저작권법에 반영되어 시행되고 있다.
24 Trajce Cvetkovski, *Copyright and Popular Media: Liberal Villains and Technological Change*, Palgrave Macmillan, 2013, 14-15.

그런데 하나의 저작물이 서로 다른 여건에서 양립될 수 없는 결과를 가져온다면 이를 어떻게 다루어야 하는가. 경제적 보상의 관점에서 보면, 저작권은 배타적 권리로서 중요한 의미를 가진다. 이는 저작자(공급자) 중심의 체계를 마련한 것이다. 이때 저작자가 공급을 통제한다 할지라도 저작자에게 경제적 보상이 실현되는 것이 아니라, 오히려 배포자가 수익을 올리게 됨으로써 보호체계의 왜곡을 불러오고 있다. 이에 문화적 접근을 용이하게 이끌어내는 데에 경제적 안목을 덧붙여 문화경제학(cultural economics)의 논의로 확장하게 된다.[25]

4. 저작권법과 다른 목적에서 출발한 문화산업 발전법의 비교

현행 저작권법은 실제로는 창작활동과 직접 관련되지 아니한 저작인접권을 통하여 저작물 이용에 따른 경제적 효과를 확보하는 데에 강화하여 왔다. 기술발전에 따른 보호대상의 확대는 일차적으로 저작권을 보호하는 것으로 연결되었지만, 저작물 이용이 매체와 연결되어 관련 산업을 동반하여 부각되어 보호되었다.[26] 저작권 및 저작인접권이 문화의 틀 속에서 산업의 형태로 이끌리어 문화창달에 기여한다. 기술발전이 저작권에 영향을 끼치고 저작권 및 저작인접권은 문화산업을 통한 저작물 이용을 전개하고, 문화산업은 새로운 기술개발을 꾀하여 경제적 효율을 높이는 전략을 통하여 수익을 확

25 여기에서 문화경제학이란 예술·문화유산·문화산업에 경제적 논리를 적용하는 것을 말한다. 문화공공재의 공급을 확대하고 소비자 접근을 용이하게 하기 위하여 대상의 가격을 낮추어 효율성을 높이는 효과를 얻고자 하는 데에 집중되어 있다. 이러한 현상에서 문화정책은 창작활동을 독려하고 예술 등에 관한 저작물의 접근을 확대하는 데로 이끌어져야 함을 궁구(窮究)하여야 한다(Ruth Towse, *A Textbook of Cultural Economics*, Cambridge Univ. Press, 2010 참조).

26 이에 관하여 Jessica Litman, "Copyright Legislation and Technological Change", 68 Oregon L. Rev. 275 (1989) 참조.

보한다. 이런 점에서 기술과 저작권의 관계는 상호의존적이라고 말할 수 있다.[27]

저작자의 창작활동으로 저작물을 얻고, 문화산업은 이의 이용을 통한 일반대중의 문화수준의 향상과 경제적 효과를 높인다. 관련 산업계는 기술개발을 위하여 새로운 자본을 투하하여 기술혁신을 꾀하여 얻어진 결과를 또 다시 저작권의 보호범위를 확대하는 계기를 마련한다. 결국 기술이 저작권에 영향을 미치고 저작물 이용이 문화산업으로 실현되고 산업은 기술개발을 이끌어내고 다시 저작권에 영향을 미친다.

이러한 논의는 경제적 가치를 중시하였던 산업사회에서 효율성에 한정된 결과를 얻는 데 얽매어진 결과로 재산권에 집중된 것이다. 그런데 정보사회에서 정보의 가치는 저작자의 명성에 영향을 받고 있다는 점을 인식할 경우에 경제적 가치를 구한다는 안목에서, 즉 이제까지 저작재산권에 한정한다 할지라도 또 다른 가치 있는 대상을 주의 깊게 검토할 필요가 있다.

저작물 이용에 따른 문화가 산업과 연계하여 문화산업으로 새로운 위치를 확보하게 되었다. 이러한 부분이 강조되면 기술에 의하여 저작권법이 발전하게 됨으로써 기술이 저작권의 발전을 견인하고, 저작권법이 문화산업을 발전시키는 기초를 제공한다는 점에서 양자를 동일시하는 혼란을 가져온다. 하지만, 저작권법의 목적과 문화산업을 진흥하고자 법의 목적은 서로 다르다.[28] 저작권법이 문화산업

---

27 Clark D. Asay, "Copyright's Technological Interdependencies", 18 Stan. Tech. L. Rev. 189, 245 (2015).

28 저작권법은 창작에 대한 보호가 주된 논의대상이지만, 문화산업 진흥법은 특정 창작물을 효과적으로 얻는데 필요한 정책적 방안을 강구하는 것을 주된 대상으로 삼는다.

발전법으로 변질되면 저작권법의 본래 목적인 저작자 보호에서 멀어지게 된다.

요컨대, 저작권법은 저작자의 창작활동을 북돋고 이용자의 이용의 폭을 넓혀 문화수준을 향상·발전 시키는 데에 그 취지를 가지고 있다.

IV. '관련 산업의 향상·발전'을 빼놓은 저작권법 제1조 논의

저작권법의 목적 규정을 명시적으로 설정하는지 여부는 각국의 입법태도에 따라 다르다. 법률에 목적 규정을 명시하기도 하고 그렇지 아니한 경우도 있으며, 때로는 법률에 명시하지 않아도 미국의 경우와 같이 저작권법의 상위법인 헌법에 근거규정을 두고 이를 개별 법률의 목적 규정과 같이 적용하기도 한다. 명시적으로 목적 규정을 설치하고 있지 않다고 하더라도 각국은 저작권법의 목적을 정하여 시행하고 있다. 명시적으로 목적 규정을 두지 아니하는 경우에는 역사적 관점에 따라 목적 규정을 판단하여 실제 문제해결에 대처하며 유연성을 확보하고 있다.

저작권이 문화와 불가분의 관계에 있고, 문화는 문화산업과 또 다른 관련성을 맺고 있는 사정을 충분히 고려하지만,[29] 이러한 문화산업이 저작권법 목적에 포섭되어 문화의 향상·발전과 함께 문화산

29 Robert Tomkowicz, *Intellectual Property Overlaps : Theory, Strategies and Solution*, Routledge, 2012, 124.

업의 발전도 목적으로 달성되어야 하는지에 대하여 검토할 필요가 있다.

아래에서 문화산업이 문화와 관련하여 정책적 고려사항 가운데 하나이지만, 이를 직접 저작권법의 목적으로 규정하여야 하는지에 대하여 살펴보자. 이를 바탕으로 현행 저작권법에 명시되어 있는 '관련 산업의 발전'을 빼놓은 목적 규정으로 개정하는 것이 필요하다는 점을 밝히기 위하여 몇 가지 논거를 제시한다.

1. 저작권·산업재산권의 보호법익 차이

저작권법은 창작활동의 결과로 얻어진 저작물에 대한 보호뿐만 아니라, 공중이 그 저작물을 이용할 수 있도록 한다. 하지만, 산업재산권은 과학·기술개발을 통하여 얻어진 기술적 창작물을 보호함으로써 향상된 산업발전을 이끌어낼 수 있다는 점에서 보호의 초석을 놓았다.

저작권·산업재산권(특히 '특허권'의 경우) 모두 지적 창작활동의 결과로 얻어진 대상을 보호한다는 점에서 공통점을 가지지만, 양자의 법리적 기초가 상이하고 그 보호법익이 일치하지 않는다. 종래부터 '아이디어·표현 이분법'(idea/expression dichotomy)을 기초로 한 법리적 차이를 분명하게 인식하고 그 법리적 기초에 따라 세계 각국은 특허권·저작권 법리를 정립하고, 그에 따른 실무를 운용하고 있다. 새로운 기술개발에 따라 위의 이원분류 기준에 대한 회색영역이 등장하고 있지만, 여전히 21세기 정보사회에서 지적재산권의 법리적 기초는 종래와 다르지 않게 유지되고 있다.

또한, 창작성이라는 관점에서 양자는 그 차이점을 드러낸다. 저작권법에서 말하는 창작성이란 독창성(originality)을[30] 의미하는 것으로 복제하지 않고 최소한 창작성을 가진 것을 말한다.[31] 하지만, 특허권은 신규성·진보성 요건을 충족하는 창작성(creativity)에 그 기초를 두고 있다. 전자는 인간의 사상 또는 감정을 표현한 것으로 타인의 것을 베끼지 않았을 뿐만 아니라, 기존의 다른 작품과 구별할 수 있는 정도의 창조적 개성으로 족하다.[32] 하지만, 후자는 내용에 대한 기술적 혁신 또는 진보를 이루었는지를 중시한다는 점에서 아주 크게 다르다.

저작권법과 특허법에서 논의하는 창작성 개념의 차이는 그 대상에서 기술적 사상(technical idea)인지의 여부와 관련이 있고, 그 내용에 있어서 저작권은 일반적으로 '독자적 작성'의 요소 외에 낮은 수준의 '창조적 개성'이 필요하다. 하지만 저작권법에서 창작성 요건은 기능적 저작물 등의 경우를 제외하고는 독자적 작성의 요소만으로 충족되는 것으로 볼 수 있다.[33] 이는 특허법 제29조 제1항에서 규정하는 신규성(novelty)과 다르다.

저작재산권으로 보호되는 저작권은 저작자의 창작활동의 결과에 대한 경제적 가치를 보호하기 위하여 마련된 재산권의 하나다. 하지만, 창작활동에 의하여 얻어지는 저작물에 대한 권리가 창작자에게 귀속된다고 말할 때, 저작재산권에 한정하지 않는다. 저작인격권(moral rights)을 포함한 저작권 개념은 산업재산권과 크게 다르다. 저작

30 이 '독창성' 용어는 저작권 보호를 위하여 독창적(original) 저작물이어야 함을 규정한 미국 저작권 제102(a)에서 찾을 수 있다("Copyright protection subsists in original works of authorship …"). 즉 독창성 요건을 갖추어야 한다. 이는 ⅰ) 독자적이어야 하며, ⅱ) 최소한 수준의 창작성이 필요하다고 밝혔다(Marshall Leaffer, *Understanding Copyright Law*, LexisNexis, 2005, 59-60; Feist Publications v. Rural Telephone Service, 499 U.S. 340, 369 (1991)).

31 Mary LaFrance, *Copyright Law*, Thomson/West, 2008, 4.

32 대법원 2005. 1. 27. 선고 2002도965 판결; 오승종, 앞의 책, 67면.

33 이해완, 앞의 책, 32면.

인격권은 저작자의 인격적 가치가 저작물에 투영되어 저작자의 정신적 창작활동을 그대로 드러낸다는 점에서 일신전속권으로 보호된다.

법제에 따라 다소간에 차이를 드러내지만, 베른협약의 Rome Revision(1928년)에서 저작인격권이 이 협약에 채택된 이후 세계 각국은 저작인격권을 저작권으로 보호하고 있다. 저작재산권과 저작인격권 가운데 어느 권리가 우선되느냐를 논의하던 종래 논의를 별론으로 하더라도, 산업재산권과 비교할 때, 저작권은 저작재산권뿐만 아니라, 저작인격권을 보호하므로 산업재산권과 보호되는 권리의 체계가 다르다.

저작권법은 저작재산권 외에 저작인격권을 포섭하고 있어서 경제적 가치를 보호하는 데에 치중하는 산업재산권법의 목적 규정인 "관련 산업의 향상·발전"을 동일하게 다루지 말아야 한다. 저작인격권이 저작권 보호를 위한 핵심적 요소의 하나임에도 불구하고 이를 간과한 채 저작권의 경제적 가치보호에 한정된 안목에서 저작권 '관련 산업'을 진흥한다는 정책적 내용을 저작권법의 목적으로 규정하는 것은 옳지 않다.

2. 역사적 관점에서 본 저작권법의 목적과 산업정책의 차이

저작권 보호에 관한 최초 성문법은 영국 Anne 여왕 저작권법이다. 이 저작권법은 제정 당시 언뜻 보기에 창작자의 권리보호를 위하여 제정된 법률처럼 보이지만, 앞에서 살펴본 것처럼 실제 18세기 초에 인쇄출판업자가 특권(privilege)을 가지고 확보하였던 독점적 수익을 더 이상 유지하지 못하도록 할 목적으로 마련된 것이라

는 점에서 거래를 규제할 목적을 띤 법률이었다.[34]

Anne 여왕 저작권법은 창작자 권리의 존속기간을 규정하고 있지만, 일정기간이 경과하면 그 보호대상이 일반인이 자유롭게 이용할 수 있는 대상이 된다는 점을 명시함으로써 공유(public domain) 개념을 법률 제정 당시부터 채택하였다.[35] 이러한 취지는 현대 저작권법에 그대로 유지되어 발전된 형태로 각국 저작권법에 잘 드러나고 있다.

저작권법은 저작자의 창작활동과 그 창작물을 이용하는 것 사이의 균형을 통하여 궁극적 목적인 문화발전을 꾀하고자 하였다. 이 점에서 저작권의 본질적 요소를 찾을 수 있다. 전자는 사권(재산권)에 대한 보호에 주안점을 두고 있지만, 후자는 공익(public interest)에 대한 법익을 확보하는 데에 논리적 접근이 집중되고 있다. 재산권보호·공익확보 사이의 균형을 유지하는 것은 저작권법의 초석일 뿐만 아니라, 저작권 발전을 역사적 관점에서 볼 때, 세계 각국이 저작권법의 법률규정 및 실무상 끊임없이 논의하면서 얻어낸 성과다.[36]

저작권법은 1차적으로 저작권 보호를 규정하였지만, 이와 함께 저작권 보호기간이 만료되었거나 저작물 이용에 대한 규범적·경제적 부담을 덜어줄 목적으로 저작권 제한을 규정하였다. 저작권법의 규범체계는 사권·공익 사이의 균형을 모색하는 틀(frame)이며, 저작권 관련정책은 균형을 꾀하고자 하는 데에 필요한 실무적 방안으로 구체화 된다. 그런데 후자와 연계하여 저작권 관련 산업을 일으켜 수익을 확보하려는 저작권 관련 산업정책을 저작권법의 규범체계와

---

34 Lyman Ray Patterson, *Copyright in Historical Perspective*, Vanderbilt Univ. Press, 1968, 25.

35 공식명칭은 "An Act for the Encouragement of Learning, by Vesting the Copies of Printed Books in the Authors or Purchasers of such Copies, during the Times therein mentioned"

36 이에 관하여 Gillian Davies, *Copyright and the Public Interest*, Sweet & Maxwell, 2002 참조.

혼동한다면 어떤 문제가 생기는가?

이 논의는 어떤 새로운 대상을 저작권 보호대상에 포섭할 것인가 또는 새로운 기술의 등장에 따라 어떤 저작권을 창설할 것인가를 논의하는 것과 정책적 필요에 의하여 저작권 관련 산업을 진흥하자는 것을 혼동하거나 혼재된 것으로 보는 견해에서 비롯한다. 이 견해는 법적 안정성을 깨뜨리는 문제를 야기할 뿐만 아니라, 개별 사안의 해결 시에 규범적 가치를 정책수단의 하위에 놓아 저작권법의 규정 해석을 자의적으로 이끌어내는 것을 허용하는 것과 다르지 않다. 저작권법의 목적을 실현하는 데 필요한 저작권관련 산업정책은 법률 목적의 하위개념으로 단지 목적의 구체화에 기여하게 된다는 점에 의의가 있다.

3. 새로운 보호대상의 등장에 따른 저작권법의 발전

저작권 보호는 구텐베르크가 개발한 금속활자·인쇄기술을 이용하였던 점에서 첫 걸음을 내딛은 것이었다. 인쇄출판물의 상업적 이용에 따라 서적시장이 크게 성장하면서 저작자의 창작물을 보호하는 논의로 발전하였지만, 먼저 인쇄출판기술이 출판물시장을 견인하였다는 점에서 다른 견해가 없다. 현대의 저작권법상 출판권에 해당하며, 그 기초에 복제권이 숨겨 있었다. 이후 저작물의 복제(reproduction)를 용이하게 하는 방법을 찾아내는 데에 향상된 기술 또는 기술혁신이 계속되면서 산업사회·정보사회로의 발전을 거듭하였다.[37]

카메라·라디오·TV 개발·보급, 복사기·VCR 개발 및 DVD 등을

37 이에 관하여 위 제5장에서 자세히 살펴보았다.

이용하는 기술발전으로 아주 손쉽게 저작물을 복제할 수 있었다. 정보사회에 들어서 이전 산업사회와 비교할 수 없는 정보통신 기술(ICT) 개발에 힘입어 자료의 디지털화 뿐만 아니라, 처음부터 디지털 저작물로 만들어 온라인을 통하여 자유롭게 보내고 복제하고 이를 이용할 수 있게 되었다.

기술개발을 통하여 저작권으로 보호되어야 할 대상이 확대되었을 뿐만 아니라, 저작권의 범주가 확장되었다. 이런 논의는 기술개발을 통하여 보호하여야 할 대상 및 개별 저작권의 새로운 보호 여부를 검토하면서 저작권 본질을 더욱 선명하게 설명할 수 있는 저작권 법리를 정립하였다. 초기의 저작권은 인쇄출판물에 대한 특권이 세 가지 형태로 나누어져 규정되었고 이로부터 저작권이 발전하였다. 배타적 효력을 지닌 복제권·배포권을 인정하는 것과 일정기간 동안 보호되는 권리로 요약할 수 있다.

기술개발과 관련된 저작권 논의는 새로운 기술을 이용한 저작물이 등장하는 경우에 저작권법에서 새로운 권리를 창설하거나 기존의 저작권으로 보호되는 대상으로 포섭할 수 있는지를 검토하는 것이었다. 기술개발로 얻어진 새로운 대상을 저작권으로 보호하고자 그 범위를 확대하여 발전시켰다. 저작권 본질론과 관련하여 살펴보면, 이 점은 새로운 창작물보호와 공유 사이의 균형을 모색하려는 것이었다. 예를 들면, VCR 보급과 관련하여 'time-shifting'을 제시하여 저작권침해에 대한 현실적 안목을 높였다. 정보사회의 논란대상이었던 P2P 서비스 이용과 관련하여 동일한 논란이 있었지만, 수용되지 않았다.

요컨대, 기술개발과 관련한 저작권 논의는 저작권의 보호대상으로 포섭할 것인지 여부 또는 저작권의 새로운 권리를 창설할 것인지를 살펴보는 것과 관련된 것이었다. 이로부터 저작권 관련 산업정책을 검토하여 저작권자(또는 저작인접권자)의 보호와 저작물 공유의 균형을 모색하는 데에 관심을 쏟았다.

4. 저작권법과 개별 저작물산업을 육성할 '산업 진흥법'의 차이

저작권은 저작자의 창작활동에 따른 성과를 보호하는 데에 주안점을 두었지만, 특정 대상을 이용하여 경제적 수익을 이끌어내는 데에 관심을 쏟을 때 국가는 그 대상의 관련산업의 진흥을 위하여 법률을 제정하고 그 목적을 실현하는 노력을 기울인다. 전자는 저작권 보호라는 주안점을 둔 것이지만, 후자는 특정 저작물과 관련하여 그 산업진흥을 꾀하고자 하는 입법취지를 목적 규정에 잘 보여준다. 이 양자는 법률 제정을 위한 목적과 실무에서의 적용이라는 관점에서 서로 다르다.

저작권법은 저작자의 저작물에 대한 보호와 저작물의 이용범위를 확대하는 공유 사이의 균형을 모색하여 문화발전의 목적을 달성하는 것이지만, 산업진흥법은 특정한 저작물관련 산업을 육성하고 발전시키고 하는 정책목적을 가지고 입법된 것이므로 그 산업을 발전시키는 데에 필요한 각종의 정책적 방법을 규정하고 있다. 즉, 문화관련 산업정책을 반영한다.

예컨대, 문화산업진흥 기본법,[38] 대중문화예술 산업 발전법,[39] 만화

38 문화산업진흥 기본법 제1조(목적) "이 법은 문화산업의 지원 및 육성에 필요한 사항을 정하여 문화산업 발진의 기반을 조성하고 경쟁력을 강화함으로써 … 목적으로 한다."
39 대중문화예술 산업 발전법 제1조(목적) "이 법은 대중문화예술산업의 기반을 조성하고 … 목적으로 한다."

진흥에 관한 법률,[40] 영상진흥기본법,[41] 이스포츠(전자스포츠) 진흥에 관한 법률,[42] 콘텐츠산업 진흥법,[43] 영화 및 비디오물의 진흥에 관한 법률,[44] 공예문화산업 진흥법,[45] 음악산업진흥에 관한 법률,[46] 인쇄문화산업 진흥법,[47] 출판문화산업 진흥법,[48] 게임산업 진흥법[49] 등 저작권법 제4조에 예시한 개별 저작물 산업을 육성하기 위한 아주 다양한 저작권산업을 위한 진흥법을 마련하였다.

각종의 보호대상을 중심으로 한 (문화)산업 진흥법은 개별 산업의 지원·육성에 필요한 사항을 규정하고 있다. 예컨대, 인쇄·출판에 관한 산업 진흥법의 목적 규정을 살펴보자. 인쇄문화산업 진흥법은 제1조에서 "이 법은 인쇄에 관한 사항 및 인쇄문화산업의 지원·육성에 관하여 필요한 사항을 규정함으로써 …"로 규정하고 있다. 또한, 출판문화산업 진흥법은 "이 법은 출판에 관한 사항 및 출판문화산업의 지원·육성 …" 한다고 규정하였다.

---

40 만화진흥에 관한 법률 제1조(목적) "이 법은 만화 창작 및 만화산업 진흥에 관하여 필요한 사항을 정하여 … 목적으로 한다."

41 영상진흥기본법 제1조 (목적) "이 법은 영상문화(映像文化)의 창달과 영상산업의 진흥을 위한 시책의 기본이 되는 사항을 정함으로써 … 목적으로 한다."

42 이스포츠(전자스포츠) 진흥에 관한 법률 제1조(목적) "이 법은 이스포츠의 진흥에 필요한 사항을 규정함으로써 이스포츠의 문화와 산업의 기반조성 및 경쟁력 강화를 도모하고 … 목적으로 한다."

43 콘텐츠산업 진흥법 제1조(목적) "이 법은 콘텐츠산업의 진흥에 필요한 사항을 정함으로써 콘텐츠산업의 기반을 조성하고 그 경쟁력을 강화하여 … 목적으로 한다."

44 영화 및 비디오물의 진흥에 관한 법률 제1조(목적) "이 법은 영화 및 비디오물의 질적 향상을 도모하고 영상산업의 진흥을 촉진함으로써 … 목적으로 한다."

45 공예문화산업 진흥법 제1조(목적) "이 법은 공예문화산업의 지원 및 육성에 필요한 사항을 규정함으로써 공예문화산업 발전의 기반을 조성하고 … 목적으로 한다."

46 음악산업진흥에 관한 법률 제1조(목적) "이 법은 음악산업의 진흥에 필요한 사항을 정하여 관련 산업의 발전을 촉진함으로써 … 목적으로 한다."

47 인쇄문화산업 진흥법제1조(목적) "이 법은 인쇄에 관한 사항 및 인쇄문화산업의 지원·육성에 관하여 필요한 사항을 규정함으로써 … 목적으로 한다."

48 출판문화산업 진흥법 제1조(목적) "이 법은 출판에 관한 사항 및 출판문화산업의 지원·육성과 … 목적으로 한다."

49 게임산업 진흥에 관한 법률 제1조(목적) "이 법은 게임산업의 기반을 조성하고 게임물의 이용에 관한 사항을 정하여 게임산업의 진흥 … 목적으로 한다."

개별 진흥법과 저작권법은 기술발전과 입법(규범화)의 관계에서 차이를 드러낸다. 진흥법은 특정 영역의 기술발전을 이끌어내기 위하여 필요한 내용을 법률규정에 포섭한다. 정책을 통하여 특정 영역 또는 대상을 보호·육성할 목적을 가지고 이를 추진할 구체적 방안을 법률에 명시한다. 이에 반하여 저작권법은 새로운 기술개발로부터 얻어지는 창작물(저작물)이 보호할 가치가 있다고 판단되는 경우에 저작권법은 이를 저작권의 보호대상으로 정하거나 새로운 권리를 창설하여 보호한다. 저작권법은 기술발전으로 얻어진 것을 새롭게 보호하는 규범의 틀을 만들어 개별 사안에 적용하는 기준이 된다.

디지털 기술을 보호하기 위하여 관련분야의 인력개발·정책자금지원·세제혜택 등의 정책적 뒷받침이 필요할 경우에 이를 진흥법의 명칭으로 법률을 제정하는 반면, 이러한 산업진흥법의 입법목적이 달성되어 새로운 기술로 어떤 창작물을 얻었다면 이를 저작권으로 보호하는지 여부를 저작권법에 규정한 내용으로 판단하게 될 것이다. 이렇듯 진흥법과 저작권법의 차이가 분명함에도 이 양자를 구별하지 않거나 두 대상을 하나로 합하여 판단하려는 사고가 현행 저작권법 목적 규정에 남아 있다.

이러한 개별 저작물의 보호대상에 대한 산업 진흥법을 제정하여 시행하고 있음에도 저작권법에 "… 관련 산업의 향상·발전에 이바지함을 목적"으로 하는 규정을 두고 있는가. 또한, 이는 어디에서 기인한 것인가. 간단히 살펴보자. 개별 문화산업 진흥법에 규정된 개별적 문화산업은 문화산업진흥 기본법(이하 '기본법'이라 함) 제2조에 명시하고 있으며, 이 기본법에 규정된 사항 이외의 것을 개별법에 규정하고 있다. 또한, 기본법 제16조와[50] 인쇄·출판산업 진흥법 각각 제7조와 제5조[51]는 동일한 내용을 규정하고 있다. 아주 간단한 사항이지만, 이는 기본법·개별법 사이의 체계적 입법이 이루어지지 못하였음을 보여주고 있으며, 개별법을 나열함으로써 개별 주체의 영향력이 강하다는 점을 드러낸 것이라는 비판이 가능하다.

기본법과 개별법에 관련산업 진흥법을 위하여 2중적으로 규정하고 있음에도 불구하고 법리적 논거에 적합하지도 아니한 내용을 저작권법에 또 다시 규정함으로써 말 그대로 '엉뚱한' 입법례가 되었다.[52] 저작권법 목적 규정에 명시한 "관련산업의 향상·발전"은 법리상 적정하지 아니할 뿐만 아니라, 위와 같이 중복적으로 산업 진흥법을 제정하여 이를 시행하는 현실에서 그 법률의 蛇足에 불과할 뿐이다.

5. 저작권에 이웃한(인접한) 권리와 저작권 관련 산업의 관계

저작권은 창작자의 저작물을 보호하는 데에서 출발한다. 저작권 보호의 실체는 저작자의 창작활동과 떼어놓고 설명할 수 없다. 논의

50 제16조(전문인력의 양성) ① 국가나 지방자치단체는 문화산업 진흥에 필요한 전문인력을 양성하기 위하여 노력하여야 한다.
② 문화체육관광부장관이나 시·도지사는 제1항에 따른 전문인력을 양성하기 위하여 대통령령으로 정하는 바에 따라 연구소, 대학, 그 밖의 기관을 문화산업 전문인력 양성기관으로 지정할 수 있다.
③ 국가나 지방자치단체는 제2항에 따라 지정된 문화산업 전문인력 양성기관에 대하여 대통령령으로 정하는 바에 따라 전문인력 양성에 필요한 경비의 전부 또는 일부를 부담할 수 있다.

51 제7조(전문인력 양성의 지원) ① 문화체육관광부장관은 인쇄문화산업의 진흥을 위하여 필요한 전문인력(이하 "전문인력"이라 한다)의 양성을 지원하여야 한다.
② 제1항에 따른 전문인력 양성에 관하여는 「문화산업진흥 기본법」 제16조를 준용한다. 이 경우 "문화산업"은 "인쇄문화산업"으로 본다.
제5조(전문인력 양성의 지원) ① 문화체육관광부장관은 출판문화산업을 진흥하기 위하여 필요한 관련 분야 전문인력의 양성을 지원하여야 한다.
② 제1항에 따른 전문인력 양성에 관하여는 「문화산업진흥 기본법」 제16조를 준용한다. 이 경우 "문화산업"은 "출판문화산업"으로 본다.

52 이와 관련하여 기본법과 개별 산업 진흥법의 정합성을 꾀하는 법률개정이 필요하다.

되는 어떤 대상이 창작활동에 의하여 얻어진 것이 아니라면, 어떠한 경우에도 저작권으로 보호될 수 없다. 이에 저작권과 저작권에 인접한 권리(또는 저작권 관련 권리)는 서로 다른 것이므로 이 양자를 같은 범주에서 다룰 수 없다는 점에서 새로운 권리를 창설했다.[53] 저작권과 그에 인접한 권리가 편의상 저작권법의 법명 아래 규정한다 할지라도 법리적 기초가 서로 다르다는 점을 명백하게 인정한다.

저작인접권은 저작자·이용자 중간에서 양자를 연결하고 그 저작물 이용을 확대하는 데에 관심을 쏟는다는 점에서 경제적 가치를 창출하는 데에 영향을 끼친다. 저작인접권자뿐만 아니라, 저작권과 관련하여 수익을 올리려는 저작권산업이 국내산업의 발전에 영향을 끼치는 범위가 확대되고 있는 사정에서 이를 저작권법의 목적 규정에 반영한다고 주장할 수도 있다. 출판업자가 어떤 도서를 출판하려 할 때, 서점에서 판매되는 도서의 해적행위를 단속하지 아니할 뿐만 아니라, 출판권에 대하여 저작권법에서 보호하지 않는 경우에 출판을 위하여 자본을 투하하지 않을 것이다. 이는 음반, 영화 및 방송의 경우에도 마찬가지다. 이와 같이 저작권이 관련 산업에 영향을 끼치고 그 저작권산업이 저작권과 저작권법에 의존적 관계를 꾸리게 된 점은 인쇄출판업에서 그 기원을 찾을 수 있으나, 최근 정보사회에 들어서 이전보다 강화되었다.[54]

이러한 논의사항은 17세기에 저작권법을 논의하던 초기부터 다루어졌으며, 각국의 저작권법은 이를 저작권법의 발전과정에서 창

53 Paul Goldstein and Bernt Hugenholtz, *International Copyright: Principles, Law, and Practice*, Oxford Univ. Press, 2013, 22.

54 이에 관하여 Colette Henry, *Entrepreneurship in the Creative Industries: An International Perspective*, Edward Elgar, 2007 참조.

작활동에 기초를 두고 있지 아니한 저작권 관련 산업계의 요구를 반영하였다. 저작권관련 산업의 발전이 투자·고용증대를 통하여 국가의 경제적 번영에 기여한다는 점에서 공익적 관점에서 중요한 의미를 가진다.[55] 이에 1961년에 저작인접권으로 국제적 보호규범을 창설하여 보호하기에 이르렀다.[56] 또한, 디지털 환경에서 저작인접권의 보호를 강화할 필요성이 요청되어 WIPO는 1996년 실연·음반 보호를 위한 국제규범인 WPPT을[57] 마련하였고, 각국은 이에 가입하여 자국법에 반영하였다. 한국은 2006년 저작권법을 개정하여 이 조약의 내용을 저작권법에 편입하였다.

이런 사정에 비추어 보면, 현행 저작권법의 경우에 2009년 저작권법 개정 당시 저작인접권과 관련하여 저작권산업을 특별히 보호하기 위하여 저작권법 목적 규정에 '관련 산업의' 향상·발전을 새롭게 추가할 근거를 찾을 수 없다.

Ⅴ. '관련 산업'이 삭제된 목적 규정을 위하여

2009년 저작권법 개정을 통하여 '관련 산업의 향상·발전'이라는 새로운 목적이 추가되어 현행 저작권법은 저작권산업(또는 문화산업)의 발전에 필요한 사항을 구비한 것과 같은 형식을 취하였으나, 실제는 저작자 권리보호 및 공정한 저작물 이용을 통한 문화의 향상·발전을

55 '공익' 개념을 학문의 증진뿐만 아니라, 경제발전, 문화발전 및 국제적 이해의 증진을 포함한 넓은 의미로 새길 수도 있다(J.A.L. Sterling, *World Copyright Law*, Sweet & Maxwell, 2005, 64-65).

56 The International Convention for the Protection of Performers, Producers of Phonograms and Broadcasting Organizations(이를 간단히 'Rome Convention'으로 약칭함).

57 WIPO Performances and Phonograms Treaty('WPPT'로 약칭함).

꾀하는 저작권법의 본질에 충실하지 못하여 기존 저작권법 질서를 흔들어 놓아 또 다른 사정에 빠지게 하는 문제점이 드리워지고 있다.

2009년 목적 규정을 추가하기 전에 저작권산업과 연관 있는 규정은 이미 저작권법에 설치하여 시행하고 있었고, 대부분 저작권관련 산업은 저작인접권과 밀접히 연계되어 있으므로 저작권법의 논의보다 오히려 산업정책으로 다루는 문화산업 진흥법의 논의대상이다. 또한, 저작권관련 산업계의 영향력이 증대되어 저작권법 관련 논의를 주도하게 될 경우 저작권관련 규범의 세계는 문화산업계의 경제적 영향력에 따른 혼란을 피하지 못할 것이다. 그밖에 저작자로부터 권리를 넘겨받거나 이용자에게 문화상품을 용이하게 판매할 수 있는 디지털 세계에서 문화산업이 규범질서를 주도하여 사실상 힘을 발휘한다면 새로운 문제가 빚어져 또 다른 어려움을 겪게 될 것이다.

저작자·저작인접권자의 권리보호와 공정한 이용을 통하여 문화의 향상·발전을 이끌어내는 본질론에 충실한 저작권법의 목적 규정으로 재정비하고, 저작인접권과 저작권산업을 진흥할 목적으로 입법된 개별 특별법을 통하여 저작권관련 산업의 중요성을 반영하여 충분히 논의된 사항을 해결할 것으로 보인다.

이에 현행 저작권법 제1조 내용 가운데 '및 관련 산업'을 삭제하여 "제1조(목적) 이 법은 저작자의 권리와 이에 인접하는 권리를 보호하고 저작물의 공정한 이용을 도모함으로써 문화의 향상·발전에 이바지함을 목적으로 한다"고 개정할 것을 제안한다.

9

저작권 변혁과 디지털 세상에서의 저작권법

Ⅰ. 기술변화에 힘입은 저작권법의 발전

저작권의 역사는 인쇄출판물 이용에서 비롯되었다. 금속활자와 인쇄술은 정보전달의 새로운 수단을 마련하였고, 이에 따라 이전과 비교될 수 없는 새로운 문화형성에 커다란 영향을 끼쳐 문예부흥과 종교개혁의 계기를 가져왔다. 제한되었던 사고의 폭은 인쇄출판물(새로운 정보매체)의 등장에 따라 새로운 세상을 열어놓을 만큼 확대되었다. 즉, 사상과 감정을 표현한 출판물의 중요성과 이를 보호하는 데에 관심을 모으기 시작하였다. 제도적으로 체계화를 꾀하지는 못하였지만, 인쇄출판물의 보급으로 인류는 이전과 다른 세계에서 삶을 누릴 수 있게 되었다. 이때 보호되는 대상은 인쇄기술로 인쇄되어 시장에서 판매되는 출판물이었을 뿐, 저자가 창작행위로 얻은 저작물 그 자체는 아니었다. 이런 간략한 설명은, 저작권 보호의 역사가 다른 법과 비교할 때 비교적 간단하여 이해하는 데에 용이하지만, 저작권의 본질과 저작권법에서 추구하고자 하는 목적이 무엇인지 명확하게 드러내지 못한다.

저작권은 기술변화에 영향받아 그 보호범위를 확대하거나 종전의 보호대상을 강화하는 데로 발전시켜 왔다는 점에서 기술발전에 의존적이다. 즉, 인쇄·사진·축음·방송·녹화·디지털 전송 등 시대를 거듭할수록 복잡하고 다양한 신기술을 이용하여 만들어진 저작물을 보호하여 왔다. 또한, 창작활동으로 저작물을 세상에 내놓거나 그 저작물을 이용할 수 있도록 창작자·이용자에 매개하여 수익을 얻는 것도 간과할 수 없다. 이때 저작권법은 창작자의 창작활동을 독려하여 얻어진 창작물이 이용자에게 전달되어 이용됨으로써 문화수준을 향상·발전시키는 데 그 목적을 두었다. 창작활동의 독려는 경제적 인센티브로 뒷받침되고, 창작물의 이용은 창작자·이용자에 매개하는 제3자를 통하여 이루어지는데 실제 이들 모두는 저작권법의 본래 목적인 문화수준의 향상·발전을 꾀하는 수단에 지나지 않는다. 역사적 관점에서 기술변화가 저작권(법)에 끼친 영향은 그 목적을 달성하는 데에 필요한 수단을 얼마나 체계적으로 이끌어냈는지를 살펴보는 것과 관련되어 있다.

기술의 발전에 따라 변화한 저작권법은 형식적으로 저작권자에게 인센티브를 강화하는 성과를 드러냈지만, 이러한 인센티브가 실제 창작자(저작권을 양수한 저작권자가 아닌)의 창작활동을 독려하고 이를 통하여 문화수준을 향상·발전시키는 데에 기여하였는지 의문을 갖게 한다. 창작활동에 대한 인센티브 논의는 현행 저작권법의 법리적 기초에 해당한다. 이와 관련하여 외국법의 법리를 수용하여 저작권법이 제정된 후, 현행 저작권법은 신기술에 영향받아 여러 차례 개정되었지만, 창작자·이용자가 함께 중시되고 있는지 분명하지 않다.

Ⅱ. 저작물, 저작권보호와 기술변화

1. 과학기술에 영향받는 저작권

가. 인쇄·출판 기술에서 비롯된 저작권법

금속활자와 인쇄기술이 개발되기 전에 저작권에 관한 논의는 없었다. 활자와 인쇄기술은 문예저작물을 손으로 필사하는 것보다 짧은 시간에 대량 복제하는 것을 용이하게 하였다. '활자'(movable type)

는 많은 사람에게 문예저작물을 건네줄 수 있게 하였는데, 말 그대로 살아 움직였다. 활자를 이용하기 전에는 극히 일부분의 한정된 계층에 정보를 제공하였던 반면에, 활자를 이용한 인쇄물 보급은 정보 접근·이용의 관점에서 새로운 변화를 일으켰다.[1] 초기의 인쇄물은 필사본의 경우보다 높은 비용이 소요되었지만, 점차 그 비용이 감소함으로써 일반 대중의 요구에 따를 수 있게 되었다. 즉, 신기술을 통하여 얻어진 인쇄(복제)물은 일반 대중에게 배포되어 정보전달의 새로운 수단이 되었다. 때때로 15세기 중엽 이전에 문예창작물 보호에 관한 논의가 있었다 하더라도 이는 문학작품의 해적행위와 구별되는 단순한 표절에 불과하였다.[2]

인쇄할 대상이 개인의 문예저작물일 경우에, 원고(原稿)의 소유권이 집필자에게 귀속하지만, 인쇄된 저작물에 대한 권리가 누구에게 귀속하는지를 정하는 것은 저작권 논의의 출발점이 되었다. 위에서 살펴본 것처럼 근대적 의미의 저작권 개념으로 발전하기 이전에 인쇄(출판)업자는 원고를 넘겨받아 이를 인쇄하고 인쇄물을 판매함으로써 확보하는 수익에 관심을 쏟았다. 여기에서 우리는 인쇄업자가 인쇄기술을 이용하여 타인의 문예저작물을 인쇄하고 일반 대중에 배포하는 거래의 주도권을 갖게 되었음을 쉽게 짐작할 수 있다. 즉, 일정한 대가를 주고 원고를 매입하여 그에 대한 소유권을 취득하고, 이

1 Martin Luther의 종교개혁은 독일어로 번역되어 인쇄된 성경이 일반인에게 보급되었다는 데 중요한 의미를 가진다.

2 저작권법이 로마법의 기원에 관한 연구에서 Anne 여왕 저작권법에서 규정한 법리 등의 논의를 로마법에서 찾을 수 없으나, 무체동산에 관한 논의로써 그 근거를 찾을 수 있다고 밝히고 있다[Russ VerSteeg, "Roman Law Roots of Copyright," 59 Md. L. Rev. 522, 531 (2000)]. 또한, 서양에서 문예작품에 대한 해적행위(piracy)의 역사도 인쇄기술과 관련이 있다(*See* Adrian Johns, "Piracy: the Intellectual Property Wars from Gutenberg to Gates," University of Chicago Press, 2009, 8 *et seq.*).

를 인쇄하여 배포함으로써 수익을 챙길 수 있었다. 이때 원고를 인쇄하여 일반 대중에 배포하는 것을 근대적 의미의 저작권과 비교하면 출판권에 상응한다. 저작자의 창작에 대한 가치를 평가하는 것은 아직 논의하기에 이른 시기다.

초기 인쇄업자의 경제적·법적 지위는, 앞에서 살펴보았던 것처럼 인쇄출판업자 카르텔의 독점적 시장지배력에 뿌리를 내리고 있었다. 인쇄출판업 동업자 조합(printing guild)이 출판물 시장을 독점적으로 지배하면서 이러한 시장지배는 인쇄기술에 대한 특허권을 허여받음으로써 더욱 공고히 유지할 수 있었다. 한편, 인쇄출판물의 보급은 정치적으로 새로운 문제를 불러온 계기가 되었다. 이전까지 자연적으로 통제되었던 정보전달이 인쇄물 보급으로 일반인에게로 확산되면서 이를 인위적으로 통제하려는 노력을 기울였다. 국가는 인쇄출판에 관한 허가제를 내세워 규제하였다. 국가는 인쇄출판업자의 독점적 시장지배를 유지케 하는 대가로 인쇄출판업자에게 인쇄출판의 대상을 정하는 사전검열권을 허용하였다. 이러한 저작권법 논의는 인쇄출판업자가 가진 독점권에서 빚어진 문제로부터 출발하였다.

나. 과학·기술발전으로 넓혀진 저작권 지평

19세기 중반 이후에 과학·기술의 발전에 힘입어 그 저작권보호가 확대되거나 강화되었다. 여기에서 저작권은 사진기의 개발에 따른 사진저작물의 보호, 움직임이 둔한 초기의 활동사진(motion picture)을 통한 영상저작물의 보호, 녹음기술의 개발을 통한 음반 제작과 이에 대한 보호방안의 강구, TV의 보급으로 영상을 즐기는 새로운 문화적 배경과 함께 논의되었다. 또한, 비디오 녹화와 재생을 이끌어낸

기술과 이에 상응한 법적 대응방법 등은 19세기 말부터 20세기 중반 이후까지 저작권을 확대하면서 발전되었다. 20세기 중반 이래로 음질과 화질의 향상 및 대용량을 저장하는 기술을 개발하면서 CD를 널리 이용하게 되었고, 용이한 복제와 이를 배포하는 데에 빚어지는 문제점을 해결하려는 법적 노력이 뒷받침되었다. 개인용 컴퓨터의 개발, 정보통신기술 및 인터넷 등의 정보통신망 이용에 따른 정보혁명으로 인하여 새로운 저작권 규범이 요청되게 되었다.

저작물은 인간의 사상과 감정을 표현한 창작물이다. 기술개발이 선행하고 이를 이용한 저작물 작성은 저작권의 보호대상으로 포섭되지 않던 것을 새롭게 보호대상으로 확장하였고, 기존에 보호하였던 대상의 경우에는 새로운 기술로 인하여 저작권 침해가 용이해짐에 따라 그 보호를 강화하게 되었다. 즉, 기술개발로 얻어진 것에 이를 직접 표현하거나 이를 담아내는 방법을 새롭게 구현함으로써 종래와 같은 결과를 얻지만 그 결과로 용이한 저작권침해를 막기 위하여 보호방안을 강구하였다.

2. 출판권에서 공중송신권까지 확대된 권리

가. 출판권·공연권·공중송신권 보호

(1) 출판권

인쇄기술을 이용하여 타인의 창작물을 인쇄하고 이를 배포하는 것은 근대적 의미로 출판에 해당한다. 인쇄업자는 인쇄출판을 통하여 동일한 것을 반복적으로 복제하고 이를 시장에서 판매하여 수익을 얻었다. 이 점에서 인쇄출판업자의 인쇄는 복제에 해당하였다.

이에 관한 권리를 두 가지로 살펴볼 수 있다. 하나는 저자(필자)의 원고(manuscript) 또는 인쇄된(또는 복제된) 개개의 대상에 미치는 권리를 말하며, 다른 하나는 저자로부터 원고를 넘겨받아 이를 인쇄하여 판매할 수 있는 법적 근거를 말한다. 전자는 원고 또는 인쇄된 복제물 그 자체에 미치는 권리(right in copy)를 말하는 것으로 누가 넘겨받은 원고에 대한 점유권 또는 소유권을 누가 가지는지를 묻는 것이다. 후자는 인쇄하고 이를 시장에서 판매하여 이익을 얻을 수 있도록 하는 법적 근거(right to copy)로 현대적 의미에서 복제권·배포권과 관련되어 있다. 'copy' 용어는 위의 두 경우에 각각 다른 의미로 쓰여진 것이다.[3] 전자는 복제 또는 복제된 것을 말하는 명사(noun)에 해당하지만, 후자는 복제하다 또는 복본을 만들다는 의미의 동사(verb)에 속한다. 저작권(copyright)을 풀어서 'right to make copies'로 설명한다면, 이는 전자의 의미를 충실히 새기는 것이다. 당시 출판업자(길드)의 인쇄출판에 관한 권리를 정확히 새길 수 없지만, 만약 'copyright'로 표시한 경우에 이는 복제권 또는 출판권의 의미로 새길 수 있다. 즉, 이때는 현대적 의미의 저작권과 다르다는 점을 명확히 하여야 한다. 실제로 당시에 원고 또는 인쇄된 복제본(copy)은 출판업자에 속하였고, 여기에서 'copy'란 복제 또는 복제된 것을 의미하고, 어떤 대상을 지칭하는 것이라는 점에서 '복제하다'라는 동사로 이해되지 않았다.[4] 인쇄업자가 인쇄를 통하여 같은 것을 다시 제작한다고 할 때, 그것이 복제에 해당하지만, 현대 저작권법상 복제권과 구별된다.

---

3 Richard R. Bowker, *Copyright: Its History and Its Law*, Houghton Mifflin Company, 1912, p.2.

4 Lyman R. Patterson & Stanley W. Lindberg, *The Nature of Copyright*, University of Georgia Press, 1991, p.22.

(2) 공연권

역사적으로 새로운 기술이 출현할 때마다 저작물을 전달하는 방법이 달라졌다. 공연의 경우에도 마찬가지다. 처음에는 사람의 실연하는 방법에 의존하였으나, 매체를 이용하여 복제물을 재생하거나 저작물을 공중에 공개할 수 있게 되었다. 통상적으로 공연이란 청중이 참석한 공간에서 음악이나 연극을 하는 것이지만, 음향기기의 발전으로 복제물을 재생하여 공중에 전달하는 것도 공연으로 다룰 수 있게 되었다. 저작물의 무형적 복제로 인식하였고, 공연권은 복제권과 함께 저작재산권의 2대 지주라고 말한다. 그만큼 다른 저작권보다 상대적으로 오랜 역사를 가지고 있다.[5]

저작권법상 공연은 통상적으로 단어가 지니는 의미와 다르게 넓게 정의한다. 예컨대, 음악 CD를 재생하는 것, TV를 보는 것도 공연에 해당한다. 예술저작물뿐만 아니라, 저작물의 대부분이 공연의 대상이 된다. 공중 앞에서 편지를 큰 소리로 읽는 것을 일반적으로 공연한다고 말하지 않지만, 저작권법상 공연에 해당한다. 현행 저작권법은 공연을 저작물 또는 실연·음반·방송을 상연·연주·가창·구연·낭독·상영·재생 그 밖의 방법으로 공중에게 공개하는 것을 말하며, 동일인의 점유에 속하는 연결된 장소 안에서 이루어지는 송신[6](전송을 제외한다)을 포함한다.[7]

---

5 프랑스의 경우에는 복제권보다 공연권을 먼저 인정하였다(Makeen F. Makeen, "Copyright in a GLobal Information Society: The Scope of Copyright Proection Under International, US and French Law," Kluwer, 2000, p.57).

6 이 내용에 관하여 다소 의아해하지만, 음악회에서 스피커를 통하여 음악을 듣는 경우를 상정하여 이를 공연에 포함시키고, 방송과 구별할 수 있는 내용으로 표현하는 것이 필요하였다. 음악회에서 가청거리 내에 있는 사람은 스피커 없이 청취하게 되지만, 같은 공간 내에 조금 떨어져 있는 청중에게는 음을 증폭하여 송신하는 것이 필요하다는 점에서 이를 반영한 내용이다.

7 저작권법 제2조 제3호.

이 정의 규정에서 보는 것과 같이 무형적 복제에 해당하는 내용 외에 무형적 전달을 일부 포함하고 있다. 전자의 경우에 저작자의 저작물뿐만 아니라, 저작인접권자의 실연·음반·방송한 대상을 상연·연주·가창·구연·낭독·상영·재생 등의 예시된 방법으로 공중에 공개하는 것이다. 후자의 경우인 일정한 범위 내에서의 송신을 포함함으로써 무형적 전달도 포함한다.

(3) 방송(공중송신권)

방송은 일방향성, 동시성이 특징으로 강조되었다. 종래 방송이란 공중파 무선송신으로, 통신은 개인간 정보의 송수신을 말한다. 라디오방송의 전파는 1906년 미국에서 가장 먼저 송출하였다. 이후 1920년 미국 대통령 선거에서 라디오 방송을 매체로 이용함으로써 일반인의 관심을 모으기 시작하였다. 1924년 말까지 미국인의 10% 인구가 라디오 수신기를 소유하였다.[8] 저작물이 방송되는 사정하에서 저작권자가 저작물을 통제하여야 할 필요에 따라 방송권을 인정하게 된 것이다.

이는 저작물의 이용에 따른 장소적 한계를 극복하게 하였다는 점에서 중요한 의미를 가진다. 다른 기술개발의 경우와 마찬가지로 방송을 통한 저작물이 공중에 전파되거나 전달될 때, 이의 이용에 관한 경제적 가치를 확보하는 일이 필요하다고 판단하게 된 것이었다. 저작물이 방송되는 것을 저작자의 통제 하에 놓으려는 의도에 따라 저작재산권으로 이를 보호하는 방안을 강구하게 되었다.

---

8 Stuart M. Benjamin, Douglas G. Lichtman and Howard A. Shelanski, *Tele- communications Law and Policy*, Carolina Academic Press, 2001, pp.13-15.

한편, 전송은 디지털 환경의 등장, 공중전달 및 공중이용제공[9]이라는 개념과 연관되어 있어서 이는 정보사회의 정보전달의 방법이 되고 있다. 이는 1996년에 체결된 WIPO 저작권조약(WCT) 제8조에서[10] 그 근거를 찾을 수 있다. 이 전송은 기존의 공연, 방송, 배포와는 다른 개념으로 1:1, 이시(異時) 통신, 쌍방향성 및 무형성을 특징으로 하며, 직접송신과 이용제공행위가 포함되는 개념이다. 여기에서 전송이 방송과 구별되는 것은 동시성의 요소를 가지고 있는지 여부에 따른 것이다.

나. 소유권과 구별되는 배포권

저작물이 고정된 유체물을 매매 등의 원인으로 거래할 때, 저작물에 대한 이용을 따로 논의하지 않으면 전적으로 물권법상 동산을 인도하는 것과 같다. 이런 경우에 그 동산의 사용·수익 권능에 저작물 이용을 포섭하거나 그 저작물을 이용하기 위하여 그 동산을 구입하는 것이라고 말할 수도 있다. 그러나 여기에는 분명히 한 가지 법적 판단이 빠져 있다. 즉, 인간의 사상 또는 감정을 표현한 저작물이 사법상 물권 외에 저작권법상 별도로 보호되어야 하는데, 이에 대하여 아무런 법적 고려가 없다는 점이다. 즉, 저작물이란 유체물에 고정된 것을 말하는 것이 아니므로 물건에 관한 법리 이외의 것으로 보호받아야 한다.

물건에 대한 거래는 일반 사법상 법리에 따르는 것이므로 저작물 원본 또는 그 복제물을 다른 사람에게 넘기는 경우에 이에 대한 저

9 '공중이용제공'이란 공중의 구성원인 각 개인이 개별적으로 선택한 장소와 시간에 따라 저작물에 접근할 수 있는 것을 말하는 것이다. 이는 저작권자가 인터넷 등의 정보통신망을 이용한 저작물 이용을 통제할 수 있도록 하는 데에 그 목적이 있다.

10 Art. 8 Right of Communication to the Public.

작권법상 법리가 필요하다. 저작물 원본 또는 그 복제물을 다른 사람에게 양도하거나 대여하는 경우(저작물의 배포), 이는 복제권과 구별되고 공연권과도 다른 성질을 가지고 있다. 이 배포에 대하여 법적 지위를 인정하지 아니하면, 저작물의 복제물이 전전유통될 때 출판 또는 발행의 개념에 이를 포섭하여 규정하여 운용할 수 있다. 하지만, 이럴 경우에 각각의 행위가 구별되어 독립적으로 법적 효력이 인정된다는 점에 비추어 볼 때, 옳지 못하다.

저작권자에 의하여 자기 저작물의 복제물을 양도(배포)하는 것이 당연하게 보일지라도 실제 저작자에게 이 양도(배포) 권한을 인정한 것은 미국 저작권법을 제외하고 다른 나라의 경우에는 비교적 최근의 일이다. 미국 저작권법은 법률 제정(1790년) 당시부터 저작권자가 저작물을 인쇄·재인쇄·출판 또는 판매할 수 있는 권리를 가진다고 규정하였다. 출판업자의 복제물에 대한 권리행사로써 이 복제물의 유통을 관리하고, 위에서 언급한 것처럼, 그 밖의 사항에 대하여는 일반 사법의 법리를 적용하였다. 이는 저작물이 유체물에 고정되어 거래되므로 이를 별도로 규율할 필요성을 느끼지 못하였던 것이거나 그에 포함되어 거래되어도 좋다는 인식 때문일 수 있다.

현행 저작권법은 배포를 저작물 등의 원본 또는 그 복제물을 공중에게 대가를 받거나 받지 아니하고 양도 또는 대여하는 것(법 제2조 제23호)으로 규정함으로써 양도와 대여를 하나로 묶어 규정하고 있다. 배포권의 대상은 저작물의 원본 또는 그 복제물로 규정하고 있다. 미술저작물의 경우에는 대부분 거래되는 대상이 저작물의 원본이며, 그 밖의 대상은 원본과 복제물의 개념상 구별에 의미가 없다.[11]

11 허희성, 『신저작권법축조 해설』, 범우사, 1988, 34면.

또한, 양도와 대여는 유체물의 점유 이전을 전제로 한다. 그렇지 않고 목적물의 점유이전을 수반하지 않는 경우, 즉 다운로드, 스트리밍 등의 방법을 통하여 저작물의 복제물을 이용하는 경우에는 배포에 해당하지 않는다. 이는 전송에 해당하고, 현행 저작권법상 공중송신권의 법적 개념에 포섭시키고 있다.

3. 디지털 기술의 등장에 따른 논의대상

가. 일시적 복제를 포함하는 복제권

복제권은 저작권 보호에 관한 논의대상 가운데 가장 먼저 다루어졌고, 중요하다. 기기를 통하여 음악저작물이 녹음되어 공연권으로 보호받기 전까지 복제권은 주된 보호대상이었다. 위에서 살펴본 것과 같이 구텐베르크의 활자·인쇄기술에 따라 복제한 것은 이전의 필사방법을 이용하여 저작물을 복제하였던 것과 비교할 때, 현대 저작권 보호의 첫걸음을 내딛은 것이었다.

대부분의 저작물이 복제에 그 기초를 두고 있다. 특히, 배포, 전송, 방송 등의 경우에도 그 기초에는 저작물의 복제가 선행되어야 한다. 원저작물의 전시나 생방송의 경우에는 저작물의 복제를 필요로 하지 않을 뿐이다. 그런데 흥미롭게도 이러한 복제권이 베른협약에 규정한 것은 1967년 스톡홀름 회의의 결정에 따른 것이었다. 복제권이 베른협약에 늦게 규정된 것은 이미 여러 나라가 이를 자국법에 오래전부터 보호하였으므로 국제 규범에 이를 새로이 포섭하는 데에 적극적이지 못하였기 때문이다.[12]

---

12 1967년 스톡홀름 회의 이전에 베른협약은 신문기사의 복제권에 관한 제한을 규정한 것이 전부였다 (Art. 7 of Berne Convention 1886).

현행 베른협약 제9조(1)은 저작물 복제를 규정하면서 복제되는 원 저작물이 유체물에 고정되어 있어야 하는지 여부를 불문하고 유체물에 고정하는 것을 복제로 규정하였다.[13] 따라서 저작물을 공연하는 것이거나 생방송을 녹음하는 것도 복제할 수 있는 대상이 된다. 복제의 개념에 어떤 방법이나 형식에도 구애받지 아니하고 기술적으로 중립적이며 광의로 새긴다. 복제의 결과를 가져오는 어떤 방법이든지 허용한다. 예컨대, 리소그라피, 인쇄, 필사, 타이핑, 전자적 저장, 마이크로피칭, 광학적·전자적 방법을 이용한 음악저작물의 녹음 등이다. 그밖에 조각과 같이 3차원의 공간을 차지하는 저작물을 사진 촬영하는 것도 복제에 해당한다.[14] 이는 다른 크기 또는 다른 형태로 만들어지더라도 이는 복제에 속하는 반면에, 번역과 편곡 등의 방법을 통하여 저작물을 이용하는 것은 복제와 구별한다.

복제가 유형의 매체를 이용한다는 점에서 방송 또는 공연과 구별된다. 그런데 이 점에 관하여 각국의 법률이 이에 따르고 있지만, 일시적 복제(transient digital reproduction)를 복제개념에 수용하는지에 대하여 결론을 내놓았다. 일시적 복제에 대한 논의와 관련하여 대표적 사건판결로 소개된 것이 미국의 MAI System v. Peak Computer 사례다.[15] 이는 컴퓨터 수리를 위하여 컴퓨터를 켜는 순간 자동으로 시스템 소프트웨어가 주기억장치에 저장되는 것을 복제로 판시한 것이었다.[16] 하지만, 이에 대하여 세계 각국은 다양한 견해를 전개하고

13 Art. 9 (1) Authors of literary and artistic works protected by this Convention shall have the exclusive right of authorizing the reproduction of these works, in any manner or form.

14 Silke von Lewinski, *International Copyright Law and Policy*, Oxford University Press, 2008, p.140.

15 991 F.2d 511 (9th Cir. 1993).

16 법적 형식의 논리에 따르면, 소비자가 컴퓨터 수리를 의뢰할 때 운영체제를 제작한 업체에 대하여 유지·보수를 위한 이용허락을 받아야 하고 그렇지 아니하면 저작권침해를 야기한다. 이에 미국 저작권법은 이

있다. 한미 FTA 협상과정에서 미국은 아주 적극적으로 이를 관철하려는 주장을 전개하였고, 우리는 신중한 태도를 견지하였으나 결국 미국의 주장을 수용하였다.

나. 기술적 보호조치에 대한 무력화 행위 통제

저작권은 산업재산권과 달리 등록절차를 통하여 권리를 허여받는 것이 아니다. 따라서 저작권 보호를 위하여 권리침해의 판단기준은 무엇보다도 중요하다. 즉, 타인의 저작물을 베낀 것이냐의 여부를 판단하는 것이다. 이는 법리상으로 주관적 요건으로 의거론(access)과 객관적 요건으로 실질적 유사성(substantial similarity)을 말한다. 이러한 요건 판단에 따라 저작권의 보호대상을 판단하는 것과 연관지어 살펴볼 때, 창작성이 구비된 것이면 보호대상이 된다. 창작성을 구비하지 못한 것이라면 처음부터 보호저작물이 아니므로 이에 대하여 저작권침해 여부를 묻지 못한다.

저작권침해의 가장 일반적인 논의대상인 복제권침해가 인정되려면, 침해자가 저작권 있는 저작물에 의거하여 그것을 이용하였을 것과 저작권이 있는 저작물과 침해자의 저작물 사이에 실질적인 유사성이 있어야 한다.[17] 그러나 실제 저작권 있는 저작물에 의거하여 이용하였다는 것을 입증하는 것이 용이하지 않아 저작물에 접근(access)하였는지 여부를 판단하고 있다. 이에 법원은 대상 저작물이 기존의 저작물에 의거하여 작성되었다는 사실이 직접 인정되지 않더라도 기존의 저작물에 대한 접근가능성, 대상 저작물과 기존의 저작물 사이에 실

를 해결할 방안을 입법적으로 해결하였다[17 USC §117(c)].

17 이러한 법리 전개와 관련하여 우리 대법원이 2000년대에 들어서 비로소 저작권침해요건과 관련하여 획기적인 판결들을 내놓았다(정경석, "실질적 유사성론," 계간 저작권(85호), 2009/3, 93면 참조).

질적 유사성 등의 간접사실이 인정되면 대상 저작물이 기존의 저작물에 의거하여 작성되었다는 점이 사실상 추정된다고 할 수 있다.[18]

이러한 논의는 저작권 있는 저작물과 침해자의 저작물 사이에 베낀 것이 있느냐를 판단하는 것이므로 양자의 관련성에 근거하고 있다. 그런데 최근 디지털 기술을 이용하여 타인의 저작물을 복제·배포하거나 정보통신망을 이용하여 전송함으로써 저작권을 침해하는 것이 아주 용이해졌다. 이러한 경우에 실제 저작권을 침해하지 않았다 할지라도 저작권을 침해하려는 일정한 행위에 대한 규제를 가하면 사전에 저작권침해를 막을 수 있다는 판단에 이르게 되었다. 즉, 저작권법에 의하여 보호되는 권리에 대한 침해행위를 효과적으로 방지하거나 억제하기 위하여 저작권자가 저작물에 기술적 보호조치를 강구하는 경우에, 정당한 권한 없이 이 기술적 보호조치를 제거·변경·우회하는 등 무력화하는 것을 금지하고 있다.[19]

다. 저작권 보호기간의 연장

최초의 저작권법은 저작권의 보호기간을 기본적으로 14년으로[20] 규정하였다. 여기에서 만약, 법률시행과 동시에 출판업자에게 저작권을 넘긴 경우에 14년의 존속기간, 법률시행 전에 이미 출판업자가 저작권을 행사하고 있는 경우에는 21년의 기간으로 정하면서 그 기

18 대법원 2007.12.13. 선고 2005다35707 판결.

19 이는 1996년 12월 WIPO저작권조약 제11조, WIPO실연·음반조약 제18조에서 규정하였고, 이를 미국, 유럽연합, 일본 등의 선진국이 채택하였다. 우리의 경우에도 2003년 저작권법에 이를 규정한 이래로 수차례 법률 개정을 통하여 현행 저작권법 제104조의2, 제136조 제2항에 이를 규정하고 있다.

20 기간을 14년으로 정한 근거는 Statute of Monopolies에서 특허권의 존속기간을 14년으로 정하고 있는 것에서 선례를 찾았다(Mark Rose, *Authors and Owners*, Harvard University Press, 1993, p.45). 14년의 기간은 영국에서 당시에 도제기간을 7년으로 정하고 있었는데 이 기간을 2배로 계산하였다는 것이다.

득권을 인정하였다. 그런데 이 기간이 만료될 때, 저작자가 생존하고 있으면 다시 저자에게 그 권리가 복귀하여(일반 대중에게 이용하도록 공유가 되지 아니하고) 14년을 추가하게 하였다. 그 보호기간이 만료되면 저작물은 모두 공유(public domain)에 속하였다. 이 당시의 저작권은 생존기간에 한하여 인정되는 권리였다. 저작권의 보호기간을 정하면서 사후로 연장한 것은 1842년 영국 저작권법의 개정에서 비롯되었다. 이때 보호기간은 저작자 사후 7년 또는 발행 후 42년 중 긴 기간을 인정하였다.

한편, 최초의 저작권법에서 정한 보호기간은 미국 저작권법(1790년)에 그대로 받아들여졌고, 1831년 법률 개정으로 최초 보호기간을 28년으로 확대하였다. 1976년 개정법에 따라 이후에 발행하는 저작물에 대하여 저작자 사후 50년의 보호기간을 규정하게 되었다. 국제적으로 베른협약은 1908년 베를린 개정에서 사후 50년의 보호기간을 채택하였다. 채택 당시에 회원국은 이를 적용하는 데에 유보할 수 있었고, 1948년 논의에서 이를 의무적으로 회원국이 채택하도록 규정하기에 이르렀다.

생존기간과 사후 50년으로 저작권의 보호기간을 정한 것은 각국의 저작권법상 일반적 규정이었다. 그런데 유럽 국가에서 저작권의 보호기간을 70년으로 연장하면서[21] 미국의 경우에도 최근 들어 사후 70년으로 연장하면서 이제 저작권의 보호기간은 생존기간과 사후 70년으로 확대하기에 이르렀다. 이와 함께 현행 저작권법의 경우에도 저작권의 보호기간은 저작자가 생존하는 동안과 사후 70년간 보

21 유럽국가(특히 독일의 경우에)에서 전쟁 중 저작권을 행사할 수 없었음을 이유로 2차 대전 후 저작권의 존속기간을 70년으로 연장하였다.

호하는 것으로 개정하였다.[22]

최초의 저작권법에서 정하였던 14년의 보호기간은 당시 특허권의 보호기간과 같은 기간이었다. 저작권의 경우에 보호기간은 계속적으로 연장되면서 생존기간과 사후 70년으로 확대되었지만, 특허권의 경우에는 특정한 대상 외에 존속기간을 연장하는 일이 없으며 WTO/TRIPs 규정에 따라 각국 특허법상 특허권은 출원 후 20년이 되는 날까지 존속하며 그 이후에는 공유(公有) 대상이 된다. 두 권리의 보호기간을 비교할 때, 저작권 보호가 얼마나 강화되고 있는지를 확인할 수 있다.

III. 역사적 관점에서 본 현행 저작권법의 3가지 쟁점

1. 저작권에 관한 근본적 질문

현행 헌법 제22조 제2항에서 "저작자·발명가·과학기술자와 예술가의 권리는 법률로써 보호한다"고 규정하고 있다. 현행 저작권법은 저작자의 창작활동과 관련하여 저작권으로 보호하고 있다. 타인의 저작물을 자유롭게 제작·판매할 수 있게 된다면, 잠재적 저작자는 예컨대, 영화를 제작하거나 책을 쓰는 데에 요구되는 모든 시간과 경제적 비용을 지출하지 아니하려 할 것이다. 이와 관련하여 서로 다른 두 가지 논의를 전개할 수 있다.[23]

---

22 이는 2013. 7. 2. 시행하였다.

23 저작권(지적재산권)의 본질론을 논의할 때, 공리주의(utilitarianism), 노동이론(labor theory), 인격론(personality) 및 사회계획설(social planning theory) 등의 4가지를 소개하지만, 여기에서는 재산권에 관한 주된 논의대상을 중심으로 한 앞의 두 가지만을 살펴본다(이들 논의에 관하여 법학·철학적 논의를 하나로 묶어 체계화한 것으로 *See* Stephen R. Munzer, *New Essays in the Legal and Political*

먼저, 저작권법은 저작물에 일련의 배타적 권리를 부여하고, 이런 권리는 창작하는 데에 인센티브가 된다. 저작권 보호범위를 결정하는 것과 관련하여 창작활동(창작물)에 대한 인센티브 이론은 지금까지 저작권을 비롯한 지적재산권의 법리적 기초를 이루고 있다.[24] 이와는 상반된 논의에 따르면, 저작물 보호와 관련하여 저작자의 창작활동으로 얻어진 것은 저작자가 행한 정신활동의 결과이므로 처음부터 이를 보호하기 위한 규범적 기초를 자연적 정의관(natural justice)에서 찾을 수 있다고 보았다. 이는 개인주의에 바탕을 둔 일반재산권의 법리와 같다.[25]

위에서 전자는 창작활동을 적극적으로 독려할 때 더 나은 창작물을 얻을 수 있으며 이를 적극적으로 보호하여야 함을 주장한 반면, 후자는 저작권이 일반재산권의 경우와 다르지 않게 보호받는 법적 체계의 기반에 서 있다는 것이다. 전자는 창작활동의 결과에 대하여 적극적으로 보호할 필요가 있지만, 현재의 법적 보호 수준은 언제나 만족스럽지 못하다. 하지만, 일반재산권에 기반을 둔 논거는 후자의 낙관주의적 사고를 담아 현상의 유지와 점진적 변화를 꾀하고 있다. 이는 인센티브에 의지한 창작활동 보호론이 비관주의적 사고를 담아 새로운 현상에 대한 적극적인 대응으로 부족한 경제적 보상을 채

Theory of Property, Cambridge University Press, 2001, p.168 et seq.

24 이를 Samuel Johnson은 "얼간이 외에 돈벌이를 제쳐놓고 글을 쓰는 사람은 없다"(No man but a blockhead ever wrote, except for money)라고 단언하였다[Samuel Johnson, III *Boswell's Life of Johnson* 19(Hill ed. 1934)].
하지만, 저작권법 법리가 엄격한 인센티브의 논거에 의하여 발전한 것은 아니다. 저작권의 보호범위는 이 보다 훨씬 넓다. 사신(私信)·학교 숙제·조언 등 저작권의 인센티브 없이 창작된 대상에 대하여 저작권법상 창작물에 해당하여 저작권법의 적용을 받는다. 더구나 창작활동을 하는 사람에게 저작권에 기한 인센티브 이외의 다른 데에서 창작동기를 얻거나 창작에 격려를 받는다.

25 이에 관하여 Wendy J Gordon, "A Property Right in Self Expression: Equality and Individualism in Natural Law of Intellectual Property," 102 Yale L. J. 1533 (1993).

우려는 데에 관심을 집중하는 후자와 아주 다르다.[26]

후자는 최초의 저작권법을 제정할 당시에 저작자의 권리를 자연권으로 보호하여야 한다고 주장하였던 것과 같은 논거로 소개되고 있다. 하지만, 실제 저작자의 권리는 일정 기간 보호하는 대상이 되었고, 그 후 일반 대중이 자유롭게 이용할 수 있는 공유 대상으로 규정하였다는 점에서 전자와 관련성을 맺고 있다. 자연권설을 배격한 논거로써 서적판매상의 시장독점에서 빚어진 폐해를 막는 데에 관심을 모았다. 앞서 살펴보았던 것처럼, 서적판매상은 자연권을 이용하여 저작물에 대한 재산권을 영구히 확보하려는 노력을 기울였으나 수포에 그치고 말았다.

이 점에 숨어 있는 것은 저작물이 전적으로 저작자 개인의 창작활동의 결과로 보지 않았다는 점이다(토지에 노동을 가하여 얻어진 것과 구별하였던 사고). 다른 사람의 것을 차용하여 이용하거나 그것으로부터 아이디어를 얻었다는 것을 기초를 두고 빌려온 것을 되갚는 것이 당연하다는 사고를 가지고 있었다. 현대적 의미로 바꿔보면, 저작물이 저작자에 의하여 만들어졌지만 완전히 독자적이지 못하다는 인식과 같은 맥락이다.[27]

저작권 보호가 자연권설에 근거하여 저작자에게 그 권리가 귀속된다고 주장하는 경우에 일반재산권과 달리 일정기간(보호기간)을 갖

26 Paul Goldstein 교수는 전자를 저작권의 컵에 물이 반 채워졌다(half full)고 말하고, 후자를 저작권의 컵에 물이 반밖에 채워지지 않았다(half empty)고 비유하여 설명하였다(Paul Goldstein, *Copyright's Highway*, Hill & Wang, 1994, 15).

27 이에 관하여 International News Service v. Associated Press, 248 U.S. 215, 250 (1918) ("the general rule of law is, that the noblest of human productions - knowledge, truths ascertained, conceptions, and ideas - become, after voluntary communication to others, free as the air to common use") 참조. 이와 같은 취지로 '거인의 어깨 위에 올라앉은 난쟁이가 거인보다 더 멀리 본다'라는 표현이 이를 적시하고 있다[Zechariah Chafee, Jr., "Reflections on the Law of Copyright: I", 45 Colum. L. Rev. 503, 511 (1945)].

고 있다는 점, 인센티브 이론에 근거하더라도 인센티브에 의하지 않는 즉, 경제성 논의와 관계없는 저작자의 창작활동도 여전히 계속되고 있다. 어느 하나로써 저작권의 경제적 요소를 판단할 수는 없다. John Locke의 시민정부이론에서 그 연원을 찾고 있던 노동이론은 일반재산권의 법리의 기초로 작용하고 있지만, 저작재산권의 법리를 전적으로 설명하는 데에 어려움을 가진다. 오히려 이는 저작자의 인격적 가치가 저작물에 반영되어 이를 보호하여야 한다는 점에 따른 저작인격권을 논리적으로 설명하는 데에 유용하다.

역사적 발전과정에 비추어 볼 때, 저작자의 창작활동을 보호하고 기술변화에 따른 권리범위를 확대하여 온 점은 인센티브 이론에 따라 설명할 때,[28] 그 저작자의 권리는 강화되고 확대되어 왔다. 앞서 보았던 Goldstein 교수의 지적에 따르면, 반밖에 채우지 못하였던 저작권 컵에 나머지 반을 채우기 위한 꾸준한 노력을 기울여 온 것이었다. 저작권보호의 일차적 효과는 저작자의 창작활동에 대한 공정한 보상을 보장하는 것이지만, 이러한 인센티브에 의하여 달성하고자 하는 최종적 목적은 공공의 선을 위한 창작활동의 독려하는 것이다.[29] 이는 현행 저작권법상 목적 규정으로 바꿔보면 문화수준의 향상·발전을 꾀하는 것과 같다.

2. 저작권자 보호의 형식에 숨은 경제적 실체

최초의 저작권법을 제정하던 당시 인쇄출판업 길드는 Locke의 노동이론에 의지하여 저작자의 창작활동에 의하여 얻어진 창작물은

28 법원은 "개인적 노력을 독려하고 보상하는 것은 공공복리(public welfare)를 향상시키는 데에 가장 좋은 방법이라는 확신에 따른 것이다"고 판시하고 있다[Mazer v. Stein, 347 U.S. 201, 219 (1954)].
29 Twentieth Century Music Corporation v. Aiken, 422 U.S. 151, 156 (1975).

저작자에게 영구히 귀속한다고 설명하였다. 이를 법률에 반영하려는 입법활동을 하였으나, 그 결과를 얻어내지 못하였다. 이는 종래 서적의 인쇄와 판매의 독점권을 그대로 유지하려는 방법 가운데 하나였다. 이에 관하여 앞에서 자세히 살펴보았다.

우선적으로 저작자의 권리를 인정하는 법적 기반을 갖추고 이 권리를 저작자로부터 서적상에 양도하는 방법을 통하여 서적상이 이 권리를 계속적으로 향유할 의도를 가지고 있었던 것이다. 또한, 이러한 방법이 달성하지 못한 채 Anne 여왕 저작권법에 저작자 권리가 일정기간에 한정하도록 한 법률규정의 명시내용을 다시 해석하려는 주장을 앞세웠다. 하지만, 경제적 주도권을 확보하려는 그 노력도 성공하지 못하였다.

저작자의 창작활동 보호를 위한 구체적 논의는 계몽주의에 영향받은 낭만주의 운동의 전개에 힘입어 새로운 전기를 맞이하게 되었다. 18세기 말 이래로 저작자의 천재적 재능이 저작권으로 보호되었지만, 대부분 문예저작물에 한정하였다. 각국에서 저작권 보호를 강화하는 근대적 법제를 강구하였던 19세기 말에 들어서 저작권보호를 위한 국제적 논의를 바탕으로 베른협약(1886년)의 결실을 맺게 되었다. 20세기에 들어 새로운 기술의 개발과 이에 영향 받아 저작권의 보호범위는 급격히 확대되게 되었고, 보호를 강화하였다. 라디오와 TV 방송으로 저작물(또는 정보전달)을 소개하는 주된 매체가 되었고, 녹음, 복사기 개발 및 VTR 개발로 공연의 내용을 녹음하고, 인쇄물을 자유롭게 복사할 수 있게 되었을 뿐만 아니라, 녹화도 가능하게 됨으로써 복제권을 강화하는 방안이 요청되었다.

이러한 발전은 저작권(복제권)의 보호를 강화하는 것뿐만 아니라,

저작인접권을 보호하는 또 다른 영역이 등장하게 되었다. 실연자·음반제작자·방송사업자가 저작자 보호와 함께 저작권과 관련된 권리를 향유한다. 저작권이 없으면 저작인접권은 행사할 수 없지만, 저작권에 종속되어 권리를 행사하는 것이 아니다. 저작권이 저작자의 권리인 반면, 저작인접권은 실연자·음반제작자·방송사업자의 권리로 각각 독립되어 있다. 법률상 저작인접권은 저작권에 영향을 미치는 것으로 해석되어서는 안 된다고 규정하고 있다.[30] 저작인접권은 창작활동에 의하여 저작물을 얻는 것이 아니라 저작물을 이용하는 것에 불과한 것이지만, 경제적 수익을 올리는 데에 주된 관심이 미치고 있다.

저작권을 보호하는 기본적 논거가 창작활동을 통하여 문화수준의 향상·발전을 꾀한다고 하는 점이, 앞에서 살펴본, 저작권법의 목적 규정에 연유한다. 하지만, 저작권보호 논의 이래로 저작권자가 행사하는 권리로부터 저작자의 경제적 수익이 먼저 고려되어 그들의 경제적 수익이 크게 향상되었다는 자료를 찾는 것은 쉽지 않다. 정보사회에서 디지털 기술을 이용하여 아주 용이하게 타인의 저작물을 복제함으로써 빚어지는 사회문제도 있지만, 디지털 저작물을 이용하거나 다양한 지역과 영역에 배포하거나 전송할 수 있는 새로운 가능성이 생겼고, 이를 통한 경제적 수익 또한 그 잠재력이 아주 크다.

산업사회에서 이용하던 유형물의 매체에 저작물을 담아 이용자에게 배포할 수 있지만, 정보사회에서는 네트워크를 이용한 저작물의 전송(정보의 제공)이 가능해졌다는 점에서 저작물을 이용한 산업이 어느 시대보다 활발하게 펼쳐지고 있다. 그런데 이 저작권산업(또는 문화산업)

30 이는 저작인접권 행사와 별도로 저작권에 대한 이용허락이 필요하다는 것을 규정한 것이지만, 거꾸로 저작인접권이 저작권 행사로부터 독립적이라는 점을 간접적으로 확인하고 있다(저작권법 제65조).

이 저작물을 중심으로 전개되지만, 실제로 저작자를 위한 것이 아니라, 오히려 저작인접권자의 이익을 꾀하기 위한 것이다. 인쇄기술이 개발되어 저작물을 인쇄하여 이를 배포하여 수익을 올렸던 인쇄출판업자가 경제적 가치를 향유했던 것과 같이 본질에 있어서 다르지 않다.

요컨대, 현대사회에서 저작권 보호를 강화하고 이를 통하여 얻는 경제적 수익은 저작자(창작자)에게 돌아가는 것보다 오히려 저작인접권을 근간으로 경제활동을 전개하기 위하여 자본을 투하하는 자에게 돌아가게 된다. 저작물 이용을 가능하게 하는 방법과 이를 제공하는 자에게 저작물에 관한 주도권이 쥐어지고 있다. 저작권과 관련된 산업이 확대되면 될수록 창작자의 지위는 상대적으로 열악해질 수 있다. 저작권산업의 발전은 경제적 수익배분을 위한 인위적인 조정과정을 거치지 않는 한, 창작자는 경제적 수익 확보에 2차적 지위에 밀려난다. 그 명칭이 '저작권'산업이라고 말한다 할지라도.

3. 이용자 '배려'에 정체(停滯)된 법

저작자의 창작활동과 이로부터 얻어낸 저작물을 일반인에게 배포하는 것은 저작물의 이용을 꾀하고자 하는 데에 있다. 일반인의 저작물 이용은 종래 저작권법에서는 관심거리가 되지 못하였거나 특별히 논의대상이 되지 못하였다. 일반인이 저작물을 단순히 이용한다고 보아 넘겼다. 예컨대, 서점에서 책을 구입하여 이를 읽거나 영화관에서 영화를 관람하거나 음악회에서 음악연주를 감상하는 수준의 한정된 범위에서 저작권에 대한 관심과 그 정도에 한정된 관련성을 맺고 있었을 뿐이었다.

종래 저작권법에서 이용자에 관한 배려 가운데 소진론(또는 최초판매 원칙)과 저작재산권의 제한(또는 공정이용 원칙)의 두 가지를 들 수 있다. 저작재산권의 제한은 그 형식이 각국의 입법태도에 따라 상이하지만, 이용자가 타인의 저작물을 이용한 것에 대하여 항변할 수 있는 사유가 된다. 저작권의 보호범위를 확대하거나 보호를 강화함에 따라 상대적으로 이용자에 대하여 배려가 요청된다. 그런데 최초판매 원칙에 관하여 살펴볼 때, 디지털 저작물의 이용에 앞서 체결하는 이용계약에 의하여 종래의 최초판매 원칙을 배제하는 약정을 설정하고 있다. 법리적 관점에서 살펴보면, 저작권법에 규정하고 있는 최초판매 원칙이 계약에 의하여 배제되는 결과를 가져온 것처럼 보인다.[31] 저작권을 배타적 권리라 정의할 때, 배타적 권리보다 채권이 우월적 지위를 가지는 것이다. 이는 디지털 저작물의 경우에 디지털 저작물의 용이한 복제·배포로 인한 불가피한 사정에서 빚어진 결과라 할지라도 이용자에 대한 배려가 상실된 경우에 해당한다. 법리상으로는 매매와 이용계약을 구별하여 이용계약의 경우에 최초판매 원칙을 적용하지 못한다는 논리를 전개하고 있다.

디지털 기술의 발전에 힘입어 이용자는 저작물 이용과 관련하여 직접·간접으로 저작권을 침해한다는 잠재적 불법행위자가 되었다. 그 대표적인 것이 저작물에 대한 불법적 접근·이용을 막을 목적으로 장치한 기술적 보호조치를 무력화하지 못하도록 한 규정이다. 이용자는 이러한 새로운 장치와 그에 따른 법률 규정으로 인하여 번거롭고 불편함을 느끼며 저작물 이용을 감수할 수밖에 없는 현실을 수용하게 된다.

31 이에 관하여 유럽연합정보사회 저작권지침 제29조의 규정내용 및 미국의 Vernor v. Autodesk 사건 판결을 들 수 있다.(이에 관하여 손승우, "소프트웨어의 거래와 권리소진의 원칙," 계간 저작권(91호), 2010/9, 32면 이하 참조).

한편, 디지털 기술의 개발과 이를 이용하는 정보사회에서 그 사정이 달라지고 있음을 확인할 수 있다. 막대한 자본력에 의지한 출판업자가 출판물의 시장을 지배한다는 점을 완전히 배제할 만큼 새로운 환경이 조성된 것은 아니지만, 창작자 스스로 출판업자의 중간적 매개 없이 직접 이용자에게 창작물을 소개하고 이를 이용하게 할 수 있게 되었다. 즉 창작물 출판을 위하여 더 이상 출판업자와 교섭 없이 자기의 창작물을 세상에 내놓을 수 있게 되었다. 그 밖에 이용자 제작 콘텐츠가 이용자 스스로 제작한 독창성을 띤 창작물인 경우에 보호받게 되었다.

타인의 저작물을 이용하지만 저작권침해에 해당하지 않으려면, 일반 이용(소비자)의 경우에 사적 이용(private use)에 해당한다는 점을, 저작(권)자와 경쟁적 관계에 있는 자의 경우에 공정이용(fair use)에 해당한다는 점을 주장하여야 한다. 전자가 일반적 사항에 따른 것이라면, 후자는 특수한 사정에 따른 것이므로 구체적 내용을 규정하게 된다. 일반적으로 사적 이용은 법원칙 또는 법정책에 따라 판단하게 되지만, 공정이용 법리는 저작권법의 명시규정에 의한 적용 여부를 판단하게 된다. 저작물 이용이 일정한 범위에서 저작권침해에 해당하지 않는다는 것은 그 이용에 대한 법적 정당성이 인정되어야 하고, 법률에 명시적으로 규정할 때 그 내용이 명확해진다. 그런데 저작물 보호·이용 관계가 원칙·예외로 보는 관점에서 벗어나지 못하면 저작물의 이용을 통한 문화수준의 향상·발전을 꾀할 수 있을까?

Anne 여왕 저작권법의 제정 이전과 이후의 차이를 극명하게 드러내는 점은 일정한 시간이 지나면 저작물이 공유(公有)에 속한다고 본 것이다. 이전에 보호되던 저작물을 자유롭게 접근하는 공유물로 만듦으로써 이용자의 이익을 확인하였다.[32] 이때에 이용자 보호의 논의를 필요로 하지 않았다. 그런데 정보사회의 저작권법은 저작물을 사회에 내놓는 기반을 마련하는 것이 아니라, 오히려 더 길게 저작권의 존속 기간을 연장하고 있다. 이때 어떻게 이용자를 보호하여야 하는가.

Ⅳ. 현행 저작권법상 과제: 개혁론

저작권법은 창작을 독려하여 얻어진 창작물을 읽고, 듣고, 보게 함으로써 창작물을 통하여 문화의 수준을 향상·발전시키는 데에 그 목적을 가진다. 여기에 창작활동은 창작자에 의하여 이루어지지만, 이용자에 의한 창작물 이용을 떼어놓고 말할 수 없다. 이 외에 창작자와 이용자 사이에서 창작물 이용을 이끌어내는 매개자로서 출판자, 음반제작자, 영화배급자 등의 역할도 빼놓을 수 없다. 창작자에게 창작을 독려할 목적으로 저작권자의 법적 지위를 부여하고 그 배타적 권리를 향유함으로써 경제적 보상을 얻어내어 새로운 창작물을 세상에 내놓아 더 향상된 문화로 발전시킬 수 있다.

창작자에게 저작권을 인정하는 것이 세계 각국의 일반적 법리에 속하는 것이지만, 모든 국가가 동일한 법제도를 가지고 있지 않을 뿐만 아니라, 창작자와 저작권자가 언제나 일치하는 것도 아니다. 영미법계 국가의 저작권법상 업무상(단체)저작물에 관한 법리와 대륙법계 국가의 관련법리가 상이하다는 점은 특별한 사항이 되지 못한다. 그런데 현행 저작권법의 법률적 구조는 대륙법계 저작권법에 그

32 Marshall Leaffer, *Understanding Copyright Law*, LexisNexis, 2005, p.5.

근간을 두고 있지만, 업무상저작물 규정(법 제9조)은 영미법계의 규정과 아주 많이 닮아 있다. 법인 명의로 공표되는 업무상저작물의 저작자는 다른 약정이 없으면 법인이 저작자가 된다. 창작자가 저작자로 그 창작물에 대한 권리를 가지지만, 그 저작권을 제3자에게 양도함으로써 저작권자가 달라지는 경우에 저작자와 저작권자는 다르다. 이때 제3자가 타인의 저작권을 양수하여 그 저작권을 행사하는 데에는 그에 상응하는 인센티브가 뒤따른다.

저작권법상 창작자·이용자 및 매개자를 저작권 관련 당사자라고 말할 수 있지만, 창작행위를 중심으로 저작권을 살펴볼 때, 창작자와 이용자가 저작권법상 주체가 된다. 창작자의 창작행위와 그 결과물은 이용자가 읽고, 듣고, 보는 데에 관심을 모아 문화의 향상·발전을 이끌어낸다.[33] 여기에서 양자를 매개하는 제3자가 직접적으로 관여하는 것은 창작자와 이용자에게 경제적 편의와 이용상 편의를 제공하는 데에서 출발하였지만, 역사적 발전과정에서 볼 때, 이 매개자가 깊이 관련된 저작권보호로 논의 관점이 옮겨졌다. 저작권법의 본질내용과 다르게 사실상 매개자의 경제적·법적 지위를 향유하거나 이를 공고히 하는 데에 저작권법이 운용되는 현실이라면 이는 잘못된 것이다.

1. 창작자와 이용자를 위한 법

가. 창작자 관점

저작권은 창작행위로부터 창작물을 얻는 데에 독려할 목적으로 배타적 권리로 인정된 재산권이다. 창작자의 창작활동을 중시하고

33 *See* Jane C. Ginsburg, "Authors and Users in Copyright," 45 J. Copyright Soc'y USA 1 (1997).

이를 통하여 얻어지는 결과물로부터 창작자에게 경제적 수익이 돌아가게 한다는 점을 명확히 한 것이고, 이를 통상 '인센티브'로 이해하고 있다. 그런데 창작자에게 돌아가는 대가(수익)는 어떤가. 인센티브를 주어 새로운 창작물을 세상에 내놓게 한다는 취지는 사라져 버린 채 창작자와 이용자를 매개하는 제3자의 수익을 확보케 하는 현실이 되어 버렸다. 간단히 말하면, 창작활동의 결과에 대한 경제적 가치평가가 제대로 이루어지지 않고 있다. 창작자의 희생으로 제3자가 저작권을 행사하는 기반이 되어 버렸다. 제3자가 창작자(저작자)로부터 저작권을 양도받아 이를 행사하는 데에는 법적으로 아무런 장애가 없을 뿐만 아니라, 창작자에 대한 경제적 수익구조를 개척하는 역할을 수행하는 것이라고 말할 수도 있다.

이러한 구조는 15세기 중엽부터 20세기 산업사회의 저작권 논의에 이르기까지 계속되는 문제로 지적되어 왔다. 경제적으로 열악한 지위에 놓여 있던 창작자는 직접 이용자에게 자신의 창작물을 소개하고 이들로부터 이용에 따른 수익을 확보할 수 있는 방법이 모색되지 아니하였으므로 제3자의 매개가 불가피하였다. 제3자는 창작활동에 임하지 않지만, 정보를 전달하는 기술, 방법 및 관련시장을 개척하고 이를 통하여 수익을 올리려는 목적을 가지고 있으므로 우선적으로 이를 수행할 만한 경제력을 중요한 기반으로 삼아 이를 중시하였다. 중세의 인쇄출판업자, 근대에 들어 서적판매상, 20세기에 들어 음반 제작자, 방송사업자, CATV 사업자 등을 들 수 있으며, 연예산업 기획사 등을 꼽을 수 있다. 이들에게서 직접적인 창작활동을 찾을 수 없다.

역사적 관점에서 창작자의 경제적 여건이 개선되지 못한 데에 어떤 원인을 찾을 수 있는가. 업무상저작물에 관한 논의를 살펴보면, 영미법계 저작권법에서 빚어진 문제가 대륙법계 저작권법 보다 심각하다. 대륙법계 저작권법은 창작자(저작자)의 권리(droit d'auteur; Urheberrecht; author's right)를 저작권이라 칭하는 데에 영미법계의 저작권과 다른 위상을 가진다. 이 점을 연장하여 검토하면, 업무상저작물에 관한 규정이 어떤 논거에서 재검토되어야 하는지를 확인하게 한다.[34] 또한, 창작자가 자신의 저작권을 제3자에게 양도할 때, 제3자보다 계약교섭력(bargaining power)이 부족하다고 지적할 수 있다.[35] 이에 교섭력을 향상시키는 데에 어떤 방안을 모색할 수 있는가.[36]

창작자의 교섭력을 높일 수 있는 직접적 방안으로 저작권 양도에 관한 법리 이해를 강화하는 것이 필요하지만, 누구나 법률전문가가 되어야 하는 것은 아니다. 그렇다면, 저작권에 관한 기본적 법리를 이해하는 것과 복잡한 법률규정을 이해하기 쉽게 간단히 정리하는 방안을 모색할 수 있을 것이다. 이 외에 간접적 방안으로 저작권을 신탁기관에 맡겨 이들로 하여금 저작권 이용·양도에 관한 법률문제를 해결하도록 하는 것이다. 이에 대한 방법은 현행 저작권법 제105조 이하에서 채택하고 있지만, 창작자가 이를 만족스럽게 생각하지 않는다. 현행 저작권법상 저작권신탁관리업의 운영하는이 합리적인지 여부를 면밀히 검토할 필요가 있다. 창작자의 교섭력을 높일 목적으로 고안한 방안이 저작권 관련 법률관계에서 창작자(수탁자)의 의사

34 이 점을 논의하면서 현행 저작권법상 업무상 저작권에 관한 규정을 대륙법계의 저작권법에서 규정한 것과 같게 개정하여야 한다는 결론에 도달하였음을 말하는 것은 아니다. 현행 저작권법 체계에서 업무상저작권에 관한 연혁적 기원이 어디에서 출발하였고, 현행법의 해석상 어떤 방법론을 제시되어야 하는지를 체계적으로 검토할 필요가 있다. 또한, 업무상저작물과 유사한 대상인 특허법상 직무발명(employee's invention)은 발명자주의를 채택하고 있음은 비교의 대상이 된다.

35 Jessica Litman, "Copyright Law Reform," 96 Iowa L. Rev. 1, 11-12 (2010).

36 이와 관련된 해석론으로 저작권 양도계약인지 이용허락계약인지 명백하지 아니한 경우에 'in dubio pro auctore'에 터 잡아 판단하고 있다.

표시를 구속하거나 신탁기관(신탁자)에 의한 저작물을 방치하는 결과를 빚어낸다면 창작자의 교섭력 강화와 무관한 것이다.

나. 이용자 관점

창작활동으로부터 얻어진 창작물은 창작자로부터 이용자에 의하여 읽고, 듣고, 보게 될 때 본래의 목적이 달성된다. 이는 현행 저작권법의 목적 규정에 따를 때 문화의 향상·발전을 이끌어내는 일이다. 이런 점에서 이용자는 저작권법상 수혜자라고 말할 수 있지만, 실제 이용자가 역사적으로 저작권법상 주된 관심대상이 되었는지 살펴볼 필요가 있다.

실제 이용자의 권리에 대하여 명시적으로 규정되어 있지 않았을 뿐만 아니라, 의회와 법원은 저작권자에 의한 자기 권리 주장이 지나친 경우에 한하여 이를 제한하는 논거로 이용자에 대한 배려를 논의하였다.[37]

19세기 미국의 Folsom 사건판결로부터[38] 그 기원을 삼고 있는 공정이용 법리는, 위에서 살펴본 것처럼, 이용자 이익을 적극적으로 수용한 것이다. 1970~80년대를 저작권법을 흔들어 놓았던 것으로 소위 '비상업적 시간 변경'(noncommercial time-shifting)이 저작권침해에 해당하지 않는다고 판시한 Sony Corp. v. Universal City Studios 사건판결에[39] 주목할 필요가 있다. 이러한 논의가 21세기에 들어 디지털 기술을 이용한 저작권침해가 급증함에 따라 기술적 보호조치 등

37 이 점은 저작권의 존속기간이 만료된 이후에 저작물을 공유의 대상으로 삼는 것과 구별하여야 한다. 저작권의 존속기간 중 이용자가 누릴 수 있는 법적 지위를 말한다.

38 Folsom v. Marsh, 9 F.Cas. 342 (1841).

39 Sony Corp. v. Universal City Studios, 464 U.S. 417 (1984).

의 등장으로 인하여 저작권법에서 밀려났다.[40] 저작권법의 역사에서 볼 때, 기존 저작권자는 자기들의 이해를 고려하여 새로운 움직임에 대한 접근 여부와 수용 여부를 결정하였고, 이용자를 배려하거나 달라진 환경에서 새로운 질서를 모색하려는 노력을 기울이지 않았다. 이제까지 저작권자는 이용자를 끌고 가거나 이용자가 새로운 환경에 적응하고 이에 의존하여 좇아가도록 하는 데에 영향력을 행사하였고, 적극적으로 이들을 배려하지 않았다.[41]

그런데 역사적 발전과정에서 저작권의 보호대상이 확대되고 기존의 저작권은 강화되었지만, 저작권보호를 강화하는 관점에서 사적 이용은 저작권법상 중요한 논의대상으로 올려놓지 못하였다. 하지만, 이용자가 읽고, 듣고, 보는 것은 저작권법의 목적과 관련되어 있다. 이러한 행위는 인간의 기본적 속성으로 당연한 것으로 받아들여야 한다. 그렇다면 이러한 행위는, 창작자의 권익보호라는 관점에서 저작권법상 저작권 보호를 논의해왔던 것과 같이, 이용자 권익이 보호될 수 있도록 하는 방안 강구로 이어져야 한다.[42]

창작자·이용자가 길항(拮抗) 관계에 놓여 있는 것은 아니다. 창작자 권리가 강화되면 이용자 권리가 축소되고, 이용자 권리가 강화되면 그 반대로 되는 것이 아니다. 역사적 관점에서 볼 때, 저작권자의 독점적 지위만이 강조되었을 경우에 그 법적 지위를 잃게 되어 혼란을

40 이 점에서 있어서 21세기 저작권 개혁을 위한 3가지 방안 가운데 2가지와 연관된 사항을 살펴볼 수 있다. Sony 사건판결에서 판시한 것과 같이 새로운 기술 또는 기기를 이용하는 소비자를 보호하는 내용을 Grokster 사건판결[545 U.S. 913 (2005)]에서 수용하지 아니한 문제점과, 저작권법에 기술적 보호조치에 관한 무력화 행위를 저작권침해로 규정하는 것의 폐지 주장과 관련 있다(Michael A. Carrier, *Innovation for the 21st Century: Harnessing the Power of Intellectual Property and Antitrust*, Oxford University Press, 2009, p.144-145, 185-187).

41 Richard Stallman, "Reevaluating Copyright: The Public Must Prevail," 75 Or. L. Rev. 291, 294-296 (1996).

42 Litman, *supra note* 35, 37-38.

피할 수 없었지만, 창작자·이용자의 적정한 권리보호가 공존하면 공동의 목적을 달성할 수 있게 된다.[43] 저작권법은 창작자 권리만을 보호하는 것으로 그 목적을 설정하지 아니하였고, 창작자 권리에 대한 보호를 꾀하는 것이 저작권법의 최종 목적도 아니다. 창작자에게 배타적 권리로 인센티브를 얻을 수 있게 하는 것은 창작물을 이용자에게 널리 소개하고 이를 이용하는 것으로부터 출발한다는 점과 밀접히 연관되어 있고, 이는 동전의 양면과 같다.

2. 저작권산업과 저작권법의 관계

가. 저작권산업과 창작활동

저작물을 이용자에게 소개·제공함으로써 이로부터 경제적 수익을 얻는 자는 중간매개자다. 이는 창작자·이용자 이외의 출판자, 음반제작자, 방송사업자 등이다. 이들은 모두 시장에 저작물을 배포(또는 방송)하여 수익을 올리는 데에 관심을 기울이지만, 창작활동을 독려하는 데에 직접적으로 관련되어 있지 않다. 출판권은 저작권법 역사에서 오랜 전통을 가진 권리로 저작권자로부터 복제·배포권을 설정받은 권리다. 음반제작자와 방송사업자는 저작인접권자로 타인의 저작물을 이용할 수 있는 법률관계에 근거하여 법적 지위를 갖고 경제적 수익을 올리려는 데에 그 목적을 가진다.

이들은 직접적으로 창작활동에 임하지 아니할 뿐만 아니라, 창작활동을 이끌어내는 동기와 과정에 대하여도 중요하게 다루지 않는다. 즉, 창작활동의 증진을 꾀하는 것이 아니라, 자신들의 수익에 일

---

43 Lyman Ray Patterson, *Copyright in Historical Perspective*, Vanderbilt University Press, 1968, p.225-229.

차적 관심을 기울인다. 창작자의 열악한 경제적 사정은 이들에게 유리한 계약관계를 이끌어낼 수 있는 단서가 되거나 출판자 등에게 저작권관련 계약체결의 주도권을 갖게 하는 빌미를 제공한다. 창작물을 이용자에게 전달하는 역할 수행한다는 점에서 창작물 이용을 도모하지만, 그 목적이 창작자 입장에서 이루어지는 것이 아니라 자신의 경제적 수익을 확보하는 방법이라는 점이다. 창작자로부터 더 낮은 가격으로 이용권을 확보하고 더 높은 가격을 이용자에게 제시하는 데에 관심을 가진다.

이러한 중간매개자의 지위와 역할은 산업사회에서 다양한 종류의 저작물을 대상으로 이용자에게 이용을 꾀함으로써 창작물을 이용한 산업으로 발전하여 저작권관련 산업(또는 문화산업)으로 새로운 산업의 일군을 형성하고 있다. 최근 들어 더욱 각광을 받고 있는 저작권산업은 그 발전의 기초에 저작권보호가 있다고 주장하면서 저작권보호가 저작권산업을 위하여 필요한 것이라는 논리를 전개하고 있다. 저작권산업은 저작물을 이용하여 경제적 수익 확보라는 데에 그 목적을 가지고 있는데 앞에서 살펴본 것처럼 창작물에 대한 인센티브를 부여하여 그로부터 새로운 창작물을 얻을 수 있도록 하는 저작권보호의 본질적 목적과 구별된다.

저작권보호를 통하여 얻는 최종적 목적은 문화수준의 향상·발전에 있는 것이고, 각국 저작권법은 이 목적을 추구하려는 데에 방안을 강구하여 왔다. 창작자는 이용권이 저작권법에 명시적으로 규정되지 못하였다 할지라도 이용자의 저작물의 공정한 이용을 도모하는 수단을 통하여 그 목적을 구현하여 왔다.

나. 현행 저작권법상 목적의 혼동

저작권법의 목적으로 문화의 향상·발전 외에 저작권 '관련 산업'의 발전을 규정하고 있다. 문화의 향상·발전은 창작활동에 의하여 얻어진 창작물을 이용할 수 있도록 한다는 데에 규범적 가치를 두고 있는 반면, 관련 산업의 발전은 창작물을 통한 경제적 수익확보를 꾀하는 데에 그 가치를 두고 있다. 즉, 문화산업의 발전은 창작자의 새로운 창작활동을 독려하여 문화수준을 향상하는 것과 관련 없이 이루어진다.

앞에서 자세히 살펴보았지만, 문화산업의 발전이 이루어진다 하더라도 창작자에게 그 수익의 일부가 돌아갈 수 있지만, 문화산업의 발전에 좇아 창작자의 경제적 여건이 이에 따라 향상되는 것도 아니다. 저작권을 양수한 후 문화산업이 활성화되어 높은 수익을 올린다 하더라도 이를 창작자에게 돌리는 경우란 찾아보기 힘들다. 문화산업을 통하여 얻은 수익은 그 산업발전을 확대하는 데에 관심을 쏟게 될 뿐 창작활동을 이끌어내는 데에 쓰이지 않는다. 이 점으로부터 저작권보호를 통하여 문화산업을 이끌어내려는 것은 창작자 보호와 구별되어야 한다.

문화의 향상·발전을 꾀하는 본래의 저작권법 목적 외에 문화관련 산업(또는 저작권 산업)을 발전시키려는 또 다른 저작권법의 목적을 둠으로써 서로 다른 두 목적을 성취할 수 있다고 보는 일거양득의 성과를 기대하지만, 실제 저작권법의 본질을 혼동하여 배도이치(背道而馳)의 누를 피할 수 없게 된다. 저작권법은 창작활동을 독려하고 이로써 문화의 향상·발전을 꾀하는 것임에 반하여, 저작권 관련 산업은 저작물을 이용하여 경제적 수익을 얻는 데에 관심을 집중한다. 후자의 저작권 관련 산업발전을 꾀하는 것은 현행 '문화산업진흥 기본법'

등을 통하여 그 목적을 달성할 수 있다.

저작권법이 적극적으로 창작자를 보호하는 데에 노력을 기울이지 않는다면, 새로운 창작물을 통하여 문화의 향상·발전을 꾀하지 못하게 될 뿐만 아니라, 문화산업의 소재로 활용하는 대상을 찾지 못하여 문화산업의 발전도 기대하지 못하게 된다. 저작권법에서 보호하고자 하는 실체는 저작권자가 누구인지를 가리지 않고 모든 저작권자를 보호하고자 하는 것이 아니라, 창작자(저작자)를 보호하고자 하는 데에 있다. 따라서 창작자가 아닌 창작자·이용자 사이의 중간 매개자인 저작권자(창작자로부터 저작권을 양수한 자)를 보호하려는 것이 아니다. 그럼에도 불구하고 그 법적 개념을 제대로 이해하지 못한 채 단순히 저작권자를 보호한다는 용어의 피상적 이해에 매몰되어 저작권보호에 의한 저작권관련 산업의 발전을 꾀하려는 정책과 이에 따른 저작권법의 목적 규정의 개정은 정책과 법리 모두 저작권보호의 실체를 제대로 파악하지 못한 문제점을 드러내고 있다.

요컨대, 문화산업의 근간을 저작권보호에서 찾는 저작권관련 정책을 재검토하고, 저작권법의 목적조항을 개정 이전으로 되돌리는 일이 시급하다. 저작권산업 또는 문화산업이 그 대상을 저작권과 관련 있는 대상에서 찾는다 할지라도 그 본질은 산업적 관점에서 출발한 저작권보호라는 대상의 외관을 이용한 것에 불과하다.

Ⅴ. 저작권법의 기초 위에서 세워 나가는 문화

인쇄기술·축음기술·방송기술(전파기술)·정보통신기술 등 각 시대에 새로운 기술이 선행하여 저작권의 보호범위를 확장하거나 이미 보호하던 대상에 대하여 그 보호를 강화하는 데에 영향을 끼쳤다. 역사적 관점에서 볼 때, 새로운 기술은 독창성을 지닌 창작물을 세상에 선보이게 하거나 일상생활에서 새로운 문화를 이끌어내는 도화선이 되었지만, 신기술을 이용한 창작물로부터 얻어진 경제적 수익이 언제나 창작자에게 돌아간 것은 아니었다. 창작활동의 독려와 일반인의 창작물 이용을 확대할 목적으로 저작권법을 제정하였으므로 창작자·이용자가 저작권법의 주체적 지위를 향유하여야 함에도 불구하고 실제 창작자·이용자의 중간에 이들을 매개하는 창작자가 아닌 저작권자에게 저작권법 운용의 주도권을 빼앗겼다. 이는 Anne 여왕 저작권법의 제정 당시부터 21세기 디지털 기술 위에 운용되는 저작권법에 이르기까지 계속되고 있다.

저작권법상 창작자·이용자가 지니는 본질적 지위가 중간매개자의 경제적 수익확보에 의하여 매몰되면, 창작물을 통한 문화수준의 향상·발전은 기대하기 어렵고 경제성 확보에 치중한 저작물 거래가 저작권과 관련한 주된 논의대상이 될 것이다. 창작자에게 실질적으로 저작권의 가치가 실현되도록 하려면 창작자인 저작권자 스스로 저작권을 행사하는 데에 어려움이 없도록 법률규정을 간명히 정리할 필요가 있으며 더 이상 중간매개자에 의존하지 않고 저작물을 이용할 수 있도록 그 방안을 찾아야 한다. 그런데 최근 들어 정보통신기술은 디지털 매체를 이용한 저작권 보호를 꾀할 수 있게 한다. 이에 관한 새로운 논의를 전개할 수 있게 되었다.

기술변화는 저작권의 보호범위를 확대하거나 보호를 강화하는 계기를 마련하였다. 또한, 저작권의 존속기간은 계속적으로 연장되었고, 저작권침해 여부를 판단함에 있어서도 권리자 보호에 치중하였다. 이러한 저작권보호는 역사적 관점에서 창작활동에 대한 인센티브를 이끌어내는 데에 중요한 규범적 의미를 가진다. 창작활동으로 얻어진 창작물에 인센티브가 주어지면 이를 통하여 창작활동이 배가(倍加)되고, 그 창작물이 일반인에게 널리 이용됨으로써 문화의 향상·발전을 꾀할 수 있게 된다. 저작권법의 본질적 목적은 저작활동을 통하여 얻어진 저작물의 이용을 도모하는 수단에 의하여 최종적으로 자국의 문화수준을 높이는 것이다.

그런데 창작자·이용자를 매개하는 중간자에 의하여 저작물 보급이 보다 적극적으로 이루어지면서 저작권법의 목적이 아닌 매개자가 자기의 수익을 올리는 데에 저작권법이 기여하게 된다면 저작권보호의 실체를 잃게 되는 것이다. 이에 창작자의 창작활동을 적극적으로 이끌어낼 수 있는 방안과 이용자를 배려하지 못하는 사정에서 빚어진 문제에 대한 해결방안을 동시에 저작권법에서 강구하여야 한다.

창작과 이용을 위한 저작권

10

저작권법, 누구를 위한 것인가?

정보사회에서 만나는 창작·저작물 이용

구텐베르크의 인쇄기술에 힘입어 42행 성경을 출판한 것이 560여 년 전의 일이며, Anne 여왕 저작권법이 제정된 이래로 310년이 지났다. 이런 역사에서 세계의 저작권법은 세 가지 과학기술 개발에 깊은 영향을 받았다. 금속활자, 축음기 그리고 인터넷을 꼽을 수 있다. 앞의 두 가지는 구미 국가에, 앨빈 토플러(Alvin Toffler)의 표현으로 제2의 물결(산업혁명)의 영향을 받아, 근대 문화국가를 세우는 계기를 마련하였다. 마지막 인터넷의 상용화는 우리에게 밀어닥친 '제3의 물결'로 주체할 수 없는 변화를 이끌었고 산업사회의 규범 틀 위에 새로운 저작권 규범을 꾸려내는 전기가 되었다.

국내 신문에 저작권 용어가 처음 소개된 때는 언제일까? 뉴스 라이브러리를 검색하면, 1920년 9월 9일 국내 신문의 기사에서 이를 확인할 수 있고, 저작권침해에 따른 첫 고소는 1956년 4월 말에 있었다. 또한, 1957년에 제정된 저작권법은 저작자의 권리보호에 치중하였고, 일반인의 저작물이용에 대하여 아무런 관심도 드러내지 못하였다. 실제 국내에서 저작권에 사회적 관심을 모으기 시작한 것은 1980년대 중반부터다.

우리 저작권법의 짧은 역사 가운데 주요 장면을 잠시 상상해보자. 1957년 1월에 제정한 저작권법은 당시의 주요 외국 법제와 달리 저작권을 유형물을 근간으로 한 권리로 이해하였다. 세계 최초의 저작권법에 명시하였던 저작물 공유(public domain) 규정이 여기에는 없었다. 저작권법이 제정된 후 30년이 지난 1986년에 전면 개정하면서 비로소 현대적 의미의 지적재산권 법체계를 꾸려내는 계기를 마련하였고, 저작자 보호와 저작물의 공정한 이용을 동시에 이루려는 저작권법의 목적을 새롭게 설정하였다.

우리 저작권법은 제정 후 60여 년이 흘렀지만, 본격적으로 법리 발전을 이끌어내는 데 숨 가쁘게 뛰어온 기간은 최근 30여 년이다. 1986년 저작권법 전면 개정 이후에도 잦은 법률개정을 통하여 기술 변화에 즉응하거나 후진적 제도의 개선으로 늦게 출발한 저작권관련 법령이 정보사회에서 요구하는 사항을 갖추게 되었고, 이를 통한 눈부신 문화발전을 경험하였다.

지난 30여 년 동안 우리는 저작권에 관한 의미 있고 당찬 시간을 보냈지만, 아쉬움도 남겼다. 선진국의 것을 옮겨와 토착화에 충실하였지만, 법제도 속에 담긴 역사와 그들이 긴 호흡으로 고민하였던 점들에 대하여 관심을 쏟지 못하였다. 예컨대, 저작물의 공정한 이용을 도모한다고 저작권법에 목적으로 명시하였지만 얼마나 적극적으로 그 법리를 체계화하려는 노력을 기울였는지 돌아볼 일이다. 그럴듯한 명분으로 저작권자의 권리보호에 기울었다는 비판을 피할 수 없다. 일반인이 이해하기 어려운 용어와 전문적 기술용어를 법률용어로 규정하였다. 또한 저작자의 창작활동을 도와 창작활동의 어려움을 해결하고자 어떤 방안을 모색하였는지도 살펴보아야 한다. 여기에 1990년대 이후 잦은 법률 개정이 더하여져 저작권법에 대한 일반인의 관심·신뢰를 얻기 위하여 특별히 많은 노력을 했다. 하지만, 아직도 많이 부족하다.

정보사회로의 변혁과 이에 따른 저작권법 대응은 개별 규정에 터잡아 해결될 것이 아니라, 큰 틀에서 그 방향을 정하고 체계화하는 노력이 필요하지만, 숲만 보고 나무를 보지 못하는 누를 범하지 말아야 한다. 정보사회 한가운데에 서서 저작권법을 논의할 때, 무엇을 주된 가치로 삼아야 할까? 창작물(콘텐츠)이 다양하고, 이에 접근하여 이용하는 것이 쉬워야 한다. 특별할 것이 없다. 이를 저작권법 목적과 연계하면, 창작활동이 적극적으로 독려되어야 하고, 저작물의 검색서비스가 뒷받침되어 이를 활용할 수 있도록 이끌어야 하리라.

정보사회에서 도서검색을 통하여 얻는 일반인의 혜택(public benefit)이 저작권법의 본질적 목적에 합치할 수 있다. 이럴 경우에 허락 없이 타인의 저작물을 복제·전송하였다 하더라도, 저작권침해에 해당하지 않는다(공정이용 법리에 따라). 1976년 미국 저작권법에 공정이용 법리를 규정할 때 전혀 상정할 수 없었던 새로운 사정이 2010년대에 들어서 생겼지만, 법원은 문제된 구글의 도서검색이 저작권법 목적에 충실한 것이라는 결론에 이르자 '누구를 위한 것인가'에 대한 질문에 해답을 내놓았다. 정보사회에서 저작권법이 갖는 주된 가치가 여기에 담겨 있다.

창작활동을 독려하여 새로운 창작물을 우리 사회에 내놓아 문화생활을 풍요롭게 하는 일은 인류에게 언제나 관심사항이었고, 새로운 기술의 개발은 문화를 이끌어내는 견인차였거나 기반을 조성하는 출발점이었다. 인류는 새로운 것을 궁리하고 만드는 데 끊임없이 관심을 집중시켰고, 이를 이용하여 또 다른 사회적·문화적 변화를 불러왔다. 창작과 이용이 서로 나누어져 있을 수 없는 상호 보완적 대상임에도 무엇이 먼저인지를 정하는 일과 그로부터 빚어지는 가치판단에 영향을 받아 저작권법의 목적을 이루는 데 서로 밀어내었다. 그로 인하여 저작물 이용이 저작권법상 논의에서 뒤로 밀려나 있었다. 하지만, 정보사회에서 경험하는 저작권법은 더 이상 어느 한 측면에 기울지 않고 창작과 이용 사이에 균형을 잡는 것이 필요하다.

Anne 여왕 저작권법을 시행할 당시(1710년)부터 지금까지 310년이 넘는 동안 저작권 보호와 저작물의 공유라는 관점에서 법리 발전을 이끌었는데, 한국 저작권법의 지난 60여 년 역사는 저작물 이용에 큰 관심을 쏟지 못하였다. 더 미루지 말고 저작물의 접근·이용을 저작권법의 주된 가치로 실현하여 정보사회에서 저작물 이용을 돋보이게 하여야 한다. 저작권법 제정 후 60여 년이 지나 정보사회에 들어선 우리는 또 다른 60년 그리고 100년을 향하여 '저작권법, 누구를 위한 것인가?'에 명확히 대답할 수 있어야 한다.

참고문헌

권영준, 『저작권침해판단론 - 실질적 유사성을 중심으로』, 박영사, 2007.

김인철, "미국 저작권법상의 종결권 도입에 대한 소고", 법학논고(경북대) 제49집, 2015.

김정완, "검색사이트에 관한 저작권법상의 고찰", 법학논총(전남대) 제31집 제2호, 2011.

김태훈, "개정 저작권법 해설", 계간 저작권 제49호, 2000.

남희섭, "창작 노동 보호를 위한 저작권법의 과제", 언론과 법 제18권 제3호, 2019.

박성호, 『저작권법』, 박영사, 2017.

______, "음악저작권의 생성과 발전", 법학논총(한양대) 제28집, 2011.

______, "그림책 <구름빵>의 캐릭터 저작권은 양도되었는가?", 저작권문화 제313호, 2020/9.

______, "인터넷 환경 하에서 저작권의 제한에 관한 연구 - 저작권법 제28조 및 제30조를 중심으로", 정보법학 제19권 제3호, 2015.

박준석, "한국 저작권법 상의 '저작권 제한'에 관한 고찰", 계간 저작권 제100호, 2012.

박준우, "실질적 유사성과 공정이용법리의 공통기원, 그리고 '규범적 복제'의 정의", 계간 저작권 제114호, 2016.

배대헌, 『저작권의 발명과 발전』, 한국학술정보, 2013.

______, "정보사회에서 새로 얻는 '與世推移'론", 계간 저작권 제115호, 2016.

______, "현행 저작권법상 '복제' 정의의 변천에 따른 법리 검토", IT와 법연구 제15집, 2017.

______, "기술로 문화산업을 이끄는 저작권법에 대한 논의", 산업재산권 제25호, 2008.

손승우, 『지식재산권법의 이해』, 동방문화사, 2016.

______, "소프트웨어의 거래와 권리소진의 원칙," 계간 저작권 제91호, 2010.

손흥수, "설계도면의 저작물성", 저스티스 제84권, 2005.

송영식·이상정, 『저작권법 강의』, 세창출판사, 2015.

오승종, 『저작권법』, 박영사, 2016/2020.

위효정, "디드로를 통해 본 프랑스 역사 속 저작권 인식", 저작권문화 제251호, 2015/7.

유영선, "사실적·기능적 저작물의 실질적 유사성 판단방법", 『기업법·지식재산법의 새로운 지평(김문환선생 정년기념논문집)』, 2011.

이영욱, "공정한 저작권계약을 위한 입법적 보완방안에 관한 연구", 박사학위논문

(고려대), 2015.
이해완, 『저작권법』, 박영사, 2016/2019.
임원선, 『실무자를 위한 저작권법』, 한국저작권위원회, 2022.
장인숙, 『著作權法槪論』, 교학도서, 1960.
전재림, "구름빵 사건과 계약자유원칙 수정에 대한 최근 논의", Copyright Issue Report 2020-02, 한국저작권위원회, 2020.
정경석, "실질적 유사성론," 계간 저작권 제85호, 2009.
정상기 외 2인, "정보통신망의 발달과 지적재산권법의 대응 - 저작권법을 중심으로", 계간 저작권 제39호, 1997.
정상조, 『저작권법 주해』, 박영사, 2007.
최경수, 『저작권법 개론』, 한울아카데미, 2010.
최호진, "개정 저작권법 제35조의3(저작물의 공정한 이용)에 따라 공정이용을 판단할 때 발생할 수 있는 문제점에 대한 고찰과 해석론의 제시", 계간 저작권 제99호, 2012.
한지영, "저작권법상 인용에 관한 고찰", 창작과 권리 제68호, 2012.
허희성, 『신저작권법축조개설,』 범우사, 1988.
황적인 외 2인, 『저작권법』, 법문사, 1988.

加戶守行, 『著作權法 逐條講義』, 著作權情報Center, 2003.
島並 良·上野達弘·横山久芳, 『著作権法入門』, 有斐閣, 2014.
中山信弘/윤선희 편역, 『저작권법』, 법문사, 2008.

Howard B. Abrams, "The Historic Foundation of American Copyright Law: Exploding in the Myth of Common Law Copyright", 29 Wayne L. Rev. 1119 (1983).
Patricia Akester, *A Practical Guide to Digital Copyright Law*, Sweet & Maxwell (2008).
Isabella Alexander, *Copyright Law and the Public Interest in the Nineteenth Century*, Hart Publishing, 2010.
Isabella Alexander, "The Genius and the Labourer: Authorship in Eighteenth - and Nineteenth-century Copyright Law", *Copyright and Piracy*, Cambridge Univ. Press, 2010.
Dotan Aliar, "Making Sense of the Intellectual Property Clause: Promotion of Progress as a Limitation on Congress's Intellectual Property Power", 94 Georgetown L. J. 1771 (2006).
Clark D. Asay, "Copyright's Technological Interdependencies", 18 Stan.

Tech. L. Rev. 189 (2015).

Benedict Atkinson and Brian Fitzgerald, "Copyright as an Instrument of Information Flow and Dissemination: the case of ICE TV Pty Ltd v. Nine Network Australia Pty Ltd", <https://eprints.qut.edu.au/15208/1/15208.pdf>, 2008.

Patricia Aufderheide and Peter Jaszi, *Reclaiming Fair Use*, Univ. of Chicago Press, 2011.

Dana Beldiman(ed.), *Access to Information and Knowledge: 21st Century Challenges in Intellectual Property and Knowledge Government*, Edward elgar, 2013.

Dana Beldiman, "Utilitarian Information Works - Is Originality the Proper Lens?", 14 Marq. Intell. Prop. L. Rev. 1 (2010).

Stuart M. Benjamin, Douglas G. Lichtman and Howard A. Shelanski, *Telecommunications Law and Policy*, Carolina Academic Press, 2001.

Lionel Bently and Brad Sherman, *Intellectual Property Law*(4th ed), Oxford Univ. Press, 2014.

Maurizio Borghi and Stavroula Karapapa, *Copyright and Mass Digitization*, Oxford Univ. Press, 2013.

Richard R. Bowker, *Copyright: Its History and Its Law*, Houghton Mifflin Company, 1912.

James Boyle and Jennifer Jenkins, *Intellectual Property: Law and the Information Society Cases and Materials*, Center for the Study of the Public Domain, 2015.

Michael A. Carrier, *Innovation for the 21st Century: Harnessing the Power of Intellectual Property and Antitrust*, Oxford Univ. Press, 2009.

Zechariah Chafee, Jr., "Reflections on the Law of Copyright: I", 45 Colum. L. Rev. 503 (1945).

Julie E. Cohen, "The Place of the User in Copyright Law", 74 Fordham L. Rev. 347 (2005).

Julie E. Cohen, Lydia Pallas Loren, Ruth L. Okediji, and Maureen A. O'Rourke, *Copyright in a Global Information Economy*, Wolters Kuwer, 2010.

William Cornish, "The Author as Risk-Sharer", 26 Colum. J. L. & Arts 1 (2002).

William Cornish, "The Statute of Anne 1709-1710: its Historical Setting", in *Global Copyright: Three Hundred Years since the Statute of Anne, from 1709 to Cyberspace*, eds Bently, Suthersanen and Torremans, Edward Elgar, 2010.

Carys J. Craig, *Copyright, Communication and Culture*, Edward Elgar, 2011.

Trajce Cvetkovski, *Copyright and Popular Media: Liberal Villains and Technological Change*, Palgrave Macmillan, 2013.

Gillian Davies, *Copyright and the Public Interest*, Sweet & Maxwell, 2002.

Graeme B. Dinwoodie(ed.), *Methods and Perspectives in Intellectual Property*, Edward Elgar, 2013.

Rochelle C. Dreyfuss, Justine Pila(ed.), *Intellectual Property Law*, Oxford Univ. Press, 2018.

Niva Elkin-Koren, "Copyright in a Digital Ecosystem: A User Rights Approach", *Copyright Law in an Age of Limitations and Exceptions*(Ruth L. Okediji ed.), Cambridge Univ. Press, 2017.

John Feather, "The Significance of Copyright History for Publishing History and Historians", in *Privilege and Property: Essays on the History of Copyright*, eds Deazley, Kretschmer and Bently, Open Book Publisher, 2010.

NN Feltes, "International Copyright: Structuring 'The Condition of Modernity' in British Publishing", in Woodmansee and Jaszi (eds), *Construction of Authorship*, Duke Univ. Press, 1994.

Brett M. Frischmann, *Infrastructure*, Oxford Univ. Press, 2012.

Christophe Geiger, "The Influence(Past and Present) of the Statute of Anne in France", in *Global Copyright: Three Hundred Years since the Statute of Anne, from 1709 to Cyberspace*, eds Bently, Suthersanen and Torremans, Edward Elgar, 2010.

Daniel Gervais, "Feist Goes Global: A Comparative Analysis of the Notion of Originality in Copyright Law", 49 J. Copyright Soc'y U.S.A. 949 (2002).

Shubha Ghosh, "Deprivatizing Copyright", 54 Cas. W. Res. L. Rev. 387 (2003).

Jane C. Ginsburg & Robert A. Gorman, *Copyright Law*, Foundation Press, 2012.

J.C. Ginsburg, "A Tale of two Copyrights: literary property in revolutionary France and America", [1991] 147 R.I.D.A. 131.

Jane C. Ginsburg, "Authors and Users in Copyright," 45 J. Copyright Soc'y

USA 1 (1997).

Paul Goldstein and Bernt Hugenholtz, *International Copyright: Principles, Law, and Practice*, Oxford Univ. Press, 2013.

Paul Goldstein, *Copyright's Highway*, Hill And Wang, 1994.

Paul Goldstein, *Copyright*, Wolters Kluwer, 2015.

Paul Goldstein, *International Copyright: Principles, Law and Practice*, Oxford Univ. Press, 2001.

Stef van Gompel, *Formalities in Copyright Law: An Analysis of Their History, Rationales and Possible Future*, Wolters Kluwer, 2011.

Wendy J Gordon, "A Property Right in Self Expression: Equality and Individualism in Natural Law of Intellectual Property," 102 Yale L. J. 1533 (1993)

Eugene Goryunov, "All Rights Reserved: Does Google's "Image Search" Infringe Vested Exclusive Rights Granted Under the Copyright Law?", 41 J. Marshall L. Rev. 487 (2008).

Dustin Griffin, *Authorship in the Eighteenth Century*, Univ. of Delaware Press, 2014

Nick Groom, "Unoriginal Genius: Plagiarism and the Construction of 'Romantic' Authorship", Copyright and Piracy, Cambridge Univ. Press, 2010.

J. Greene, *The Trouble with Ownership: Literary Property and Authorial Liability in English, 1660-1730*, Univ. of Penn. Press, 2005.

L. Guibault, "Why Cherry-Picking Never Leads to Harmonization", Journal of Intellectual Property, Information Technology and E-Commerce Law 1 (2010).

D. Halbert, *Intellectual Property in the Information Age: The Politics of Expanding Ownership Right*, Quorum Books, 1999.

Russell K. Hasan, "Winning the Copyright War: Copyright's Merger Doctrine and Natural Rights Theory as Solutions to the Problem of Reconciling Copyright and Free Speech", 14 Engage: J. Federalist Soc'y Prac. Groups 58 (2013)

Colette Henry, *Entrepreneurship in the Creative Industries: An International Perspective*, Edward Elgar, 2007.

Ryan James, "Computer Software and Copyright Law: The Growth of Intellectual Property Rights in Germany", 15 Dick. J. Int'l L. 565 (1997).

Peter Jaszi, "Toward A Theory of Copyright: The Metamorphoses of

Authorship", 1991 Duke L.J. 455 (1991).
Adrian Johns, "Piracy: the Intellectual Property Wars from Gutenberg to Gates," Univ. of Chicago Press, 2009.
Gerhard Joseph, "Charles Dickens, International Copyright and Discretionary Silence of Martin Chuzzlewit", 10 Cardozo Arts and Entertainment L. Jour. 523 (1992).
E Judge and D. Gervais, "Of Silos and Constellations: Comparing Notions of Originality in Copyright Law", 27 Cardozo Arts & Entertainment Law Journal 37 (2009).
Zorina Khan, *The Democratization of Invention: Patents and Copyrights in American Economic Development, 1790-1920*, Cambridge Univ. Press, 2005.
Dennis W.K. Khong, "Historical Law and Economics of the First Copyright Act", Erasmus Law Economics Review 2, no. 1 (2006).
Martin Kretschmer, "Copyright and Contract Law: Regulating Creator Contracts: The State of the Art and a Research Agenda", 18 J. Intell. Prop. L. 141 (2010).
Annette Kur(ed.), *The Structure of Intellectual Property Law*, Edward Elgar, 2011.
Mary LaFrance, *Copyright Law*, Thomson/West, 2008.
Marshall Leaffer, *Understanding Copyright Law*, LexisNexis, 2005.
Peter Lee, "The Evolution of Intellectual Infrastructure", 83 Wash. L. Rev. 39 (2008).
Bruce A. Lehman, "Digital Commerce in Copyrighted Works: Where is the World Going?", Copymart Symposium of IIPI, September 5th-6th, 2002, <http://iipi.org/wp-content/uploads/2010/07/Berlin090502.pdf>.
J. M. Lely, *Copyright Law Reform: An Exposition of Lord Monkswell's Copyright Bill*, Eyre and Spottiswoode, 1891.
Pierre Leval, "Toward a Fair Use Standard", 103 Harv. L. Rev. 1105 (1990).
Silke von Lewinski, *International Copyright Law and Policy*, Oxford Univ. Press, 2008.
Jacqueline Lipton, *Rethinking Cyberlaw: A New Vision for Internet Law*, Edward Elgar, 2015.
Jessica Litman, "Campbell at 21/Sony at 31", 90 Washington L. Rev. 651 (2015)

Jessica Litman, "Copyright Law Reform," 96 Iowa L. Rev. 1 (2010)

Jessica Litman, "Copyright Legislation and Technological Change", 68 Oregon L. Rev. 275 (1989).

Fiona Macmillan, *New Directions in Copyright Law*(Vol.6), Edward Elgar, 2007.

Robert Macfarlane, *Original Copy: Plagiarism and Originality in 19C Literature*, Oxford Univ. Press, 2007.

Stephen M. McJohn, *Copyright*, Aspen Publishers, 2006.

Stephen M. McJohn, *Intellectual Property* (3d Ed.) Wolters Kluwer, 2009.

Alastair J. Mann, "A Mongrel of Early Modern Copyright: Scotland in European Perspective", in *Privilege and Property: Essays on the History of Copyright*, eds Deazley, Kretschmer and Bently, Open Book Publisher, 2010.

Makeen F. Makeen, "Copyright in a GLobal Information Society: The Scope of Copyright Proection Under International, US and French Law," Kluwer, 2000.

Tilar J. Mazzeo, *Plagiarism and Literary Property in the Romantic Period*, Univ. of Penn. Press, 2007.

Arthur R. Miller and Michael H. Davis, *Intellectual Property*, West, 2000.

Kelly Morris, "Transforming Fair Use: Authors Guild, Inc. v. Google Inc.", 15 N.C. J.L. & Tech. On. 170 (2014).

Stephen R. Munzer, *New Essays in the Legal and Political Theory of Property*, Cambridge Univ. Press, 2001.

Gary Myers, *Principles of Intellectual Property Law*, Thomson/West, 2008.

Yifat Nahmias, "The Cost Of Coercion: Is There A Place For 'Hard' Interventions In Copyright Law?", 17 Nw. J. Tech. & Intell. Prop. 155 (2020).

Neil Weinstock Netanel, "Making sense of Fair Use", 15 Lewis & Clark L. Rev. 715 (2011).

Nimmer & Nimmer, *Copyright*, LexisNexis, 2006.

Dale P. Olson, "Thin Copyright", 95 W. Va. L. Rev. 147 (1992).

L. Ray Patterson & Stanley W. Lindberg, *The Nature of Copyright : A Law of Users' Rights*, Univ. of George Press, 1991.

Lyman R. Patterson, *Copyright in Historical Perspective*, Vanderbilt Univ. Press, 1968.

Karl-Nikolaus Peifer, "The Return of the Commons-Copyright History as a Common Source", *Privilege and Property: Essays on the History of Copyright*, eds Deazley, Kretschmer and Bently, Open Book Publisher, 2010.

Eugène Pouillet, Traité théorique et pratique de la propriété littéraire et artistique et du droit de représentation, 3ème édition, Marchal et Billard, 1908.

William Pride and O.C. Ferrell, *Foundations of Marketing*, Cengage, 2015.

Andreas Rahmatian, *Copyright and Creativity*, Edward Elgar, 2011.

Mira T. Rajan, *Moral Rights*, Oxford Univ. Press, 2011.

Pierre Recht, "Le Droit d'auteur: une nouvelle forme de propriété, histoire et théoriee", LGDJ, 1969.

Tom Rockmore(ed.), *Rights, Bodies and Recognition: New Essays on Fichte's Foundations of Natural Right*, Ashgate, 2006.

Mark Rose, "Nine-Tenths of the Law: The English Copyright Debates and the Rhetoric of the Public Domain", 66 Law and Contemporary Problems 75 (2003).

Mark Rose, "The Author as Proprietor: Donaldson v. Beckett and the Genealogy of the Modern Authorship", in B. Sherman and A. Strowel (eds), Of *Authors and Origins*, Oxford Univ. Press, 1994.

Mark Rose, "The Statute of Anne and Authors' Right: Pope v. Curll (1741)", in *Global Copyright: Three Hundred Years since the Statute of Anne, from 1709 to Cyberspace*, eds Bently, Suthersanen and Torremans, Edward Elgar, 2010.

Mark Rose, *Authors and Owners*, Harvard Univ. Press, 1993.

Margaret Russett, *Fictions and Fakes: Forging Romantic Authenticity, 1760-1845*, Cambridge Univ. Press, 2006.

Pamela Samuelson, "Functional Compilations", 54 Hous. L. Rev. 321 (2016).

Pamela Samuelson, "Google Book Search and the Future of Books in Cyberspace", 94 Minn. L. Rev. 1308 (2010).

Pamela Samuelson, "Questioning Copyrights in Standards", 48 B.C. L. Rev. 193 (2007).

Pamela Samuelson, "Reconceptualizing Copyright's Merger Doctrine", 63 J. Copyright Soc'y U.S.A. 417 (2016).

Pamela Samuelson, "The Generativity of Sony v. Universal: The Intellectual Property Legacy of Justice Stevens", 74 Fordham L. Rev. 1831 (2006).

Pamela Samuelson, "Unbundling Fair Use", 77 Fordham L. Rev. 2537 (2009).
Roger E. Schechter and John R. Thomas, Principles of Copyright Law, West Publishing, 2010.
Brad Sherman and Lionel Bently, *The Making of Modern Intellectual Property Law*, Cambridge Univ. Press, 1999.
Richard Stallman, "Reevaluating Copyright: The Public Must Prevail," 75 Or. L. Rev. 291 (1996).
Katerina Stechova, "How to Best "Sell" the "Best-seller" Clause?: A review on whether the Contract adjustment mechanism proposed by the EU draft Digital Single Market Directive can secure fair (additional) remuneration for authors and performers", Thesis for PhD(Univ. of London), August 2017.
J.A.L. Sterling, *World Copyright Law*, Sweet & Maxwell, 2005.
William S. Strong, *The Copyright Book: A Practical Guide*, MIT Press, 1999.
Robert Tomkowicz, *Intellectual Property Overlaps : Theory, Strategies and Solution*, Routledge, 2012.
Ruth Towse, "Creativity, Copyright and the Creative Industries Paradigm", KYKLOS Vol.63 Issue 3, 2010.
Ruth Towse, *A Textbook of Cultural Economics*, Cambridge Univ. Press, 2010.
Paul Torremans, *Intellectual Property Law*(7th ed), Oxford Univ. Press, 2013.
Deborah Tussey, *Complex Copyright*, Ashgate, 2012.
Richard S. Vermut, "File Cashing on the Internet: Technical Infringement or Safeguard for Efficient Network Operation?", 4 J. Intel. Prop. L. 273 (1997).
Russ VerSteeg, "Roman Law Roots of Copyright," 59 Md. L. Rev. 522 (2000).
John Vince & Rae Earnshaw, *Digital Convergence: The Information Revolution*, Springer, 1999.
Charlotte Waelde, *et al*, *Contemporary Intellectual Property: Law and Policy*, Oxford Univ. Press, 2011.
WIPO, *Guide to the Berne Convention for the Protection of Literary and Artistic Works* (Paris Act, 1971), 1978.
Leanne Wiseman & Brad Sherman, "Facilitating Access to Information: Understanding the Role of Technology in Copyright Law", *The Evolution and Equilibrium of Copyright in the Digital Age*(Susy

Frankel and Daniel Gervais ed.), Cambridge Univ. Press, 2014.

Martha Woodmansee, *The Author, Art, and the Market: Rereading the History of Aesthetics*, Columbia Univ. Press, 1994.

Martha Woodmansee and Peter Jaszi (eds.), *The Construction of Authorship: Textual Appropriation in Law and Literature*, Duke Univ. Press, 1994.